LA FABLE
DES
ABEILLES,
OU
LES FRIPONS
DEVENUS
HONNETES GENS.

AVEC
LE COMMENTAIRE,
Où l'on prouve que les Vices des Particuliers
tendent à l'avantage du Public.

TRADUIT DE L'ANGLOIS
Sur la Sixième Edition.

MANDEVILLE

TOME PREMIER.

A LONDRES.
AUX DEPENS DE LA COMPAGNIE.
MDCCXL.

AVERTISSEMENT
DES
LIBRAIRES.

LA Fables des Abeilles *a fait tant de bruit en Angleterre, que nous avons cru faire plaisir aux Lecteurs de-deçà la Mer, de les mettre en état de juger par eux-mêmes de la nature de ce Livre. Les uns l'ont accusé de détruire les principes de la Morale, & même de sapper les fondemens de notre Sainte Religion* . D'autres cependant, qui ne jugent du but d'un Ouvrage que*

---

* C'est ce qu'on peut voir dans un Livre Anglois, qu'un Anonyme publia en 1725, pour réfuter cet Ouvrage de Mr. MANDEVILLE. Cette Réfutation est intitulée: *An Enquiry, whether a general Practice of Virtue tends to the Wealth or Poverty, Benefit or Desavantage of a People* &c. C'est-à-dire, *Examen de la question, si la pratique universelle de la Vertu tend au bonheur ou au malheur d'un Peuple, à le rendre plus riche ou plus pauvre* &c.

AVERTISSEMENT

que par les conséquences qui en découlent nécessairement, ou par les aveux & les déclarations de l'Auteur, ont jugé plus favorablement de celui-ci; & nous nous rangeons volontiers de l'avis de Personnes si judicieuses. Nous croïons avec eux, que Mr. MANDEVILLE dans la FABLE DES ABEILLES, dans son COMMENTAIRE, & dans ses DIALOGUES, n'a eu pour but que de tourner en ridicule les vices & les extravagances des Hommes, & de relever les défauts des diverses Personnes qui composent la Société, des Ministres-d'Etat, des Prélats, des Ordres Religieux, des Juges, des Marchands, des Gens de Guerre, des Médecins &c. Il censure agréablement, dans toutes les occasions, l'éducation moderne, & badine fort judicieusement sur le Point-d'honneur. Par-tout il cherche à humilier l'Homme, & à dissiper les préjugés orgueilleux que son amour-propre lui suggère. " L'Auteur fait . . . une Satire très-
,, vive & très-ingénieuse de l'orgueil; les
,, portraits qu'il fait des Orgueilleux sont
,, tout-à-fait réjouïssans, très-naturels &
,, bien caractérisés; tous les Etats lui
,, fournissent des Originaux. " C'est ainsi que s'exprime sur cet article le judicieux
Auteur

Auteur de la Bibliothèque Raisonnée [*].
Et plus bas, il ajoute [†]: " CLEOMENE,
„ c'est un des Interlocuteurs, dit ensuite [‡]
„ des choses excellentes sur l'Orgueil. Il
„ regarde cette disposition comme le princi-
„ pe de bien des Vertus, en ce qu'elle nous
„ rend sensibles à la honte. L'Auteur parle
„ dans cet endroit, comme par-tout ail-
„ leurs, en Philosophe qui connoit parfai-
„ tement le cœur humain. HORACE &
„ CLEOMENE se font au sujet de l'Or-
„ gueil des objections qui méritent bien
„ d'être lues, & que nous rapporterions a-
„ vec plaisir, si la brièveté où nous nous
„ sommes bornés pouvoit le permettre ".
*En général nous avons cru cet Ouvrage très-
propre à developper les secrets principes qui
font agir les Hommes, & à faire connoître
leur cœur.*

Au reste, ce qui a principalement attiré
un si grand nombre d'Antagonistes à Mr.
MANDEVILLE, c'est qu'il a paru à plusieurs Personnes, qu'il vouloit faire l'apologie de la Corruption des Hommes, & plai-
der la cause de certaines Pratiques mauvaises qui ne sont que trop généralement
répan-

[*] Tom. III. part. II. pag. 410. 411.
[†] Ibid. pag. 427.
[‡] Dans le Dialogue II.

AVERTISSEMENT

répandues dans le Monde. Mais il nous a paru au contraire, aussi bien qu'à quantité de Personnes de sens, que, dans tous ces endroits qui ont si fort revolté, son unique dessein a été de tourner en ridicule ces Coutumes & ces Vices, bien-loin de les défendre & de les autoriser. Pour s'en convaincre, on n'a qu'à lire avec impartialité ce que l'Auteur dit du Luxe, des Courtisanes, de l'Avarice, de la Prodigalité, du Vol, de l'Ivrognerie, du faux Point-d'honneur, des Duels, du Courage, de la vaine Parure, des Femmes, des Ecoles de Charité.

Nous avouons que si, détachant quelques endroits de ces articles, on les examinoit indépendamment de ce qui précède & de ce qui suit, on ne sauroit s'appercevoir si l'Auteur parle sérieusement, ou s'il veut badiner. Mais n'est-ce point-là le cas de tous les Ouvrages Ironiques? Et pour qu'ils soient envisagés & lus comme tels, ne suffit-il pas que pour l'ordinaire l'Auteur s'exprime de manière à convaincre des Lecteurs dépréoccupés qu'il parle ironiquement? Or il nous semble que Mr. MANDEVILLE avoit assez bien suivi cette règle, pour qu'on ne prît point le change. C'est à quoi les Censeurs n'ont pas fait assez d'attentention. De-là viennent les différens jugemens qu'on a porté des mêmes choses. Les uns, par exemple, ont assuré qu'il plaidoit la cause de l'Envie, tandis que d'autres ont trouvé " que „ l'Auteur faisoit des réflexions très-judi- „ cieuses sur cette même passion. *

Nous ne comprenons pas même comment on a pu se tromper sur la manière d'écrire de cet Auteur. Il dit lui-même qu'il a écrit ironiquement. Pourquoi, je vous prie, ne l'en croirons nous pas? Qui doit mieux savoir que lui dans quel genre il a écrit? Il assure en termes formels †, qu'en soutenant la nécessité des Duels, il parle ironiquement. Il fait la même déclaration sur toutes les propositions pareilles qui se trouvent dans son Livre. Puis donc qu'il nous a lui-même apris qu'il ne parloit pas sérieusement sur ces divers articles dont on se plaint, la justice & le bon sens demandent également qu'on les lise & qu'on les envisage comme ironiques.

Enfin, il n'est pas naturel de faire tomber un Auteur en contradiction avec lui-même: c'est cependant ce que font ceux qui supposent que Mr. MANDEVILLE parle sérieu-

* Bibl Raison. loc. cit. p. 412.
† Dans son Dialogue III.

AVERTISSEMENT

sérieusement, lorsqu'il soutient les étranges paradoxes dont on lui fait un crime. En effet, dans un Ouvrage qu'il a publié quelques années * après celui dont nous donnons la traduction, il enseigne expressément que la Vertu est plus propre que le Vice pour procurer le bonheur général de la Société: maxime qui paroît directement opposée à la doctrine de la FABLE, dans laquelle il semble que l'Auteur veut prouver qu'une Société ne sauroit fleurir s'il n'y règne de grands vices. Pour sauver cette contradiction apparente, nous disons que Mr. MANDEVILLE badine dans la FABLE, où l'ironie saute aux yeux en tant d'endroits, & qu'il parle sérieusement dans ses RECHERCHES. Nous finissons cet article par ces paroles du savant Auteur de la Bibliothèque que nous avons déjà plusieurs fois citée. " Cet Ouvrage, dit-il,
" n'est pas indigne d'être lu des Personnes
" qui sont capables de démêler le faux qui
" y règne, d'avec ce qui est vrai indépen-
" damment des apparences. S'il se trouve
" dans

* C'est l'année 1732. L'Ouvrage est intitulé: *An Enquiry into the origin of Honour, and the usefulness of Christianity in War.* C'est-à-dire, *Recherches sur l'origine de l'Honneur & sur l'utilité du Christianisme dans la Guerre.*

,, dans cet Ouvrage des pensées fausses, ha-
,, zardées & dangereuses, il s'y trouve aussi
,, des réflexions justes, ingénieuses, & peut-
,, être nouvelles." Quoique Mr. MAN-
DEVILLE n'eût sans-doute pas souscrit à
toutes les parties de ce jugement, il n'a pas
dissimulé que son Livre ne convenoit qu'aux
Personnes du caractère dont parle l'habile Journaliste. Dans plusieurs endroits il déclare qu'il n'écrit point pour la Foule, mais uniquement pour ceux qui savent penser & réfléchir. Il y a cependant apparence que par cette déclaration, il n'a pas cru diminuer le nombre de ses Lecteurs: l'Homme lui étoit trop bien connu, pour ignorer que chacun se croit bien partagé du côté du bon-sens & de la capacité de réfléchir. Disons un mot de Mr. MANDEVILLE, & de ses Ouvrages.

Mr. MANDEVILLE étoit né à Dort en Hollande, & avoit étudié la Médecine, qu'il alla professer à Londres. Il y composa quelques Ouvrages. La FABLE, & les RECHERCHES dont nous avons parlé dans cet Avertissement, ne sont pas les seuls par lesquels il s'est fait connoître. On a encore de lui des Remarques Critiques sur le Livre du Dr. BERKELEY, sous le titre de Lettre à DION à l'occasion de son

Livre

AVERTISSEMENT &c.

Livre intitulé ALCYPHRON ou le PETIT PHILOSOPHE; & un Ouvrage, qui est traduit déjà depuis quelques années en François*, dont le titre est, Pensées Libres sur la Religion & sur le Bonheur de la Nation. †

Mais de tous ces Ouvrages, & de quelques autres moins considérables publiés par le même Auteur, il n'en est aucun qui ait fait plus de bruit que la FABLE DES ABEILLES. *Ce n'étoit dans son origine qu'un Poëme d'environ quatre-cens vers, qui parut en feuille volante, en* 1706. *Comme quelques Personnes y avoient donné un mauvais tour, l'Auteur y ajouta des remarques, qui, destinées à étendre & à confirmer les idées dont on avoit d'abord été révolté, ne servirent qu'à lui attirer de nouveaux Adversaires. Ce* COMMENTAIRE *joint à la* FABLE *parut en* 1714. *En* 1723 *il donna une seconde Edition de cet Ouvrage, qu'il avoit considérablement augmenté. Enfin il y ajouta six* DIALOGUES *en* 1729, *& en* 1732 *parut la sixième Edition de cette* FABLE *& de son* COMMENTAIRE, *sur laquelle cette Traduction a été faite.*

PRE-

* Cette traduction parut en 1723; elle est de Mr. VAN EFFEN, Auteur du *Misantrope*.
† Biblioth. Britann. Tom. I. Part. I. pag. 244, 245.

PREFACE.

LES Loix & le Gouvernement font aux *Corps Politiques* des Sociétés Civiles, ce que les Esprits Animaux & la Vie même font aux *Corps Naturels* des Créatures animées. Ceux qui s'appliquent à l'Anatomie, peuvent voir en considérant un Cadavre, que les os durs, les muscles & les nerfs robustes, la peau douce & blanche qui couvre le corps avec tant d'agrément, ne font point les principaux organes, ni les ressorts les plus délicats requis immédiatement pour faire mouvoir notre machine. Des membranes très-déliées, de très-petits conduits auxquels on ne fait aucune attention, ou qui paroissent de peu de conséquence aux yeux du Vulgaire; voilà ce qui sert principalement à l'organisation du Corps. De même, ce qui dans l'état de Nature rend l'Homme sociable, n'est point le desir qu'il a d'être en compagnie, ni le bon naturel,

PRÉFACE.

ni la pitié, ni l'affabilité, non plus que les autres graces qui accompagnent le bel extérieur de l'Homme. Ses qualités les plus viles, souvent même les plus haïssables, sont les plus nécessaires pour le rendre propre à vivre avec le plus grand nombre. Ce sont elles qui, suivant la constitution présente du Monde, contribuent le plus au bonheur & à la prospérité des Sociétés. Ceux qui font des recherches sur la nature de l'Homme, en faisant abstraction de ce que l'Art & l'Education y ont joint, peuvent faire ces observations.

La FABLE suivante, où ce que je viens de dire est déduit plus au long, parut il y a plus de huit ans *. Cette Brochure de six sols eut pour titre LA RUCHE MURMURANTE, OU LES FRIPONS DEVENUS HONNETES GENS. Enlevée d'abord avec rapidité, elle fut réimprimée, & criée dans les rues à demi-sol la feuille.

J'ai rencontré, depuis la prémière Edi-

---

* Ce fut en 1706 que parut séparément ce petit Poëme. En 1714 l'Auteur le publia de nouveau, accompagné d'un ample Commentaire.

PREFACE. xi

Edition de cet Imprimé, plusieurs Personnes qui se trompant, soit à dessein, soit par ignorance, sur le but que je m'y étois proposé, s'imaginoient que j'avois eu en vue de faire une Satyre de la *Vertu* & de la *Morale*, & d'encourager le *Vice*. Dès-lors je formai le dessein, lorsqu'on rimprimeroit cette Brochure, d'informer le Lecteur du vrai but de ce petit *Poëme*.

On ne doit point s'attendre d'y trouver du Poëtique, quoique je l'annonce sous le nom de *Poëme*. Les pensées sont mises en rimes, voilà la seule raison qui m'a engagé à lui donner ce Titre. Ce n'est ni de l'Héroïque, ni du Pastoral, ni de la Satyre, ni du Burlesque, ni de l'Héroï-Comique. La vraisemblance, qui doit se rencontrer dans un *Conte*, ne s'y trouve point. La Pièce est même trop longue pour avoir le nom de *Fable*. On peut cependant dire que c'est une espèce de *Conte* mis en mauvaises rimes. Sans chercher à faire le Bel-Esprit, j'ai tâché de m'exprimer de la manière la plus aisée & la plus familière. Permis au Lecteur de lui donner tel nom qu'il jugera à propos.

On dit de *Montaigne*, qu'il connoissoit
fort

fort bien les foiblesses du Genre Humain, mais qu'il ignoroit les perfections de la Nature Humaine. Je croirai qu'on en use très-galamment avec moi, si l'on ne me maltraite pas davantage.

Il est évident que ce qui est dit dans le *Poëme*, des loix, de la constitution, de la gloire, des richesses, de la puissance & de l'industrie des habitans de la Ruche, ne peut s'appliquer qu'à une Nation grande, opulente, belliqueuse, & heureusement gouvernée par un Monarque dont l'autorité est limitée.

Ce qu'il peut donc y avoir de satyrique sur les différentes Professions & Vocations, & presque sur chaque Condition des Hommes, n'a point été destiné à offenser personne, ni à désigner qui que ce soit en particulier. Mon dessein a été uniquement de faire sentir la bassesse de tous les *ingrédiens* qui composent le véritable mélange d'une Société bien réglée; & cela dans le but d'exalter le pouvoir étonnant de la Sagesse Politique, qui a su élever une si belle Machine sur les plus méprisables fondemens.

LE but principal de la FABLE est exposé dans la *Moralité* qui la suit. On a eu dessein de faire voir qu'il est impossi-

PRÉFACE. xiii

possible de joüir des plaisirs les plus délicats de la vie, qui se trouvent nécessairement dans une Nation industrieuse, opulente & puissante, & d'y voir en même tems fleurir l'innocence & les vertus qu'on pourroit souhaiter dans le Siècle d'Or. Je me propose de faire sentir qu'il y a de l'absurdité, & même de l'extravagance de la part de ceux qui souhaitant que leur Patrie soit dans un état d'opulence & de grandeur, & qui empressés à se procurer tous les avantages qu'ils peuvent tirer de cette prospérité publique, ne cessent de murmurer, & de déclamer contre ces vices & ces inconvéniens, qui depuis le commencement du Monde jusques à présent ont été inséparables de tous les Royaumes & de tous les Etats célèbres par leurs forces, par leurs richesses, & par leur politesse.

Pour remplir mon but, je parle d'abord de la corruption, & des fautes dont on accuse ordinairement les différentes Professions, & les différentes Vocations. fais voir ensuite que les Vices auxquels les Particuliers s'abandonnent, habilement ménagés, servent

vent à la grandeur & au bonheur préfent de la Société. Enfin en expofant les fuites néceffaires de l'Honnêteté & de la Vertu en général, de la Tempérance d'une Nation, du Contentement & de l'Innocence des Particuliers, je démontre que fi tous les Hommes étoient ramenés des vices dont ils font naturellement fouillés, ils cefferoient par-là même d'être capables de former des Sociétés vaftes, puiffantes & polies. Dès-lors on ne verroit plus de ces Peuples célèbres, tels qu'ont été ces grandes Républiques, & ces Monarchies qui ont fleuri depuis la Création.

Si l'on me demande le *cui bono* de tout cela, quels biens & quels avantages on retirera de toutes ces notions, je répondrai ingénûment que je n'en fai rien, fi ce n'eft peut-être qu'elles ferviront à la recréation du Lecteur. Mais fi l'on me demandoit quel effet mon Livre devroit réellement produire, je répondrois que ces idées peuvent naturellement produire quelques réflexions.

Prémièrement, ceux qui trouvent toujours des vices dans les autres Hommes, apprendront en lifant cette Pièce, à jetter les yeux fur eux-mêmes, à examiner

miner leur conscience, & à rougir de ce qu'ils blâment toujours les choses dont ils se sentent eux-mêmes plus ou moins coupables. *En second lieu*, ceux qui aiment passionnément l'aise & les plaisirs, & qui recherchent avec tant d'empressement tous les avantages qui accompagnent la grandeur & la prospérité d'un Peuple, apprendront à supporter plus patiemment des défauts auxquels aucun Gouvernement sur la Terre ne peut remédier. Ils verront qu'il est impossible de jouïr de ces avantages qu'ils recherchent, sans avoir part aux maux qui les suivent.

Telles sont les réflexions utiles que je devrois naturellement attendre de la publication de mes idées, si du-moins les Hommes pouvoient devenir meilleurs par ce qu'on pourroit leur dire. Mais puisqu'ils sont demeurés les mêmes malgré tant d'Ouvrages instructifs & ingénieusement tournés, je ne suis pas assez vain pour espérer un meilleur succès d'une bagatelle aussi peu considérable.

Après avoir dit les petits avantages que cet Ouvrage pourroit produire, je me crois aussi obligé de faire voir qu'il ne peut faire du mal à qui que ce soit.

Si

Si ce que l'on publie ne peut pas faire de bien, il ne doit pas du-moins faire du mal. C'est dans cette vue que j'ai fait quelques Remarques qui servent d'éclaircissement aux passages qui paroissent autoriser les reproches qu'on pourroit me faire.

Le Critique qui n'aura jamais vu La Ruche Murmurante, assurera que quoi que j'en puisse dire, cette Fable, qui ne fait pas la dixième partie du Livre, a été imaginée pour donner lieu aux Remarques. Il ajoutera peut-être, qu'au lieu d'éclaircir les endroits douteux & obscurs, j'ai choisi uniquement ceux sur lesquels j'avois envie de donner carrière à mon imagination. Loin d'exténuer, dira-t-il, les erreurs où vous étiez tombé auparavant, vous avez dans ces *Notes* fait mille fois pis, que vous n'aviez déjà fait dans la *Fable* même. Dans ces digressions où vous passez incessamment d'un sujet à l'autre, on voit avec la dernière évidence que vous êtes un Défenseur du Vice.

Je n'emploïerai point mon tems à répondre à ces accusations. Lorsqu'on est prévenu contre quelqu'un, c'est en-vain qu'il publie des Apologies, elles ne ser-

vent

PRÉFACE.

vent de rien. Je n'ignore pas que ceux qui croient qu'il est criminel de supposer la nécessité du Vice dans quelque cas que ce soit, n'accorderont jamais aucune partie de l'Ouvrage. Si cependant on daigne examiner la chose à fond, tout le scandale qui en peut résulter, vient des fausses conclusions qu'on en a tiré; conséquences que je rejette absolument. Quand donc je dis que les Vices sont inséparables des grandes Sociétés, & que leur opulence, leur grandeur & leur puissance ne peuvent subsister sans eux, je ne veux point dire que les Particuliers coupables de ces Vices ne doivent point être toujours censurés ; moins encore qu'ils ne doivent pas être punis, lorsqu'ils poussent leur dérèglement jusqu'au crime.

Il y a, je crois, peu de personnes dans *Londres*, de ceux qui sont obligés d'aller quelquefois à pied, qui ne souhaitassent que les rues fussent plus propres qu'elles ne le sont généralement. Ils feront ce souhait toutes les fois qu'ils n'auront égard qu'à leurs habits, & à ce qui leur convient en particulier. Mais s'ils viennent à considérer que ce qui les choque, est une suite nécessaire de l'abondance, des richesses & du commerce de cette puissante Ville, s'ils prennent quelque part à sa prospérité, il ne leur arrivera presque jamais de souhaiter d'en voir les rues moins sales. Puisque si nous faisons attention aux matériaux de toute espèce qu'il faut à ce nombre infini de Négoces & de Métiers différens qui augmentent toujours; si nous réfléchissons à cette grande quantité de Vivres, de Boissons & de Denrées qu'on y consomme journellement, nous verrons que chaque moment doit produire de nouvelles ordures. Une multitude de Chevaux, & d'autres Animaux sont continuellement occupés à salir les rues. Nous voïons toujours une infinité de Charettes, de Carosses, & de Voitures les plus pesantes user & rompre le pavé des rues. Plus que tout cela, une foule innombrable de Peuple se fatiguent, & foulent aux pieds les rues à chaque instant. Le grandes rues d'ailleurs sont très-éloignées des bords de la Rivière; éloignement qui empêche qu'on ne puisse, sans des peines & des dépenses extraordinaires, enlever ces immondices, qui naissent du luxe & de l'opulence de cette Capitale.

Je demande donc si un bon Citoïen,

PREFACE. xix

en considération de ce que nous venons de dire, s'avisoit d'assurer que la malpropreté des rues est un mal nécessaire & inséparable de la félicité de *Londres*, pourroit-on dire qu'il desapprouve qu'on ballaïe les rues ? Fait-il quelque tort à ceux qui gagnent leur vie à de si basses fonctions ?

Si sans égard au bonheur de la Ville, on me demandoit quelle place je croirois la plus agréable pour s'y promener ? je préfèrerois sans-doute un Jardin odoriférant, ou un ombreux Bôcage, aux rues puantes de *Londres*. De même, si mettant à part toute Grandeur mondaine, & toute vaine Gloire, on me demandoit où je crois que les Hommes jouïroient les plus vraisemblablement d'un bonheur véritable ? je répondrois aussi-tôt que c'est dans une petite Société tranquile, où les Habitans, contens du produit des terres qu'ils cultivent, ne seroient ni enviés, ni honorés par leurs Voisins. Je préfèrerois sans hésiter ce commerce délicieux, à celui d'une grande Multitude qui se distingueroit par ses richesses & par son pouvoir, qui les armes à la main seroit toujours prête à conquérir les Nations étrangères, & à se corrompre, en introduisant chez elle le luxe des Peuples voisins.

TELLE fut la Préface que je mis à la tête de la prémière Edition. Je n'y ajoutai rien dans la seconde †*. Mais depuis il s'est élevé une grande rumeur contre cet Ouvrage. Je n'en attendois pas moins de la justice, de la sagesse, de la charité & de la bonne foi de quelques Personnes dont je connoissois déjà les dispositions. Dès long-tems je n'avois rien à espérer de leur bonne volonté. Mon Livre, dénoncé par les *Grands-Jurés* *, fut condamné par mille Personnes qui n'en avoient jamais lu un mot. On a parlé contre mon Livre devant le *Lord-Maire* †. On attend tous les jours,

de

---

†* Elle parut en 1723.

* Ce furent les *Grands-Jurés* du Comté de *Middlesex*, qui firent cette dénonciation au *Banc du Roi*. Les *Jurés* de la Province qu'on appelle *the Grand-Jury*, les *Grands-Jurés*, sont pour l'ordinaire au nombre de vingt-quatre, Gentilshommes, & autres de la Province, aïant du bien, & étant de bonne réputation. C'est le *Shériff* de la Province qui les choisit.

† Ce fut devant le *Lord-Maire* de *Londres*. Un *Maire* est le prémier Magistrat d'une Ville. Il n'y a que le *Maire* de *Londres* & celui d'*Yorc* qui portent le titre de *Lord*, ou de *Seigneur*. C'est un Magistrat qu'on crée tous les ans.

de la part d'un Révérend Théologien, une Réfutation complette. Elle a déjà été précédée par un torrent d'injures en forme d'Avertiffement. Depuis cinq mois confécutifs on annonce cette Réfutation, comme devant paroître au bout de deux.

Le Lecteur verra ce que je puis dire pour ma défenfe, dans l'Apologie que j'ai ajoutée à la fin de ce Volume. Là il trouvera la dénonciation des *Grands-Jurés*, & une Lettre écrite à *Mylord* C... On appercevra dans cette dernière Pièce, une éloquence par trop véhémente. L'Auteur y fait paroître d'heureux talens pour les invectives, & une grande fagacité à découvrir l'Athéifme où d'autres ne peuvent l'appercevoir. Cet Ecrivain cauftique fait éclater fon zèle contre les Livres impies. LA FABLE DES ABEILLES eft mife dans ce rang, & il paroît extrêmement irrité contre l'Auteur de cet Ouvrage. Il donne quatre groffes *épithètes* à l'énormité de fon crime. Enfin, par des accufations élégamment tournées, & par des préfomptions ingénieufes fur le danger qu'il y a de laiffer de tels Auteurs jouïr de la vie, & fur la crainte de la vengeance célefte fur toute la Nation, il me recommande fort charitablement à la Multitude.

PREFACE.

La longueur de cette Epître, & les fréquentes digreſſions qu'elle renferme, m'avoient d'abord fait penſer à faire un extrait de ce qui ſe rapportoit directement à moi. Mais après un mûr examen, j'ai vu que ce qui me regardoit étoit tellement mêlé & entrelaſſé avec ce qui n'a aucune relation avec moi, que je me ſuis vu obligé de donner au Lecteur la peine de lire la Lettre entière. J'oſe cependant eſpérer que, toute prolixe qu'elle eſt, elle divertira par ſon extravagance, ceux qui ont parcouru le Traité qui y eſt condamné avec tant d'horreur.

ERRATA.

Tome I.

P. 23 l. 2, l'(U) entre deux crochets a été oublié. P. 30 l. 10, *il a* lis. *il y a.* P. 39. l. 9, *qu'il* lis. *qu'on.* P. 112 l. 26, *cent* lis. *ſix-cent.* P. 122 l. 24, *l'Eau de grain* lis. *l'Eau de vie* &c. P. 137. l. 27, *Guienne* lis. *Guinée.* P. 159. l. 13, *ou n'avons* lis. *où nous* &c. P. 177 l. 23, *la* lis. *le.* P. 180 l. 6 & 8, *qu'elle* lis. *qui.* P. 219 l. 7, *lui* lis. *leur.* P. 277. l. 30, *jeux* lis. *yeux.*

Tome. II.

P. 48 l. 27, *rentes* lis. *renter.* P. 86. l. 16, *voix* lis. *croix,* P. 95 l. 31, *quarante* lis. *cinquante-deux.* P. 102 l. 19, *des* lis. *ces.* P. 111. l. 28, *le Maître le Valet* lis. *le Maître & Valet.* P. 190 l. 11, *il rappelle* lis. *il ſe* &c. P. 195 l. 17, *Orientales* lis. *Occidentales.* P. 209. l. 7, *gians* lis. *aïent.* P. 248 l. 12, *ſuis obligé* lis. *ſuis vu* &c.

Tome III.

P. 65 l. 27, *mais* lis. *jamais.*

Tome. IV.

P. 153 l. 19, on a oublié de mettre CLEO, à la tête,

LA RUCHE MURMURANTE, OU LES FRIPONS DEVENUS HONNETES GENS [*].

UN NOMBREUX Essaim d'Abeilles habitoit une Ruche spacieuse. Là, dans une heureuse abondance, elles vivoient tranquiles. Ces Mouches, célèbres par leurs Loix, ne l'étoient pas moins par le succès de leurs armes, & par la manière dont elles se multiplioient. Leur Domicile étoit un Séminaire parfait de Science & d'Industrie.

[*] Ceci avec la *Moralité* est écrit en Vers dans l'Original, comme on l'a pu voir par la Préface.

trie. Jamais Abeilles ne vécûrent sous un plus sage Gouvernement : cependant, jamais il n'y en eut de plus inconstantes & de moins satisfaites. Elles n'étoient, ni les malheureuses Esclaves d'une dure *Tyrannie*, ni exposées aux cruels desordres de la féroce *Démocratie*. Elles étoient conduites par des Rois qui ne pouvoient errer, parce que leur pouvoir étoit sagement borné par les Loix.

CES INSECTES, imitant tout ce qui se fait à la Ville, à l'Armée, ou au Barreau, vivoient parfaitement comme les Hommes, & exécutoient, quoiqu'en petit, toutes leurs actions. Les merveilleux Ouvrages opérés par l'adresse incomparable de leurs petits Membres, échappoient à la foible vue des Humains : cependant il n'est parmi nous, ni Machine, ni Ouvriers, ni Métiers, ni Vaisseaux, ni Citadelles, ni Armes, ni Artisans, ni Ruses, ni Science, ni Boutiques, ni Instrumens, en un mot il n'y a rien de tout ce qui se voit parmi les Hommes dont ces Animaux industrieux ne se servîssent aussi. Comme donc leur langage nous est inconnu, nous ne pouvons par-

parler de ce qui les concerne, qu'en emploïant nos expreſſions. L'on convient aſſez généralement qu'entr'autres choſes dignes d'être remarquées, ces Animaux ne connoiſſoient point l'uſage des Cornets ni des Dez; mais puiſqu'ils avoient des Rois, & par conséquent des Gardes, on peut naturellement préſumer qu'ils connoiſſoient quelque eſpèce de Jeux. Vit-on en effet jamais d'Officiers & de Soldats qui s'abſtînſſent de cet amuſement?

La fertile Ruche étoit remplie d'une multitude prodigieuſe d'Habitans, dont le grand nombre contribuoit même à la prospérité commune. Des millions étoient occupés à ſatisfaire la vanité & l'ambition d'autres Abeilles, qui étoient uniquement emploïées à conſumer les travaux des prémières. Malgré une ſi grande quantité d'Ouvriers, les déſirs de ces Abeilles n'étoient pas ſatisfaits. Tant d'Ouvriers, tant de Travaux, pouvoient à peine fournir au Luxe de la moitié de la Nation.

Quelques-uns, avec de grands fonds & très peu de peines, faiſoient des gains très-conſidérables. D'autres, condamnés à manier la faulx & la bêche, ne gagnoient leur vie qu'à la sueur de leur visage, & en épuisant leurs forces par les occupations les plus pénibles. L'on en voïoit cependant d'autres (A) qui s'addonnoient à des Emplois tout mystérieux, qui ne demandoient ni aprentissage, ni fonds, ni soins. Tels étoient les CHEVALIERS D'INDUSTRIE, les PARASITES, les COURTIERS D'AMOUR, les JOUEURS, les FILOUX, les FAUX-MONNOÏEURS, les EMPIRIQUES, les DEVINS, & en général tous ceux qui haïssent la lumière tournoient par de sourdes pratiques à leur avantage, le travail de leurs Voisins, qui incapables eux-mêmes de tromper étoient moins défians. On appelloit ces gens-là (B) des FRIPONS: mais ceux dont l'industrie étoit plus respectée, quoique dans le fond peu differens des prémiers, recevoient un nom plus honorable. Les Artisans de chaque profession, tous ceux qui exerçoient quelque emploi, ou quelque charge, avoient quelque espèce de FRIPONNERIE qui leur étoit propre. C'étoient les subtilités de l'art, & les tours de bâton.

COMME s'ils n'eussent pu sans l'instruction

struction d'un procès, distinguer le légitime d'avec l'illégitime, ils avoient des JURISCONSULTES occupés à entretenir des animosités, & à susciter de mauvaises chicanes. C'étoit le fin de leur art. Les Loix leur fournissoient des moïens pour ruïner leurs Parties, & pour profiter adroitement des biens engagés. Uniquement attentifs à tirer de précieux honoraires, ils ne négligeoient rien pour empêcher qu'on ne terminât par voie d'accommodement les difficultés. Pour défendre une mauvaise cause, ils épluchoient les Loix avec la même exactitude & dans le même but que les Voleurs examinent les Maisons & les Boutiques. C'étoit uniquement pour découvrir l'endroit foible dont ils pourroient se prévaloir.

LES MEDECINS préféroient la réputation à la science, & les richesses au rétablissement de leurs Malades. La plupart, au lieu de s'appliquer à l'étude des règles de l'art, s'étudioient à prendre une démarche composée. Des regards graves, un air pensif, étoient tout ce qu'ils possédoient pour se donner la réputation de Gens Doctes.

tes. Tranquiles sur la santé des Patiens, ils travailloient seulement à acquérir la faveur des Apoticaires, & à s'attirer les louanges des Accoucheuses, des Prêtres, & de tous ceux qui vivoient du produit des naissances ou des funerailles. Attentifs à ménager la faveur du Sexe babillard, ils écoutoient avec complaisance les vieilles recettes de la Tante de Madame. Les chalands, & toute leur famille, étoient soigneusement ménagés. Un sourire affecté, des regards gracieux, tout étoit mis en usage, & servoit à captiver ces Esprits déjà prévenus. Il n'y avoit pas même jusques aux Gardes, dont ils ne souffrissent les impertinences.

ENTRE le grand nombre des PRETRES de *Jupiter*, gagés pour attirer sur la *Ruche* la bénédiction d'enhaut, il n'y en avoit que bien peu qui eussent de l'éloquence & du savoir. La plupart étoient même aussi emportés qu'ignorans. On découvroit leur paresse, leur incontinence, leur avarice & leur vanité, malgré les soins qu'ils prenoient pour dérober aux yeux du Public ces défauts. Ils étoient fripons comme des Tailleurs, & intempérans com-

comme des Matelots. Quelques-uns à face blême, couverts d'habits déchirés, prioient myſtiquement pour avoir du pain. Ils eſpéroient de recevoir de plus groſſes récompenſes; mais à la lettre ils n'obtenoient que du pain. Et tandis que ces Sacrés Eſclaves mouroient de faim, les Fainéans pour qui ils officioient étoient bien à leur aiſe. On voïoit ſur leurs viſages de proſpérité, la ſanté & l'abondance dont ils jouïſſoient.

(C) LES SOLDATS qui avoient été mis en fuite, étoient comblés D'HONNEUR, s'ils avoient le bonheur d'échaper à l'Epée victorieuſe, quoiqu'il y en eut pluſieurs qui fûſſent de vrais Poltrons, qui n'aimoient point le carnage. Si quelque vaillant Général mettoit en déroute les Ennemis, il ſe trouvoit quelque Perſonne qui, corrompue par des préſens, facilitoit leur retraite. Il y avoit des GUERRIERS qui affrontant le danger, paroîſſoient toujours dans les endroits les plus expoſés. D'abord ils y perdoient une jambe, enſuite ils y laiſſoient un bras, & enfin, lorsque toutes ces diminutions les avoient mis hors d'état de ſer-

servir, on les renvoïoit honteufement à la demi-païe; tandis que d'autres, qui plus prudens n'alloient jamais au combat, tiroient la double païe, pour refter tranquilement chez eux.

Leurs Rois étoient à tous égards mal fervis. Leurs propres Ministres les trompoient. Il y en avoit à la vérité plufieurs qui ne négligeoient rien pour avancer les intéréts de la Couronne; mais en même tems ils pilloient impunément le tréfor qu'ils travailloient à enrichir. Ils avoient l'heureux talent de faire une très-belle dépenfe, quoique leurs appointemens fûffent très-chetifs; & encore fe vantoient-ils d'être fort *modeftes*. Donoient-ils trop d'étendue à leurs droits, ils appelloient cela leurs *tours de bâton*? Et même s'ils craignoient qu'on ne comprît leur jargon, ils fe fervoient du terme d'Emolumens, fans qu'ils voulûffent jamais parler naturellement & fans déguifement de leurs gains. (D) Car il n'y avoit pas une Abeille qui ne fe fut très-bien contentée, je ne dis pas de ce que gagnoient effectivement ces Miniftres, mais feulement de ce qu'ils laiffoient paroître de leurs gains.

gains. (E) Ils reſſembloient à nos Joueurs, qui quoiqu'ils aïent joué beau jeu, ne diront cependant jamais en préſence des Perdans tout ce qu'ils ont gagné.

Qui pourroit détailler toutes les fraudes qui ſe commettoient dans cette *Ruche*? Celui qui achetoit des immondices pour engraiſſer ſon Pré, les trouvoit falſifiées d'un quart de pierres & de mortier inutiles; & encore quoique dupe, il n'auroit pas eu bonne grace d'en murmurer, puiſqu'à ſon tour il mèloit parmi ſon beurre une moitié de ſel.

La Justice même, ſi renommée pour ſa bonne foi quoiqu'aveugle, n'en étoit pas moins ſenſible au brillant éclat de l'or. Corrompue par des préſens, elle avoit ſouvent fait pancher la balance qu'elle tenoit dans ſa main gauche. Impartiale en aparence, lorſqu'il s'agiſſoit d'infliger des peines corporelles, de punir des meurtres, & d'autres grands crimes, elle avoit même ſouvent condamné au ſuplice des gens qui avoient continué leurs friponneries après avoir été punis du Pilori. Cependant on croïoit communément que l'Epée qu'elle portoit, ne frappoit que les Abeilles qui étoient pauvres & sans ressource; & que même cette Déesse faisoit attacher à l'Arbre maudit des gens qui, pressés par la fatale nécessité, avoient commis des crimes qui ne méritoient pas un pareil traitement. Par cette injuste sévérité, on cherchoit à mettre en sureté le Grand & le Riche.

Chaque Ordre étoit ainsi rempli de vices, mais la Nation même jouïssoit d'une heureuse prospérité. Flattée dans la paix, on la craignoit dans la guerre. Estimée chez les Etrangers, elle tenoit la balance des autres Ruches. Tous ses membres à l'envi prodiguoient pour sa conservation leurs vies & leurs biens. Tel étoit l'état florissant de ce Peuple. Les vices des Particuliers contribuoient à la félicité publique. (F) Dès-que la Vertu, instruite par les rusés Politiques, eut appris mille heureux tours de finesse, & qu'elle se fut liée d'amitié avec le vice (G), les plus scélérats faisoient quelque chose pour le Bien Commun.

Les Fourberies de l'Etat conservoient le Tout, quoique chaque Cito-

MURMURANTE.

Citoïen s'en plaignît. L'Harmonie dans un Concert résulte d'une combinaison de sons qui sont directement opposés. (H) Ainsi les Membres de la Société, en suivant des routes absolument contraires, s'aidoient comme par dépit. La tempérance & la sobriété des uns facilitoit l'ivrognerie & la gloutonnerie des autres. (I) L'AVARICE, cette funeste racine de tous les maux, ce vice dénaturé & diabolique, étoit esclave (K) du noble défaut de la Prodigalité. (L) Le Luxe fastueux occupoit des millions de Pauvres. (M) La Vanité, cette passion si détestée, donnoit de l'occupation à un plus grand nombre encore. (N) L'Envie même & l'Amour-propre, Ministres de l'Industrie, faisoient fleurir les Arts & le Commerce. Les Extravagances dans le manger & dans la diversité de mets, la Somptuosité dans les équipages & dans les ameublemens, malgré leur ridicule, faisoient la meilleure partie du Négoce.

Toujours inconstant, ce Peuple changeoit de loix comme de modes. Les règlemens qui avoient été sagement établis étoient annullés, & on leur en substituoit bientôt de tout opposés.

fés. Cependant en altérant ainsi leurs anciennes loix, & en les corrigeant, ils prévenoient des fautes qu'aucune prudence n'auroit pu prévoir.

C'est ainsi que le vice produisant la ruse, & que la ruse se joignant à l'industrie, on vit peu-à-peu la Ruche abonder de toutes les commodités de la vie. (O) Les plaisirs réels, les douceurs de la vie, l'aise & le repos étoient devenus des biens si communs, que (P) les Pauvres mêmes vivoient plus agréablement alors, que les Riches ne le faisoient auparavant. On ne pouvoit rien ajouter au bonheur de cette Société.

Mais hé'las! quelle n'est pas la vanité de la félicité des pauvres Mortels? A peine ces Abeilles avoient-elles goûté les prémices du bonheur, qu'elles éprouvèrent qu'il est même au dessus du pouvoir des Dieux de rendre parfait le séjour terrestre. La troupe murmurante avoit souvent témoigné qu'elle étoit satisfaite du Gouvernement & des Ministres; mais au moindre revers elle changea d'idées. Comme si elle eût été perdue sans retour, elle maudit les Politiques, les Armées,

&

MURMURANTE. 13

& les Flottes. Ces Abeilles réuniſſant leurs plaintes, on entendoit de tous côtés ces paroles : *Maudites ſoient toutes les fourbes qui règnent parmi nous.* Cependant chacune ſe les permettoit encore ; mais chacune avoit la cruauté de ne vouloir point en accorder l'uſage aux autres.

UN PERSONNAGE qui avoit amaſſé d'immenſes richeſſes en trompant ſon *Maître*, le *Roi* & le *Pauvre*, ôſoit crier de toute ſa force : *Le Païs ne peut manquer de périr pour toutes ſes injuſtices.* Et qui penſez-vous que fût ce rigide Sermoneur ? C'étoit un *Gantier*, qui avoit vendu toute ſa vie, & qui vendoit actuellement des peaux de mouton pour des cabrons. Il ne faiſoit pas la moindre choſe dans cette Société, qui ne contribuât au Bien Public. Cependant tous les Fripons crioient avec impudence : *Bons Dieux ! accordez-nous ſeulement la probité.*

MERCURE * ne put s'empêcher de rire à l'ouïe d'une prière ſi effrontée. Les autres Dieux dirent qu'il y avoit de la ſtupidité à blâmer ce que l'on aimoit.

Mais

* C'eſt le Dieu des Larrons.

Mais Jupiter, indigné de ces prières, jura enfin que cette troupe criailleuse seroit délivrée de la fraude dont elle se plaignoit.

IL DIT: Au même instant l'honnêteté s'empara de tous les cœurs. Semblable à l'Arbre instructif, elle dévoila les yeux de chacun, elle leur fit appercevoir ces crimes qu'on ne peut contempler sans honte. Ils se confessoient coupables par leurs discours, & & sur-tout par la rougeur qu'excitoit sur leurs visages l'énormité de leurs crimes. C'est ainsi que des Enfans qui veulent cacher leurs fautes, trahis par leur couleur, s'imaginent que dès-qu'on les regarde on lit sur leur visage mal assuré la mauvaise action qu'ils ont faite.

MAIS grands Dieux! quelle consternation! quel subit changement! En moins d'une heure le prix des denrées diminua par-tout. Chacun, depuis le MINISTRE D'ÉTAT jusques au VILAGEOIS, arracha le Masque d'Hypocrisie qui le couvroit. Quelques-uns, qui étoient très-bien connus auparavant, parurent des Etrangers quand ils eurent pris des manières naturelles.

DES

Des ce moment, le BARREAU fut dépeuplé. Les Débiteurs acquitoient volontairement leurs dettes, sans en excepter même celles que leurs Créditeurs avoient oubliées. On les cédoit généreusement à ceux qui n'étoient pas en état de les satisfaire. S'élevoit-il quelque difficulté, ceux qui avoient tort restoient modestement dans le silence. On ne voioit plus de procès où il entrât de la mauvaise foi & de la vexation. Personne ne pouvoit plus acquerir des Richesses. La vertu & l'honnêteté règnoient dans la *Ruche*. Qu'est-ce donc que les AVOCATS y auroient fait ? Aussi tous ceux qui avant la révolution n'avoient pas eu le bonheur de gagner du bien, desespérés ils pendoient leur Ecritoire à leur côté & se retiroient.

LA JUSTICE, qui jusques alors avoit été occupée à faire pendre certaines Personnes, avoit donné la liberté à ceux qu'elle tenoit Prisonniers. Mais dès que les Prisons eurent été nettoïées, la Déesse qui y préside devenant inutile, elle se vit contrainte de se retirer avec son train & tout son bruïant attirail. D'abord paroissoient quelques SERRURIERS char-

chargés de ferrures, de verroux, de grilles, de chaînes, & de portes garnies de barres de fer. Enfuite venoient les GEOLIERS, les GUICHETIERS, & leurs Suppôts. La Déeffe paroîffoit alors précédée de fon fidèle Miniftre l'Ecuïer CARNIFEX, le Grand Exécuteur de fes o dres févères. Il n'étoit point armé de fon Epée imaginaire*, à la place il portoit la Hache & la Corde. Dame JUSTICE aux yeux bandés, affife fur un Nuage, fut chaffée dans les airs accompagnée de ce cortège. Autour de fon char & derrière il y avoit fes SERGEANTS, HUISSIERS, & fes Domeftiques de toute efpèce, qui fe nourriffent des larmes des Infortunés.

LA RUCHE avoit des MEDECINS, tout comme avant la révolution. Mais la Médecine, cet Art falutaire, n'étoit plus confiée qu'à d'Habiles Gens. Ils étoient en fi grand nombre, & fi bien répandus dans la *Ruche*, qu'il n'y en avoit aucun qui eut befoin de fe fervir de Voiture. Leurs vaines difputes

avoi-

* On ne fe fert dans les Exécutions en *Angleterre* que de la Hache pour trancher la tête, jamais de l'Epée. C'eft pour cela qu'il donne le nom d'imaginaire à cette Epée qu'on attribue au Bourreau.

MURMURANTE. 17

avoient ceſſé. Le ſoin de délivrer promtement les Patiens, étoit ce qui les occupoit uniquement. Pleins de mépris pour les Drogues qu'on aporte des Païs étrangers, ils ſe bornoient aux Simples que produit le Païs. Perſuadés que les Dieux n'envoient aucune maladie aux Nations ſans leur donner en même tems les vrais remèdes, ils s'attachoient à découvrir les propriétés des Plantes qui croiſſoient chez eux.

Les riches Ecclesiastiques, revenus de leur honteuſe pareſſe, ne faiſoient plus deſſervir leurs Egliſes par des Abeilles priſes à la journée. Ils officioient eux-mêmes. La probité dont ils étoient animés les engageoit à offrir des prières & des ſacrifices. Tous ceux qui ne ſe ſentoient pas capables de s'acquiter de ces devoirs, ou qui croïoient qu'on pouvoit ſe paſſer de leurs ſoins, réſignoient ſans délai leurs Emplois. Il n'y avoit pas aſſez d'occupation pour tant de perſonnes, ſi même il en reſtoit pour quelques-uns. Le nombre en diminua donc conſidérablement. Ils étoient tous modeſtement ſoumis au Grand-Pretre, qui uniquement occupé des

Tome I. B *affai-*

affaires Religieuſes abandonnoient aux autres les affaires d'Etat. Le Chef Sacré, devenu charitable, n'avoit pas la dureté de chaſſer de ſa porte les Pauvres affamés. Jamais on n'entendoit dire qu'il retranchât quelque choſe du ſalaire de l'Indigent. C'étoit au-contraire chez lui que l'Affamé trouvoit de la nourriture, le Mercenaire du pain, l'Ouvrier Néceſſiteux ſa table & ſon lit.

LE CHANGEMENT ne fut pas moins conſidérable parmi les prémiers MINISTRES du Roi, & tous les OFFICIERS ſubalternes. (Q) *Oeconomes & Tempérans* alors, leurs penſions leur ſuffiſoient pour vivre. Si une pauvre Abeille fut venue dix fois pour demander le juſte païement d'une petite ſomme, & que quelque Commis bien païé l'eut obligé, ou de lui faire préſent d'un écu, ou de ne jamais recevoir ſon païement, on auroit ci-devant appellé une pareille alternative, *le tour de bâton du Commis*; mais pour lors on lui auroit tout naturellement donné le nom de *Friponnerie manifeſte*.

UNE SEULE Perſonne ſuffiſoit pour remplir les places qui en exigeoient
trois

trois avant l'heureux changement. On n'avoit plus besoin de donner des Collègues pour éclairer les actions de ceux à qui l'on confioit le manîment des affaires. Les MAGISTRATS ne se laissoient plus corrompre, & ils ne cherchoient plus à faciliter les larcins des autres. Un seul faisoit alors mille fois plus d'ouvrage, que plusieurs n'en faisoient auparavant.

(R) IL N'Y avoit plus d'Honneur à faire figure aux dépens de ses Créditeurs. Les Livrées étoient pendues dans les Boutiques des *Fripiers*. Ceux qui brilloient par la magnificence de leurs Carosses, les vendoient pour peu de chose. La NOBLESSE se défaisoit de tous ses superbes Chevaux si bien apariés, & même de leurs Campagnes, pour païer leurs dettes.

ON EVITOIT la vaine dépense avec le même soin qu'on fuïoit la fraude. On n'entretenoit plus D'ARME'E dehors. Méprisant l'estime des Etrangers, & la gloire frivole qui s'acquiert par les armes, on ne combattoit plus que pour défendre sa Patrie contre ceux qui en vouloient à ses droits & à sa liberté.

JETTEZ présentement les yeux sur la

la Ruche glorieuſe. Contemplez l'accord admirable qui règne entre le Commerce & la Bonne Foi. Les obſcurités qui couvroient ce ſpectacle ont diſparu. Tout ſe voit à découvert. Que les choſes ont changé de face !

Ceux qui faiſoient des dépenſes exceſſives, & tous ceux qui vivoient de ce luxe, furent forcés de ſe retirer. En vain ils tentèrent de nouvelles occupations, elles ne pûrent leur fournir le néceſſaire.

Le prix des Fonds & des Bâtimens tomba. Les Palais enchantés, dont les murs, ſemblables à ceux de *Thèbes*, avoient été élevés par la Muſique, étoient déſerts *. Les Grands, qui auroient mieux aimé perdre la vie que de voir effacer les titres faſtueux gravés ſur leurs ſuperbes portiques, ſe moquoient aujourd'hui de ces vaines inſcriptions. L'Architecture, cet art merveilleux, fut entièrement abandonnée. Les Artiſans ne trouvoient plus

---

* L'Auteur veut parler des Bâtimens élevés pour l'Opéra & la Comédie. *Amphion*, après avoir chaſſé *Cadmus* & ſa *Femme* du lieu de leur demeure, y bâtit la Ville de *Thèbes*, en y attirant les pierres avec ordre & meſure, par l'harmonie merveilleuſe de ſon divin Luth.

plus perſonne qui voulut les emploïer. (S) Les Peintres ne ſe rendoient plus célèbres par leur pinceau. Le Sculpteur, le Graveur, le Cizeleur & le Statuaire n'étoient plus nommés dans la *Ruche*.

Le peu d'Abeilles qui reſtèrent, vivoient chetivement. On n'étoit plus en peine comment on dépenſeroit ſon argent, mais comment on s'y prendroit pour vivre. En païant leur compte à la Taverne, elles prenoient la réſolution de n'y remettre jamais le pié. On ne voïoit plus de ſaloppe Cabaretière qui gagnât aſſez pour porter des habits de drap d'or. *Torcol* ne donnoit plus de groſſes ſommes pour avoir du Bourgogne & des Ortolans. Le Courtiſan qui ſe piquant de régaler le Jour de *Noël* * ſa Maîtreſſe de pois verds, dépenſoit en deux heures autant qu'une Compagnie de Cavalerie auroit dépenſé en deux jours, plia bagage, & ſe retira d'un ſi miſérable Païs.

(T) La fiere Cloé, dont les grands airs avoient autrefois obligé ſon

---

* La Fête de Noël dure depuis le 25. Décembre juſqu'au 6. Janvier Ce ſont des jours de régal entre les parens, les amis & les amies.

son trop facile Mari de piller l'Etat, vend à préfent fon équipage compofé des plus riches dépouilles des *Indes*. Elle retranche fa dépenfe, & porte toute l'année le même habit. Le Siècle léger & changeant eft paffé. Les Modes ne fe fuccèdent plus avec cette bizarre inconftance. Dès-lors, tous les Ouvriers qui travailloient les riches Etoffes de Soie & d'Argent, & tous les Artifans qui en dépendent, fe retirent. Une Paix profonde règne dans ce Séjour; elle a à fa fuite l'abondance. Toutes les Manufactures qui reftent, ne fabriquent que des Etoffes les plus fimples ; cependant elles font toutes fort chères. La Nature bienfaifante n'étant plus contrainte par l'infatigable Jardinier, elle donne à-la-vérité fes fruits dans fa faifon ; mais auffi elle ne produit plus ni raretés, ni fruits précoces.

A MESURE que la Vanité & le Luxe diminuoient, on voïoit les anciens Habitans quiter leur Demeure. Ce n'étoit plus ni les Marchands, ni les Compagnies qui faifoient tomber les Manufactures, c'étoit la fimplicité & la modération de toutes les Abeilles. Tous les Mé-

Métiers, & tous les Arts étoient négligés. Le contentement, cette peste de l'industrie, leur fait admirer leur grossière abondance. Ils ne recherchent plus la nouveauté, ils n'ambitionnent plus rien.

C'est ainsi que la *Ruche* étant presque déserte, ils ne pouvoient se défendre contre les attaques de leurs Ennemis cent fois plus nombreux. Ils se défendirent cependant avec toute la valeur possible, jusques à ce que quelques-uns d'entr'eux eûssent trouvé une retraite bien fortifiée. C'est-là qu'ils résolurent de s'établir, ou de périr dans l'entreprise. Il n'y eut aucun Traître parmi eux. Tous combattirent vaillamment pour la Cause Commune. Leur courage & leur intégrité furent enfin couronnés de la victoire.

Ce triomphe leur couta néanmoins beaucoup. Plusieurs milliers de ces valeureuses Abeilles périrent. Le reste de l'Essaim, qui s'étoit endurci à la fatigue & aux travaux, crut que l'aise & le repos qui mettoit si fort à l'épreuve leur tempérance, étoit un vice. Voulant donc se garantir tout d'un d'un coup de toute rechute, toutes ces Abeilles s'envolèrent dans le sombre creux d'un Arbre, où il ne leur reste de leur ancienne félicité que le *Contentement* & *l'Honnêteté*.

MORA.

MORALITÉ.

„ QUITTEZ donc vos plaintes,
„ Mortels infenfés! (X) En vain
„ vous cherchez à aſſocier la
„ Grandeur d'une Nation avec la Pro-
„ bité. Il n'y a que des Foux qui puiſ-
„ ſent ſe flatter (Y) de jouïr des agré-
„ mens & des convenances de la Ter-
„ re, d'être renommés dans la guerre, de
„ vivre bien à ſon aiſe, & d'être en
„ même tems vertueux. Abandonnez
„ ces vaines chimères. Il faut que la
„ fraude, le luxe & la vanité ſubſis-
„ tent, ſi nous voulons en retirer les
„ doux fruits. La faim eſt ſans-doute
„ une incommodité affreuſe. Mais
„ comment ſans elle pourroit ſe faire
„ la digeſtion, d'ou dépend notre nu-
„ trition & notre accroîſſement. Ne
„ devons-nous pas le Vin, cette excel-
„ lente liqueur, à une plante dont le
„ bois eſt maigre, laid & tortueux?
„ Tandis que ſes rejettons négligés
„ ſont laiſſés ſur la plante, ils s'étouf-
„ fent les uns les autres, & devien-
„ nent des ſarmens inutiles. Mais
„ ſi ces branches ſont étaïées &

B 5 „ tail-

„ taillées, bientôt devenues fécondes
„ elles nous font part du plus excel-
„ lent des fruits.

„ C'est ainsi que l'on trouve le vice
„ avantageux, lorsque la Justice l'é-
„ monde, en ôte l'excès, & le lie. Que
„ dis-je! Le vice est aussi nécessaire
„ dans un Etat florissant, que la faim
„ est nécessaire pour nous obliger à
„ manger. Il est impossible que la ver-
„ tu seule rende jamais une Nation
„ célèbre & glorieuse. Pour y faire
„ revivre l'heureux Siècle d'Or, il faut
„ absolument outre l'honnêteté repren-
„ dre le Gland qui servoit de nourri-
„ ture à nos prémiers Pères.

FIN DE LA FABLE DES ABEILLES.

INTRO-

INTRODUCTION.

L'IGNORANCE où la plupart des Hommes sont à l'égard d'eux-mêmes, doit être attribuée à la manière dont les Ecrivains parlent de la Nature Humaine. Toujours appliqués à montrer à l'Homme quel il doit être, presque jamais ils ne s'embarrassent à lui apprendre quel il est en effet. Pour moi, si je le considère indépendamment de ce qui s'offre le prémier à la vuë, & que je ne fasse aucune attention à la peau, à la chair, aux os &c. dont il est composé, je trouve qu'il entre dans sa composition différentes passions. Tour à tour ces passions, excitées & dominantes, le gouvernent bon-gré mal-gré qu'il en ait. Je suis même dans la pensée que ces mouvemens tumultueux, dont nous-nous piquons tous d'avoir honte, sont le grand soutien d'une Société florissante. C'est cette proposition que j'ai avancée dans le Poëme précédent.

Il contient divers passages qui paroîssent

ſent d'étranges paradoxes. J'ai promis dans la Préface, quelques remarques pour y répandre du jour. J'ai même cru qu'il convenoit pour rendre ces obſervations encore plus utiles, d'examiner comment un Homme qui n'eſt pas orné des meilleures qualités, peut néanmoins, malgré ſes imperfections, apprendre à diſtinguer la Vertu du Vice.

Je prie le Lecteur de ſe ſouvenir une fois pour toutes, que quand je parle des Hommes, je n'entends par-là ni les Juifs, ni les Chrétiens. Je veux parler uniquement de l'Homme conſidéré dans l'état de ſimple Nature, & dans l'ignorance du Vrai Dieu.

REMARQUES
SUR
LA FABLE
DES
ABEILLES.

REMARQUE (A.)

L'on en voïoit cependant d'autres, qui s'adonnoient à des Emplois tout mystérieux, qui ne demandoient ni aprentissage, ni fonds, ni soins.

Page 4. Lignes 4 --- 7.

LA PLUPART de ceux qui ont des Enfans, tâchent de leur donner quelque occupation convenable, afin que parvenus à l'âge de maturité, ils puissent gagner leur vie. Il n'y a point de Société considérable qui n'ait des *Corps* entiers, ou

des

des *Compagnies* de Gens qui s'attachent à ces différens emplois. C'est ainsi que les Arts & les Sciences, de même que les Métiers & le Commerce, en passant d'une main à l'autre, continuent de fleurir dans une République, aussi long-tems qu'on les trouve utiles. Les Jeunes-Gens qui entrent chaque jour dans le Monde, relèvent, pour ainsi dire, les Vieillards, & en prennent la place. Il a des occupations infiniment plus honorables que d'autres, suivant la différence des frais nécessaires pour y réussir. Mais des Parens sages, dans le choix qu'ils en font pour leurs Enfans, doivent principalement consulter leurs biens, & les circonstances dans lesquelles ils se rencontrent. Un Homme qui donne pour son Fils trois ou quatre cens livres sterling à un gros Marchand, est très-blamable, s'il ne peut ensuite fournir à ce Fils, lorsqu'il a fini son tems, deux ou trois mille livres sterling pour travailler avec ce fond pour son compte. Ce Père, s'il eût été prudent, auroit dû vouër son Fils à quelque chose qui eût exigé des frais moins considérables.

On voit souvent des Gens bien élevés qui n'ont que de petites rentes, obligés cependant, à cause des Emplois honorables dont ils sont révêtus, à faire plus de figure qu'un simple Particulier qui auroit le double de revenu. S'ils ont avec cela des Enfans, comme cela arrive souvent, l'indigence où ils se trouvent ne leur permet

REMARQUE (A.) 31

met pas de les appliquer à des Fonctions réputées honorables, & leur orgueil ne leur permet pas même de leur faire apprendre quelque Métier médiocrement pénible. Dans ce fàcheux état, tantôt ils se flattent de quelque changement dans leur Fortune, d'autresfois ils espèrent qu'il se présentera quelque Ami, ou quelque occasion plus favorable. Toujours indigens, & toujours incertains, ils renvoient de tems à autre à disposer de leurs Enfans. Les années s'écoulent insensiblement; & ces Jeunes-Gens sont déjà avancés en *âge*, qu'on ne les a encore voué à quoi que ce soit. Je ne déciderai pas si cette négligence est plus barbare à l'égard des Enfans, que préjudiciable à la Société. Tous les Enfans à *Athènes* étoient tenus d'assister leurs Parens, s'ils venoient à tomber dans l'indigence. Mais *Solon* fit une loi, qui dispensoit un *Fils* de secourir son Père, si celui-ci ne lui avoit donné aucune Vocation.

Quelques Parens plus raisonnables font apprendre à leurs Enfans un bon Métier, convenable à leur état présent. Mais souvent ces Pères meurent, ou font faillite avant que leurs Enfans aïent fini leur Apprentissage, ou qu'ils soient rompus dans les Affaires qu'ils avoient entrepris. Plusieurs Jeunes-Gens, richement pourvus par les mains qui les ont établis, ne laissent pas quelquefois d'être réduits à la pauvreté; plus souvent encore on en voit, qui

sont

font entièrement incapables de se maintenir dans les Affaires qu'on leur avoit fait entreprendre ; plusieurs manquent d'industrie, ou ne connoissent pas comme il faut leur Vocation ; d'autres aiment trop leurs plaisirs ; quelques-uns, par quelque accident imprévu, font mal leurs affaires. Il est impossible que cette Négligence dans l'Education, cette mauvaise Conduite, & les Maux qui en résultent, n'aïent très-fréquemment lieu dans les grandes Villes. C'est-là où l'on voit tous les jours quantité des Personnes entrer dans le monde sans être pourvus, & sans s'être voués à quoi que ce soit.

Quelque riche & puissante que puisse être une République, quelques soins qu'un Gouvernement sage puisse prendre, il n'est pas possible de prévenir ou d'empêcher toujours ces inconvéniens. Qu'est-ce donc que deviendront cette foule de Personnes qui sont sans Vocation ? Le Monde, il est vrai, est rarement sans Guerre. C'est une ressource. Il y en aura quelques-uns qui seront occupés à ce Métier sur terre, & d'autres sur mer. Ceux qui par leur tempéramment laborieux sont propres à être d'Honnêtes Esclaves, travailleront à la journée chez les Maîtres qui exercent des Métiers, ou ils entreront au service de quelques autres Personnes. Ceux qui auront étudié, & qui auront hanté l'Université, pouront exercer les pénibles fonctions de Régens d'Ecoles & de Gouverneurs.

REMARQUE (A).

fieurs. Il y en aura un petit nombre qui attraperont quelque emploi. Mais que deviendra ce Paresseux, qui ne s'embarasse en aucune manière de travailler? Que deviendra ce Volage, qui ne sait se fixer à quoi que ce soit?

Ceux qui auront toujours fait leurs délices des Pièces de Théatre, & de la lecture des Romans, & qui avec cela auront la moindre teinture de Politesse, tourneront leurs vuës du côté du Théatre. Si leur mine est supportable, s'ils s'expriment bien, nous les verrons bientôt Acteurs. Ceux qui aiment leur ventre au-dessus de tout, s'ils ont le goût fin, & un peu d'habileté dans ce qui regarde la Cuisine, ils tâcheront de gagner l'amitié des Gloutons & des Epicuriens. Ils apprendront à ramper, & ils mettront tout en usage pour devenir Parasites. Toujours occupés à flatter les Maîtres de la maison aux dépens du reste de la Famille, non contens d'entretenir le Chef dans tous ses défauts, ils gâtent encore les Enfans, en leur inspirant de l'orgueil par de basses adulations.

D'autres jugeant de l'incontinence des autres par leur propre libertinage, & par celui de leurs Compagnons de débauche, feront naturellement portés à donner dans les intrigues amoureuses. Bientôt ils tâcheront de gagner leur vie, par le métier le plus vil. Ils fourniront à ceux qui manquent de loisir ou d'adresse pour parler en leur faveur, des objets pour aſſouvir leur brutale paſſion.

Ceux qui ont abandonné tout principe d'Honneur & d'Equité deviendront, s'ils ont aſſez d'adreſſe & de dextérité, Chevaliers d'Induſtrie; ou, ſi leur habileté & leur capacité le leur permet, ils ſe mettront Filoux & Faux-Monnoïeurs.

Ceux qui ont eu occaſion de remarquer la crédulité de Femmelettes, & d'autres Perſonnes qui n'ont pas plus de ſens, s'érigeront en Docteurs, & ils feront les Empiriques. Une grande impudence & peu d'habileté leur ſuffit. D'autres ſe vanteront de pouvoir dire la bonne fortune. C'eſt ainſi que chacun tourne à ſon propre avantage les vices & les foibleſſes d'autrui. C'eſt ainſi que les Hommes mettent en œuvre leurs talens & leur habileté, pour tâcher d'amaſſer de quoi vivre par le chemin le plus aiſé & le plus court.

Ces Gens-là ſont ſans-contredit la Peſte de la Société Civile. Mais il n'y a que des Foux, qui ſans faire attention à ce que j'ai dit, puiſſent s'emporter contre le relâchement des Loix, qui laiſſent vivre de telles Gens. Les Perſonnes ſages, contentes de prendre des précautions pour n'être point la dupe de ces Fourbes, ne ſe plaignent jamais de ce que la Prudence Humaine ne ſauroit prévenir.

REMARQUE. (B.)

On appelloit ces Gens-là des FRIPONS: *mais ceux dont l'induſtrie étoit plus reſpectée, quoique dans le fond peu différens des prémiers, recevoient un nom plus honorable.*

Page 4. Lignes 17-22.

C'EST-LA' un trait qu'on lance très-communément contre toute cette partie du monde occupée dans le Commerce. Mais ſi l'on prend le terme de FRIPON dans toute ſon étendue, & qu'on s'en ſerve pour déſigner toute Perſonne qui n'eſt pas ſincèrement vertueuſe, & *qui fait à autrui ce qu'il ne voudroit pas qui lui fût fait*, j'ôſe promettre d'établir ce que j'avance dans *la Ruche Murmurante*.

Dans ce deſſein, je ne parlerai point d'une infinité de ruſes & d'artifices dont ſe ſervent le *Vendeur* & *l'Acheteur* pour ſe tromper mutuellement: artifices que les Négocians approuvent, & que mettent tous les jours en uſage ceux mêmes qui paſſent pour être de meilleure foi. Où eſt le Marchand, par exemple, qui ait jamais déclaré les défauts de ſa marchandiſe à ceux qui avoient deſſein de l'acheter?

Que dis-je! Montrez-m'en un, qui dans un tems ou dans un autre n'ait pas ſçu cacher adroitement ces défauts, à la perte de l'*Acheteur*? J'ôſe encore le demander avec confiance. Où eſt le Commerçant qui n'ait jamais priſé contre ſa conſcience ſes marchandiſes au-delà de leur juſte valeur, afin de les mieux débiter?

Décio étoit un Marchand qui faiſoit belle figure. Chargé de diverſes commiſſions de Sucre pour différens endroits au-delà de la mer, il s'adreſſa à *Alcandre*, qui étoit toujours richement pourvu de toutes les Marchandiſes qui viennent des *Indes Occidentales*. Il entra en marché pour une partie conſidérable de cette denrée. Tous deux fort entendus dans le Commerce, ils ne pouvoient s'accorder. *Décio*, homme riche, ſe flattoit que perſonne ne devoit acheter à meilleur marché que lui. *Alcandre*, ſemblable à cet égard à *Décio*, ferme d'ailleurs, ne vouloit rien rabattre du prix qu'il avoit demandé. Perſuadés que le vin eſt très-propre à terminer les différends, ils entrèrent dans un Cabaret vis-à-vis de la *Bourſe*. Occupés-là à conclure leur marché, le Garçon d'*Alcandre* apporte une Lettre à ſon Maître. On lui donnoit avis des *Indes Occidentales*, qu'il étoit parti une grande quantité de Sucre pour l'*Angleterre*. Dès-lors, charmé de vendre ſa marchandiſe au prix que lui en avoit offert *Décio*, il réſolut de conclure avant que les nouvelles en fuſſent publiques. Mais pour ne point perdre un Chaland avantageux par une précipitation trop marquée, il interrompt

rompt le discours. Prenant une humeur plus gaïe, il parla des agrémens de la Saison, des délices de la Campagne, & il invita *Décio* à venir les partager avec lui dans une Campagne qu'il avoit à douze milles de la Ville. On étoit dans l'agréable saison du mois de *Mai*, c'étoit un *Samedi* après midi. *Décio* qui vivoit encore dans le célibat, débarrassé de toute affaire jusques au *Mardi* suivant, profita de la politesse du Marchand. Ils partent ensemble le jour même, & ils passèrent agréablement le reste de la journée. *Décio* pour gagner de l'appétit, le *Dimanche* matin alla prendre l'air, monté sur un des chevaux d'*Alcandre*. Prêt à retourner joindre son Ami, il fit rencontre d'un Monsieur de sa connoissance, qui lui apprit que la Flotte Marchande des *Barbades* avoit fait naufrage. Il ajouta que la nouvelle en avoit été confirmée au Caffé de *Lloyd* avant son départ, & qu'on y croïoit que le prix du Sucre hausseroit de vingt cinq par cent, à cause de cet accident. *Décio* de retour de sa promenade alla rejoindre son Ami, & reprit aussi-tôt le discours interrompu au Cabaret. Alcandre se croïant sûr de son coup, charmé de se voir si heureusement prévenu, ne crut pas devoir renvoïer l'accord à l'après-diné. Quelqu'envie qu'il eut de vendre, l'autre sans le paroître n'étoit pas moins disposé à acheter. Cependant ces deux Rusés ne laissèrent pas de témoigner beaucoup d'indifdifférence. *Décio* cependant, frappé de ce qu'il venoit d'apprendre, pensa que les délais pouvoient devenir dangereux; & jettant une *Guinée* sur la table, il conclut le marché sur le pied qu'*Alcandre* l'avoit proposé. Arrivé le lendemain à *Londres* la nouvelle se trouva véritable, & *Décio* eut cinq cens livres sterlings de profit sur ce Sucre. C'est ainsi qu'*Alcandre* cherchant à duper son Correspondant, fut païé de la même monnoie. On ne regarde point une telle conduite comme contraire à la probité, quoiqu'aucun d'eux *n'eut souhaité qu'on lui fit ce qu'il avoit fait à autrui.*

REMARQUE. (C.)

Les Soldats *qui avoient été mis en fuite, étoient comblés d'*Honneurs, *s'ils avoient le bonheur d'échapper à l'Epée victorieuse* &c.

Page 7. Lignes 13-19.

Les Hommes sont assez insensés pour vouloir qu'on les estime d'avoir fait ce qu'ils auroient volontiers évité, s'il avoit été en leur pouvoir. Tel forcé d'aller à la guerre, ou condamné à cela pour ses crimes, ose encore tirer gloire du courage qu'il fait paroître dans cette démarche.

marche. Tel obligé à se battre par des menaces, souvent par des coups, prétend devoir en être plus estimé. C'est-là une suite du désir étrange qu'ont tous les Hommes de vouloir qu'on pense d'eux avantageusement. Si la Raison tenoit un juste équilibre avec la Vanité, on n'aimeroit les louanges qu'autant que la Conscience feroit sentir qu'il en est digne.

L'Honneur, dans sa signification propre & véritable, n'est autre chose que *la bonne opinion que les autres hommes ont de notre mérite:* Opinion qu'on considère comme plus ou moins réelle, suivant le bruit & le fracas que les Hommes ont fait pour en donner des témoignages publics. Par le moïen des Titres ou des Cérémonies, ou par tous les deux ensemble, le Souverain peut imprimer une *Marque d'Honneur* sur qui il veut. Distingué par cette Marque, qui aura autant de cours que la Monnoie du Prince, il sera en possession de la bonne opinion de tous les autres, soit qu'il la mérite, ou qu'il ne la mérite pas. C'est-là ce que l'on entend, lorsqu'on dit que le Souverain est la *Source de l'Honneur*.

Le contraire de l'Honneur c'est le deshonneur, ou l'ignominie. Ce sera donc *la mauvaise opinion & le mépris que les autres ont pour nous.* Comme l'Honneur est compté parmi les récompenses qui suivent les bonnes actions, le deshonneur est aussi regardé comme une punition des mauvaises. Suivant que la manière

nière dont on méprise quelqu'un est plus ou moins outrageante ou publique, la Personne qui en est l'objet est aussi plus ou moins dégradée. Cette ignominie porte aussi le nom de HONTE, à cause de l'effet qu'elle produit. Quoique le *bien* & le *mal* qui nous revient de l'Honneur & du Deshonneur, soient en eux-mêmes imaginaires, il y a cependant de la réalité dans la Honte.

LA HONTE désigne donc une passion de l'ame qui a ses propres symptômes, qui dirige notre Raison, & qui souvent s'en rend la maîtresse. Il faut même autant de force, de peine, & de renoncement à soi-même pour la soumettre, qu'il en faut pour soumettre toute autre passion. Agités par cette passion, qui a sur nous une grande influence, elle est souvent le principe & le mobile des actions les plus importantes de la vie. Il est donc utile de s'arrêter un peu sur ce sujet, par-là nous mettrons dans un plus grand jour les notions que le Monde se forme de l'Honneur & du Deshonneur.

Je définis d'abord la HONTE. *C'est une triste réflexion sur notre peu de mérite, produite par la crainte où nous sommes que les autres Hommes ne nous méprisent avec justice, ou qu'ils ne puissent le faire, s'ils venoient à nous connoître parfaitement.* Je ne crois pas qu'on puisse faire qu'une seule objection de poids contre cette définition.

,, Les jeunes Filles rougissent, dira-t-on,
,, & ont souvent honte, lors même qu'el-
,, les

„ les ne sont coupables d'aucun crime,
„ sans qu'on puisse rendre raison de cette
„ foiblesse. On ajoutera que les Hom-
„ mes sont souvent couverts de confusion
„ pour des Personnes avec lesquelles ils
„ n'ont aucune liaison d'amitié ou de pa-
„ rentage. D'où l'on conclura qu'on peut
„ apporter mille exemples auxquels cette
„ définition de la *honte* ne sauroit s'appli-
„ quer.

Avant que de répondre à cette difficulté, je voudrois qu'on fît avec moi cette réflexion. La MODESTIE des Femmes est une suite de la Coutume & de l'Education, elle n'a pour objet que des choses purement arbitraires. Ces circonstances, je veux dire la Coutume & l'Education, font trouver horrible & abominable toute manière de se découvrir qui n'est point à la mode, & toute expression un peu libre. Malgré cela une Jeune Fille, quoique très-vertueuse, roulera dans son imagination, souvent contre son gré, des idées confuses de choses qu'elle ne diroit pas à quelqu'un pour tout ce que le Monde a de plus précieux.

Après cette Remarque, je viens à la prémière partie de l'objection. Lorsqu'on parle d'une manière un peu libre en présence d'une Fille sans expérience, elle craint que celui qui parle, ou ceux qui écoutent, ne s'imaginent qu'elle est assez habile pour comprendre ce qu'on veut dire; elle appréhende qu'on ne s'imagine qu'elle est au fait de certaines choses dans lesquelles elle souhaite de passer pour ignorante. Elle pense donc alors tout à la fois, & à ce qu'on dit, & aux idées qu'elle s'imagine qu'on forme à son desavantage. Toutes ces réflexions excitent dans son ame cette passion que nous nommons la HONTE. Elle rougira donc surtout devant les Hommes, pour tout ce qui peut exciter ces sortes de pensées criminelles que j'ai insinué. Elle aura honte, lors même qu'elle sera la plus éloignée du libertinage, & aussi long-tems que sa MODESTIE subsistera.

Pour découvrir la vérité de ce que j'avance, faites une expérience. Tenez des discours aussi obscènes qu'il vous plaîra, dans une chambre voisine de celle où sera cette Jeune Fille. Elle les entendra sans en être démontée; peut-être même prêtera-t-elle l'oreille, si du-moins elle est sure qu'on ne la croit pas si près. Pourquoi? la raison en est simple. Elle prête l'oreille à ces discours, comme une personne qui n'y est point intéressée. Si encore, malgré ce que son innocence peut lui représenter, il lui monte quelque couleur au visage, elle vient assurément d'un mouvement plus doux que celui de la HONTE. Si dans le même lieu & dans le même état, elle entendoit parler de quelque chose qui la regardât, & qui tendît à son deshonneur, si on parloit de quelque chose dont elle se sentît secrètement

ment coupable, elle pourroit bien en rougir. Pour-lors elle peut craindre qu'on ne la méprise déjà, ou tout au moins elle appréhende qu'on ne le fasse, dès-qu'elle viendra à être connuë.

La seconde partie de l'objection consiste en ce que nous sommes souvent confus, & que nous rougissons pour les autres Hommes. Ce mouvement de notre ame ne peut venir dans ce cas-là, que de ce que nous-nous transportons dans l'état de ces personnes. C'est ainsi qu'un Homme jette des cris à la vuë du danger éminent qui menace quelqu'un qu'il ne connoit pas même. On parle en notre présence d'une mauvaise action commise par un tel. Occupés à réfléchir sur l'effet qu'une action aussi blâmable produiroit sur nous si nous l'avions commise, les Esprits Animaux, & par conséquent le Sang, se meuvent insensiblement de la manière qu'ils se mouvroient, si après avoir commis cette mauvaise action, nous en entendions parler. Il doit donc résulter de ce mouvement les mêmes symptômes extérieurs.

Nous voïons, je l'avouë, des Personnes sans expérience, ignorantes, & mal élevées, avoir honte, lorsqu'elles se trouvent en présence de leurs Supérieurs, sans qu'il paroisse qu'elles en aïent aucun sujet légitime. Cette honte est toujours produite par le sentiment intérieur de leur foiblesse & de leur incapacité. Mais un Homme,
quoi-

quoique très-modeste, supposons-le vertueux, savant & accompli, ne rougira jamais que lorsque sa conscience réveillée lui reprochera quelque crime, ou du-moins lorsque se défiant de lui-même, il craindra d'avoir fait, ou de faire quelque chose d'irrégulier.

On donne le nom de HONTEUX à ceux qui sujets à cette passion par rusticité, ou par manque d'éducation & de monde, s'y laissent aller à tout bout de champ. Ceux au-contraire qui par mépris pour les autres Hommes, & qui pleins d'une fausse opinion de leur suffisance, ont appris à se mettre au-dessus de cette passion, ensorte qu'ils n'en sont plus susceptibles lors-même qu'il le faudroit, sont appellés des IMPUDENS ou des EFFRONTE'S.

A quelle étrange contradiction l'Homme n'est-il point sujet? Le contraire de la HONTE, c'est la VANITE'*. Cependant il n'y a personne qui soit susceptible de la prémière de ces passions, qui n'ait reçu quelque impression de celle-ci. La HONTE tire son origine du grand intérêt que nous prenons dans ce que les autres pensent de nous. Or cet amour-propre ne peut venir que du grand cas que nous faisons de nous-mêmes.

Ces deux passions sont la semence de toutes les Vertus. C'est un principe actif qui nous meut. Ce sont des qualités réel-

* Voiés la *Remarque* M.

réelles, & non imaginaires. Ces paſſions dépendent de notre conſtitution & de notre ſtructure. On peut le prouver par les effets différens & ſenſibles qu'elles produiſent malgré notre Raiſon, dès-qu'elles nous émeuvent l'une ou l'autre.

Un Homme accablé de HONTE, ſent ſes eſprits s'abattre. Son cœur ſe refroidit, ſe reſſerre, ſe condenſe pour ainſi dire. Le ſang porté avec impétuoſité vers la circonférence du corps, met ſa face tout en feu. Son cou & une partie de ſa poitrine ſe reſſentent de cette rougeur. Lourd & peſant, il tient alors la tête baiſſée, & ſes yeux fixes & immobiles ſont attachés à la terre. Il ne découvre plus rien, il ne voit qu'au-travers d'un nuage de confuſion. Inſenſible à rien qu'à ſa HONTE, aucune injure ne peut le piquer pour ce moment. Las de vivre, il voudroit être caché dans le centre de cette Terre qu'il regarde, ou que devenu inviſible, il pût ſe dérober aux regards de ceux qui augmentent ſa confuſion.

Mais ſi ce même Homme a occaſion de ſatisfaire ſa VANITE', il triomphe dans ſon orgueil, & découvre cette nouvelle paſſion par des ſymptômes bien différens. Plein de lui-même, les Eſprits Animaux font mouvoir ſon ſang dans les artères. Une chaleur nouvelle & plus vive qu'à l'ordinaire dilate & fortifie ſon cœur. Le Sang retiré du côté du cœur, laiſſe aux extremités du corps une fraîcheur douce
&

& agréable. Il se sent si léger, qu'il semble croire de pouvoir marcher dans les airs. Il élève sa tête altière, & roule tout autour avec vivacité ses yeux tout pétillans de joie. Le seul sentiment de son existence le réjouït, & lui fait plaisir. Dans cet état de satisfaction l'Orgueilleux se met aisémement en colère. Il ne manque à la joie de son cœur, que d'être connu du Monde entier. C'est la seule chose qui lui reste à désirer dans cet heureux état.

On ne sauroit croire combien la HONTE contribue, & combien elle est nécessaire pour nous rendre sociables. C'est une foiblesse de notre Nature fragile. Tout le monde, lorsqu'il est affecté de cette passion incommode, s'y livre & s'y soumet avec regret. Volontiers il la préviendroit, si la chose étoit en son pouvoir. Cependant il ne sauroit y avoir de Société bien règlée, si la plupart de ses Membres n'étoient susceptibles de cette passion. Le bonheur même de la Société en dépend.

L'Homme porté naturellement à travailler à sa conservation & à sa félicité, tâcheroit par des efforts continuels à se mettre au-dessus de ces mouvemens desagréables, & à se tirer de ce mal-aise qui suit & qui accompagne la HONTE; il s'en débarasseroit même infailliblement avec le tems, au préjudice de la Société. Ceux donc qui sont chargés de l'éducation des Jeunes-Gens, pour prévenir une victoire

REMARQUE (C.)

si dangereuse à la Société, mettent tout en œuvre pour augmenter dans leurs Disciples le sentiment de la HONTE. On prescrit comme le remède unique pour se délivrer de cette passion mortifiante, une observation exacte de certaines règles. Ces règles ordonnent de fuïr toutes les choses qui peuvent produire le sentiment incommode de la HONTE. C'est ainsi que le Politique sage, bien éloigné de délivrer l'Homme de cette foiblesse & de l'en guérir, l'entretient au-contraire, & la fait servir à ses fins.

Les règles dont je parle consistent dans la manière de se conduire adroitement, en étouffant nos appétits, ou en cachant aux autres les vrais sentimens de notre cœur, si-tôt qu'ils peuvent nous faire rougir. Si l'on n'est pas instruit de ces règles dès la plus tendre jeunesse, rarement pourra-t-on les suivre parfaitement, ou dans la suite y faire quelques progrès. L'Orgueil & le Bon-Sens sont les plus grands secours qui puissent nous conduire à cette perfection. Avides de l'estime d'autrui, nous éprouvons des sentimens de joie inexprimables, en pensant que nous sommes approuvés, & peut-être admirés des autres Hommes. Ces deux sentimens nous dédommagent, & nous païent de reste la peine que nous avons à dompter les passions les plus violentes. Et par conséquent ils nous détournent de toutes les paroles, & de toutes les actions qui peuvent

vent nous causer de la HONTE. Les passions que nous devons cacher avec le plus de soin pour le bonheur & l'embellissement de la Société, sont *l'impudicité, l'orgueil, & l'humeur intéressée.* C'est pourquoi le nom de MODESTIE a trois sens différens, suivant les passions qu'elle couvre.

JE DIS, prémièrement, que cette partie de la *Modestie* qui a pour objet la CHASTETE', consiste dans les efforts sincères & pénibles que nous faisons pour étouffer, & pour cacher de tout notre pouvoir cette inclination que la Nature nous a imprimée pour la propagation de notre Espèce. On nous instruit de ces règles, comme de celles de la *Grammaire*, je veux dire long-tems avant que nous ayons occasion de les appliquer, & que nous en comprenions l'usage. C'est par cette raison que les Enfans, incapables encore de sentir ces mouvemens de la Nature, ne laissent pas de rougir & d'être confus. Une Fille de deux ans élevée dans la MODESTIE, peut remarquer avec quel soin les Femmes qu'elle fréquente, cherchent à se déguiser devant les Hommes. Le même avis lui est donné par des préceptes aussi-bien que par ces exemples. Elle aura donc honte avant l'âge de six ans d'avoir laissé voir sa jambe, sans savoir cependant pourquoi une telle action est blâmable, ou de quelle conséquence elle est.

Pour

REMARQUE (C.)

Pour être MODESTE, on doit en prémier lieu éviter de découvrir quelque partie de son corps que la *Mode* veut qu'on cache. Une Femme n'est point blâmée de ce qu'elle va sans avoir le cou couvert, si du-moins la *Coutume* du Païs l'autorise. Une aimable Fille peut même laisser voir à tout le monde impunément une charmante gorge, * lorsque la *Mode* du païs est de porter des corps fort échancrés. C'est manquer de modestie que de découvrir la cheville de son pied dans un Païs où la *Mode* veut que les pieds soient entièrement cachés. Dans un Païs encore où la DE'CENCE exige qu'une Femme soit toujours voilée, celle-là passe pour impudente, qui découvre la moitié de son visage.

Une Personne doit de plus tenir des discours qui ne blessent point la pudeur. Il ne suffit pas que ces discours ne soient pas libres, il faut même qu'ils soient éloignés de toute obscénité. Il ne faut pas qu'il sorte de la bouche aucune expression qui ait le moindre rapport, quelque éloigné qu'il soit, avec ces désirs que la Nature nous inspire.

Il

---

* *Il y a outre cela dans l'Original ces deux vers.*

How firm her pouting Breasts that white as snow,
On th' ample chest at migthy distance grow.

Ceux qui entendent l'Anglois s'apercevront aisément, pourquoi je me suis dispensé de les traduire. J'ai été obligé pour la même raison d'adoucir quantité d'expressions qui auroient pu faire de la peine aux Personnes chastes.

Tome I.   D

Il y a des mouvemens & des postures, qui en excitant des idées obscènes peuvent salir l'imagination. On doit pour être MODESTE, les éviter avec toute l'attention possible.

Une jeune Fille en particulier, qui souhaite de passer pour bien élevée, doit dans toute sa conduite en présence des Hommes être d'une circonspection scrupuleuse. Jamais elle ne doit laisser connoître qu'elle en reçoit quelque légère faveur, beaucoup moins encore qu'elle leur en accorde, à moins que le grand âge du Cavalier, le proche parentage, ou son haut rang ne lui servent d'excuse. Une jeune Demoiselle bien élevée, toujours attentive à ses regards & à ses actions, fait connoître par sa circonspection, qu'elle sent qu'elle possède un trésor dangereux, qu'elle peut aisément perdre. On lit dans ses yeux modestes, qu'elle est résolue de ne jamais en faire part à qui que ce soit. Les Beaux Esprits ont de tout tems exercé leurs satyres contre les PRUDES; mais on a toujours donné de justes éloges à l'air négligé, aux graces naturelles d'une Beauté vertueuse. Les Hommes qui sont au fait de ces matières, sont bien assurés, que la contenance libre & ouverte d'une Belle qui sourit est plus attirante, & donne plus d'espérance au Séducteur, que le regard toujours vigilant d'un œil rebutant.

Cette étroite retenue convient à toutes les jeunes Femmes, mais principalement
aux

REMARQUE (C.) 51

aux Filles, qui veulent mériter l'estime du Monde poli & éclairé. Les Hommes moins gênés peuvent se donner plus de liberté, parce que leurs appétits sont plus violens, & moins aisés à gouverner. Si l'on avoit soumis l'un & l'autre Sexe à une discipline également sévère, aucun des deux Sexes ne pouvant faire les avances, la Société auroit péri parmi tous les Peuples, où cette *Mode* trop rigide auroit été établie. Cela est très-éloigné du but des Politiques. C'est pourquoi on a trouvé à propos de soulager & d'user d'indulgence envers ceux qui par cette sévérité mal-entendue auroient le plus pâti. On a adouci la rigueur de la Loi en faveur de ceux dont la passion étoit la plus vive, de ceux qui auroient souffert le plus impatiemment le joug pesant de cette contrainte trop gênante.

C'est pour cela qu'on aprouve ouvertement le respect & l'estime qu'un Cavalier fait paroître publiquement pour les Dames. L'excès d'enjoûment & de gaîeté qu'il fait briller, lorsqu'il se trouve dans leur Compagnie, est loué pour la même raison.

Un Cavalier non content de la complaisance qu'il a pour les Dames, & des services qu'il leur rend dans toutes les occasions, est encore obligé de les défendre & de les protéger. On lui passe les louanges hyperboliques qu'il donne au mérite & aux bonnes qualités qu'elles possèdent, pourvu seulement que ces exaggérations ne soient pas en opposition avec le Bon-Sens. Il peut parler d'amour, soupirer, & se plaindre des rigueurs cruelles d'une Belle trop insensible. Lorsque sa langue timide, gènée, ou trop foible, ne peut exprimer ce qu'il sent, il a le privilège de faire agir ses yeux, & de dire avec ce langage expressif tout ce qu'il lui plaît, pourvu cependant que ce soit avec décence, & que ses œillades promtes s'arrêtent peu sur l'Objet aimé.

Mais poursuivre trop mystérieusement une Fille, arrêter indiscrètement ses regards fixés sur elle, c'est une impolitesse impardonnable. La raison en est claire. Ces manières incommodes mettent toujours une Dame, qui n'est pas assez soutenue par l'art & par la dissimulation, dans une situation desagréable, souvent même dans un desordre visible. Ces regards fixes & impudens excitent chez une jeune Novice sans expérience des terreurs paniques. Elle craint que le Cavalier n'ait lu dans ses yeux, qui sont le miroir de l'ame, ce qui se passe dans son cœur sensible, ou du-moins qu'il ne le découvre bientôt. Elle est dans des tranles mortelles. Ces regards trop indiscrets semblent lui ordonner de manifester ses désirs secrets, & chercher à lui arracher l'aveu mortifiant de cette vérité, que la MODESTIE lui commande de nier de toutes ses forces.

Le plus grand nombre se persuadera difficificilement que l'Education puisse avoir une force si excessive. On attribuéra à la Nature prévoïante, cette différence qu'il y a entre la MODESTIE des deux Sexes, quoiqu'elle soit uniquement une suite des instructions données dès la plus tendre jeunesse. A peine une jeune Fille est-elle âgée de trois ans, qu'on lui dit tous les jours de ne pas laisser voir sa jambe. Si malheureusement elle en découvre quelque partie, aussi-tôt elle est grondée. Moins scrupuleux à l'égard d'un Garçon de même âge, on lui ordonne de lever sa robe, pour satisfaire comme les Hommes aux besoins de la nature.

LA HONTE & L'EDUCATION sont la base de la POLITESSE. Un Homme, qui sans avoir jamais fait aucun autre mal manqueroit assez de Pudeur & d'Education, pour dire sans détour la vérité, & tout ce qu'il sent intérieurement, seroit la Créature la plus méprisable qu'il y eut sur la Terre. Si un tel Homme disoit à une Dame qu'il ne trouve personne qui lui convienne mieux pour la propagation de son Espèce, & qu'il sent un violent désir d'y travailler sur l'heure ; si en même tems il lui offroit de la prendre dans ce dessein, on appelleroit un tel Homme une Brute. La Femme confuse & irritée prendroit la fuite ; & cet Effronté, regardé comme un dangereux Sauvage, seroit banni de toute Compagnie honnête. Tout Homme qui est susceptible de sentimens de Honte, préférera d'assujettir les plus fortes passions, plutôt que de les laisser paroître, & de s'exposer par-là à l'Ignominie. Mais pour l'éviter, l'Homme n'a pas besoin de se rendre tout-à-fait maître de ses passions, il suffit qu'il ne les fasse pas connoître. La Vertu nous commande de mortifier nos appétits, mais l'Education requiert seulement que nous aprenions à les celer.

Un Cavalier bien élevé peut avoir pour une Femme, une inclination aussi violente que pourroit l'avoir le plus brutal des Hommes : mais instruit de ce qu'exige la *Mode*, il se conduit tout autrement. Il s'adresse d'abord aux Parens, auxquels il fait voir qu'il a de quoi entretenir splendidement leur Fille. Le Père lui donne ensuite permission de la fréquenter. La flatterie, la soumission, les présens, l'assiduïté, l'empressement, il met tout en usage pour se faire aimer de la Belle. S'il réussit, la Dame peut sans scrupule se donner à lui en présence de témoins, & de la manière la plus solemnelle. Les Cérémonies finies ils vont au lit, où la Fille la plus réservée souffre avec toute la soumission possible qu'il fasse ce qu'il veut. C'est ainsi que le Cavalier amoureux obtient, sans l'avoir jamais demandé, ce dont il avoit besoin.

Le jour suivant ils reçoivent des visites. Personne ne les raille. On ne dit pas le mot de ce qui s'est passé. Les Epoux, toujours modestes, agissent ensemble comme
le

REMARQUE (C.)

le jour précédent, je parle des Personnes bien élevées. Sans honte, sans confusion, ils mangent, boivent ensemble, & se divertissent comme à l'ordinaire. N'ayant rien fait qui puisse leur faire honte, ils sont regardez, & ils peuvent l'être effectivement, comme les Personnes les plus modestes qu'il y ait sur la Terre.

Je prétends prouver par-là que pour être bien élevez, nous ne nous privons d'aucun des plaisirs sensuels. Occupés simplement à travailler à notre bonheur mutuel, nous-nous aidons l'un l'autre pour jouïr voluptueusement des plaisirs *terrestres*. Le Cavalier poli, dont j'ai parlé, n'est pas plus obligé de renoncer à soi-même, qu'un Sauvage qui agit plus conformément aux Loix de la nature & de la sincérité. Celui qui satisfait ces appétits de la manière que la Coutume du Païs l'exige, n'a point de critique à craindre. Quelque vif, & quelque emporté qu'il soit dans ses passions, dès-que la Cérémonie est achevée, on lui permet de se satisfaire. Il peut s'épuiser, & se fatiguer à force de plaisirs, & de ravissemens de joie. Tour-à-tour il peut animer, & satisfaire ses appétits d'une manière aussi extravagante, que sa vigueur & ses facultez corporelles peuvent le lui permettre. Il peut en toute sureté se moquer de ces personnes modérées qui s'aviseroient de le blâmer. Toutes les Femmes, & de dix Hommes du-moins neuf louéront sa valeur.

leur. Que dis-je ! Il peut même librement s'eſtimer davantage, à cauſe de la fureur de ſa paſſion effrenée Plus il ſe plonge dans la volupté, plus il s'évertue pour s'abandonner au plaiſir, plutôt il gagnera l'affection & la bienveillance des Femmes, non ſeulement des *Jeunes*, des *Orgeuilleuſes* & des *Laſcives*, mais encore des *Matrones* graves & modeſtes.

De ce que l'IMPUDENCE eſt un Vice, il ne s'enſuit pas que la MODESTIE ſoit une Vertu. Fondée ſur la HONTE, paſſion naturelle, elle peut être un Bien ou un Mal, ſuivant la nature des actions faites par ce principe. Une Proſtituée, retenue par un reſte de Pudeur ou de Honte, refuſera de s'abandonner à un Homme, en préſence d'une Compagnie. Mais d'un autre côté, la même paſſion peut engager une Créature honteuſe, & d'un bon naturel, qui trop foible s'eſt abandonnée à un Séducteur, à faire périr ſon fruit. Les paſſions peuvent faire le bien par hazard : mais il ne peut y avoir aucun mérite, que dans la victoire qu'on remporte ſur elles.

Si la MODESTIE étoit une Vertu, elle auroit la même force ſur nous, dans les ténèbres que dans la lumière. C'eſt cependant ce qui n'arrive pas. Les Libertins ne l'ignorent point. Peu inquiets ſur les obſtacles que la vertu d'une Femme peut mettre à leurs criminels deſſeins, ils s'efforcent ſeulement de ſurmonter leur modestie. C'est pour cela qu'ils ne font point d'attaque en plein jour. Mieux avisés, ils ne montent à la tranchée que la nuit.

Illa verecundis lux est præbenda Puellis,
Qua timidus latebras sperat habere pudor.

Les Personnes Riches peuvent, sans s'exposer, prendre des plaisirs secrets : mais les Servantes, & les Filles de petite condition, ne peuvent qu'avec beaucoup de peine cacher leurs grossesses, ou du-moins les conséquences qui en résultent.

Supposons une malheureuse Fille de famille sans bien, qui n'a d'autre ressource que d'être Fille de chambre, ou Gouvernante. Elle peut être fidèle, diligente, serviable, elle peut même avoir beaucoup de Modestie, & si vous voulez beaucoup de Religion. Toujours ferme, elle a su résister à la tentation, & préserver sa chasteté pendant plusieurs années. Ce malheureux moment vient, où foible un Séducteur adroit lui enlève son honneur. L'amant parjure l'abandonne dans la suite. Si elle vient à avoir un Enfant, son affliction est inexprimable. Cet accident ne convient nullement avec la misère de sa condition. La crainte de l'Ignominie l'assiège si vivement, qu'elle ne peut réfléchir sur elle-même, sans être hors de sens. La Maison entière a une grande opinion de sa vertu, sa dernière Maîtresse l'a prise pour un modèle de sainteté. Quelle joie ne ressentiront pas ses Ennemis, qui lui portoient envie à cause de l'estime qu'on avoit généralement pour elle. Quelle horreur ne concevront pas contr'elle ses Parens confus ? Plus elle est modeste à-présent, plus la fraïeur de se voir dans peu accablée de confusion la met hors d'elle-même, plus ses résolutions contr'elle-même, ou contre ce qu'elle porte, seront criminelles & atroces.

On regarde une Femme qui peut se résoudre à détruire son Enfant, sa propre chair, son propre sang, comme une Créature barbare, un Monstre féroce, différent de toute autre Femme. Cette opinion est aussi fausse que commune. Faute de comprendre la nature & la force des passions, on tombe dans cette erreur. La même Femme, qui assassine son fruit de la manière la plus exécrable, en auroit pris soin, le chériroit, & sentiroit pour cet Enfant toute l'affection dont la Mère la plus tenpre soit capable, si un Mariage eut couvert sa honte. Toutes les Mères sont naturellement portées à aimer leurs Enfans. Mais comme cet amour est une passion, & que toutes ces passions se terminent à l'Amour-propre, comme à un centre commun où elles tendent toutes, il faut que cette tendresse maternelle, qui l'auroit engagée à dorlotter son Enfant, s'il n'étoit survenu aucun obstacle, cède à une passion supérieure. On voit rarement

ment que les Créatures abandonnées, reconnues pour telles, donnent la mort à leurs Enfans. Que dis-je! Ces Femmes sans équité, qui prêteroient sans scrupule la main dans les vols, & dans les meurtres, se rendent rarement coupables de ce crime. Ce n'est pas que les unes & les autres soient moins cruelles, ou plus vertueuses; mais incapables de modestie, la honte ne fait que difficilement quelque impression sur elles.

Nous n'avons ordinairement qu'un amour foible & languissant pour un objet qui n'est jamais tombé sous nos sens. C'est pour cela que les Femmes n'ont point pour ce qu'elles portent, l'amour qu'elles auront dans la suite. Cette affection commence après la naissance. Ce qu'elles sentent auparavant est un effet de la Raison, de l'Education, & des Réflexions qu'elles font sur leur devoir. L'amour d'une Mère foible lorsque l'Enfant vient de naître, augmente à mesure qu'elle le voit plus longtems. Cette tendresse parvient à son plus haut période, lorsque cette petite Créature commence à faire connoître par des signes expressifs son déplaisir, sa joie, ses besoins, son amour pour la nouveauté, & la multiplicité de ses désirs. A quels travaux & à quels dangers n'a-t-on pas vu des Femmes s'exposer, pour conserver & pour sauver la vie à leurs Enfans! Souvent elles ont montré un courage, & une force supérieure à celle de leur Sexe. Les Fem-

REMARQUE (C.)

Femmes les plus viles ont témoigné la même tendreſſe, & le même courage, que les plus eſtimables. Toutes également, ſans faire aucune attention à l'avantage ou au desavantage de la Société, y ſont portées par une inclination de la Nature. Il n'y a aucun mérite à s'obliger ſoi-même. Cette tendreſſe n'eſt donc pas une Vertu. Je dis même que l'amour exceſſif des Parens pour leurs Enfans, eſt ſouvent la cauſe de leur perdition totale. L'indulgence d'une Mère, je l'avoue, peut pendant deux ou trois ans les rendre plus aimables: mais ſi dans la ſuite on n'avoit pas la précaution de changer de méthode, on les gâteroit infailliblement. C'eſt une indulgence qui en a conduit pluſieurs au Gibet.

Si le Lecteur impatient trouve que je me ſois trop étendu ſur cette branche de la MODESTIE qui nous fait paroître CHASTES, je tâcherai de réparer cette faute par la brièveté avec laquelle je traiterai ce qu'il me reſte à dire. Je dois encore examiner cette eſpèce de MODESTIE par laquelle nous voudrions faire croire aux autres que l'eſtime que nous avons pour eux, ſurpaſſe le cas que nous faiſons de nous-mêmes. Cette louable qualité eſt ordinairement conçue ſous le nom de CIVILITÉ & de BELLE EDUCATION. C'eſt *une habitude conforme à la mode, contractée par les préceptes & par l'exemple, qui eſt occupée à flatter l'orgueil & l'hu-*

l'humeur intéressée des autres, & à cacher avec art la nôtre. Remarquez cependant que ceci n'a lieu que dans le commerce que nous avons avec nos Egaux & nos Supérieurs, & seulement dans le tems que nous vivons en paix & en amitié avec eux. Il ne faut pas que notre complaisance choque jamais les règles de l'Honneur; il ne faut pas qu'elle nous fasse refuser les hommages qui nous sont dûs de la part de ceux qui sont à notre service, & en général de la part de ceux qui dépendent de nous.

Avec ces précautions, je crois que cette définition peut convenir à tout ce qu'on pourroit alléguer, comme un acte ou un exemple de *Bonne Education*, ou d'*Impolitesse*. Dans quelque Païs & dans quelque Siècle que nous-nous transportions, quelques Evènemens de la Vie Humaine & de la Société que nous prenions, il sera difficile de trouver quelque acte de *Modestie* ou d'*Impudence* qui ne soit expliqué & compris dans cette définition.

Un Homme qui, sans aucune considération, demande à un autre qui lui est étranger, une grande faveur, est appellé un *Impudent* ; parce que sans égard à l'intérêt d'autrui, il donne une preuve publique de son humeur intéressée. Par-là nous découvrons aussi, pourquoi un Homme doit parler & louer sur-tout avec beaucoup de ménagement sa Femme, ses Enfans, & tout ce qui lui est cher ; pourquoi

quoi il ne doit parler de lui-même que lorsqu'il y est forcé? Un Homme bien élevé peut souhaiter, & même avec passion, les louanges, l'estime d'autrui; mais si on louoit cette Personne en sa présence, on choqueroit sa modestie, persuadé comme il est que tous les Hommes, avant que d'être civilisés, ressentoient un plaisir sans égal à s'entendre donner des louanges. Si-tôt que nous voïons un Homme se réjouïr publiquement, & nager dans la joie pour une chose où nous n'avons aucune part, notre humeur intéressée se réveillant, nous commençons aussi-tôt à lui porter envie, & à le haïr. Pour cette raison, une Personne bien élevée cache sa joie, soutient même qu'il n'en ressent point. Ménageant & flattant par ce déguisement notre humeur intéressée, il prévient l'envie & la haine qu'il auroit eue à craindre sans cette conduite.

Remarquant dès notre enfance le ridicule de ceux qui tranquilement, & sans rougir, peuvent ouïr leur Panégirique, il se peut que nous fassions de si grands efforts pour éviter ce ridicule plaisir, que dans la suite nous ne puissions sans être mal à notre aise voir aprocher le moment où l'on parlera de nous. Cette apparence de Modestie n'est point un mouvement de la Nature, elle dépend de l'Education & de la Coutume. Car si la plupart des Hommes n'avoient point de plaisir à être loués en face, il n'y auroit
point

point de modestie à refuser d'entendre ses éloges.

Un Homme poli, loin de choisir ce qu'il y a de meilleur, se sert de ce qu'il y a de moindre dans un plat. A-moins qu'il n'y soit forcé, il ne se servira que du morceau le moins estimé. C'est ainsi que ce qu'il y a de meilleur reste, & que chacun de ceux qui sont présens sont charmés de l'attention qu'on a pour eux. Plus on s'aime soi-même, plus on se sent obligé d'aprouver cette conduite. Rempli de reconnoissance, on se sent forcé à penser favorablement d'un Homme si *modeste*. Par un acte si flatteur de Politesse, un Homme bien élevé s'insinue dans l'estime de toutes les Personnes qui composent les Compagnies où il se rencontre. S'il n'y gagne rien directement, le plaisir qu'il ressent, en réfléchissant sur les applaudissemens qu'il sait qu'on lui donne en secret, est pour cet Homme Vain un dédommagement plus que suffisant de la peine qu'il a pris de se perdre de vue, & de renoncer en quelque manière à soi-même. Cette satisfaction païe, & même avec usure, la perte que son amour-propre a faite par sa complaisance.

S'il y a dans un plat sept ou huit Pommes ou Pêches pour six Personnes polies, qui sont à peu près du même rang, celui qui choisira le prémier, prendra celle qui paroît visiblement la moindre. Par cette attention discrète il insinue qu'il considère

les

les Personnes avec lesquelles il se trouve pour être d'un mérite supérieur au sien, & qu'il leur souhaite plus de plaisir qu'à soi-même.

La Coutume & l'Usage général nous rendent familière cette tromperie à la mode. Nous ne sommes plus choquez de son absurdité. Si les Hommes jusques à l'âge de vingt-trois ou vingt-quatre ans avoient été accoutumés à parler sincèrement, & à agir conformément aux sentimens naturels qu'ils éprouvent, ils ne pourroient assister à ces Comédies de *Civilité*, sans éclater de rire, ou sans en être indignés. Il est cependant très-sûr que cette manière de vivre nous rend plus supportables les uns aux autres.

On ne pourroit disconvenir qu'il ne soit très-avantageux pour nous connoître nous-mêmes, d'aprendre à distinguer les bonnes qualitez & les vertus. Le lien de la Société exige que chacun des Membres qui la composent, aient de certains égards les uns pour les autres. Les plus Grands ne sauroient même s'en dispenser envers les plus Petits, dans les Etats même Monarchiques. Mais rendus à nous-mêmes, seuls, & éloignés de toute compagnie, les mots de *Modestie* & d'*Impudence* ne sont rien, & n'ont plus de signification. Retiré dans un Désert, un Homme peut bien être un scélérat; mais dès-qu'il est hors de la portée des sens des autres Hommes, il ne peut plus être ni modeste, ni
impu-

impudent. Jamais on ne pensa d'appeller impudent un Solitaire, qui ne s'est jamais communiqué à autrui. Une Personne extrêmement vaine peut cacher sa passion avec tant d'art, qu'il sera impossible que qui que ce soit s'en apperçoive. Il y en a même qui font consister toute leur vanité, à savoir la dérober avec dextérité aux yeux du Public. Cette passion procure plus de satisfaction à un tel Homme, qu'à un autre, qui prend plaisir à la faire connoître à tout le monde. Il goûte les doux plaisirs de passer pour modeste, tandis qu'on prend soin de mortifier le dernier.

Les Belles Manières, je le répète, n'ont rien de commun avec la Vertu & la Religion. Loin d'éteindre les passions, elles ne servent qu'à les enflammer davantage. Jamais un Homme d'esprit, un Homme bien élevé ne triomphe avec plus de délectation dans son orgueil, que lorsqu'il le cache avec plus de dextérité. Assuré que tout bon Juge païera sa manière de vivre de justes éloges, il nage voluptueusement dans ces aplaudissemens. Satisfait & charmé, il jouït d'un plaisir que les Orgueilleux, qui ont eu moins de pénétration, ne peuvent goûter. C'est ainsi qu'un fier *Echevin* *, dont l'orgueil peint sur le visa-

* Le *Maire* & les *Echevins* tiennent une Cour pour gouverner la Ville selon les Loix. Il y a 26. *Echevins* à *Londres*, dont un est assigné à chacun des 26. Quartiers dans lesquels on divise la Ville.

visage ne lui permet pas de tirer son chapeau à qui que ce soit, & qui à peine veut parler à un Inférieur, se prive de cette douce satisfaction.

On voit donc clairement qu'un Homme peut soigneusement éviter tout ce qui passe pour une suite de l'Orgueil sans se mortifier, & sans remporter la moindre victoire sur cette passion. Content d'abandonner cette partie extérieure de la Fierté, qui est toujours insipide, & qui ne peut être agréable qu'aux Badauts & aux Petits Génies, il ne sacrifie point cette partie qu'on sent intérieurement, cette partie que les plus Orgueilleux & les plus Hautains nourrissent, dans le silence, avec tant de complaisance & de délectation.

Examinez ces Grands qui passent pour modestes, ces Hommes Polis, dans les débats qu'ils ont sur le Cérémonial & sur la Préséance. Le masque tombe alors, leur fierté paroît peinte avec toutes ses couleurs. Cependant ils voudroient encore revêtir leurs vices trop manifestes sous les apparences de la Vertu. Ces disputes, si nous les en croïons, ne viennent que du désir de soutenir leur rang, & des soins qu'ils sont obligés d'avoir pour maintenir la Dignité de leurs Emplois, ou l'Honneur de leur Maître. Suivez encore les Ambassadeurs, les Plénipotentiaires dans leurs négociations. Observez ce qui se passe dans les Traités publics qui se font; & cet

Or-

REMARQUE (D.)

Orgueil jusques alors déguifé fe dévoilera, malgré leurs foins, fous différens prétextes. Parcourez ainfi les différens états, & les circonftances diverfes de la vie, & vous trouverez que l'Homme qui a le plus de difcernement, ne goûte du plaifir dans fon Orgueil, qu'auffi long-tems qu'il peut le cacher aux yeux du Public.

REMARQUE (D.)

Car il n'y avoit pas une Abeille qui ne fe fût très-bien contentée, je ne dis pas de ce que gagnoient effectivement ces Miniftres, mais feulement de ce qu'ils laiffoient paroître de leurs gains.

Page 8. Lignes 25 -- 30.

Remplis d'eftime pour nous-mêmes, & de mépris pour les autres, nous fommes dans tout ce qui nous regarde des juges très-iniques. Quelque grands que foient leurs gains, peu de perfonnes peuvent fe perfuader qu'ils gagnent trop avec ceux à qui ils vendent. D'autres fois celui qui achète enviéra au Vendeur le profit qu'il a fait, quelque peu confidérable qu'il foit. Rien ne détermine davantage l'Acheteur, que la petiteffe du profit de celui qui vend. C'eft auffi pour cette raifon que les Marchands font généralement obligés de mentir, & d'inventer mille contes, souvent peu vraisemblables, plutôt que de découvrir le profit réel qu'ils font sur leurs marchandises. On voit quelques-uns de ces *vieux Piliers de Magazin*, qui prétendent avoir plus de bonne foi que les autres, & qui vraisemblablement sont seulement plus fiers que leurs Voisins. Accoutumés avec leurs Chalands à ne pas souffrir qu'ils marchandent, ils refusent constamment de vendre à un prix moindre que celui qu'ils ont déjà proposé. Seulement plus fiers que les autres, ils savent que les Marchands qui sont riches, gagnent souvent plus par leur fierté, que d'autres par leur complaisance. Le Vulgaire s'imagine de trouver plus de sincérité dans la mine grave & refrognée d'un *vieux Penard*, que dans l'air soumis & attirant d'un jeune Marchand établi depuis peu. Ces apparences sont trompeuses, ne vous y fiez point. Allez, parcourez les boutiques des Merciers, des Drapiers, & de tous les autres Marchands, qui sont bien fournis de la même marchandise, bientôt vous aprendrez à ne vous y point fier. Examinez leurs Marchandises. Tous également attentifs à en cacher le prix d'achat, vous découvrirez sans peine que chacun d'eux a pour cet effet une marque particulière.

REMARQUE. (E.)

Ils ressembloient à nos Joueurs, qui quoiqu'ils ayent joué beau jeu, ne diront cependant jamais en présence des Perdans tout ce qu'ils ont gagné.

Page 9. Lignes 1-5.

PUISQUE cette manière d'agir est si générale que tous ceux qui ont vu jouer quelquefois ont pu l'appercevoir, il faut qu'il y ait dans la constitution de l'Homme quelque chose qui les y dispose. Bien des personnes regarderont la recherche de cette disposition comme inutile. Je prie donc le Lecteur de passer cette Remarque, à moins que déchargé de toute occupation, il ne soit encore avec cela de bonne humeur.

Cette disposition des Joueurs à *tâcher de cacher leur gain aux Perdans*, me paroît venir d'un mélange de *Gratitude*, de *Pitié*, & de cette partie de l'Amour-Propre qui nous porte à la *conservation de nous-mêmes*.

Tous les Hommes sont en général reconnoissans, dans le moment qu'ils reçoivent un bienfait. Ce qu'ils disent, & tout ce qu'ils font est réel & sincère, lors du-

moins

moins que l'impreſſion eſt encore vive & récente. Cette première impreſſion finie, ſi on ſent des retours de ſenſibilité, ils ſont dûs à la Vertu, à la Politeſſe, à la Raiſon, & aux Réflexions qu'on fait ſur ſon devoir, mais non pas à la Reconnoiſſance proprement dite, qui eſt un motif de l'Inclination.

Il eſt certain que notre Amour-Propre nous oblige, & même avec tyrannie, à eſtimer toutes les perſonnes qui nous procurent quelque avantage à deſſein, ou ſans y penſer. Souvent même notre Affection s'étend jusques aux choſes inanimées, lorsque nous croyons qu'elles contribuent à notre utilité préſente. Si nous faiſons attention à cette vérité, on s'appercevra aiſément pourquoi j'attribue notre complaiſance pour ceux dont nous gagnons l'argent à un principe de Reconnoiſſance. Charmés d'avoir gagné, nous avons quelques ſentimens de Reconnoiſſance pour celui qui a perdu. Convaincus que la vue de ſa perte ne lui feroit pas plaiſir, la Gratitude nous empêche de lui donner ce chagrin.

J'ai dit encore que la Pitié étoit un motif qui nous portoit à cette conduite. Perſuadés qu'il y a du déplaiſir à perdre ſon argent, avides d'ailleurs de l'eſtime d'autrui, nous craignons qu'ils ne nous la refuſent, s'ils viennent à ſentir trop vivement la perte qu'ils font.

Nous appréhendons enfin leur haine. Le ſoin

soin que nous prenons de notre conservation, nous engage à exténuer l'obligation
que nous leur avons, & à dissimuler les
raisons qui nous portent à les plaindre,
dans l'espérance qu'ils nous feront moins
ressentir les marques de leur envie & de
leur mauvaise volonté.

On s'apperçoit aisément des Passions,
lorsqu'elles agissent dans toute leur force.
Ainsi, lorsqu'un Homme Puissant donne un
bel Emploi à une Personne qui lui a rendu dans sa jeunesse de petits services, nous
appellons cela Reconnoissance. Je vois une
Femme, qui vient de perdre son Enfant,
frapper des mains, & jetter des cris per-
çans, je dis que l'Affliction est sa passion
dominante. Un Homme vient de se casser la jambe, un autre s'est fait tout ré-
cemment sauter la cervelle. A la vue de
tous ces grands malheurs on éprouve un
sentiment desagréable, qui sera constamment reconnu pour être la Pitié : mais les
coups modérés, les foibles mouvemens
d'une passion qui nous touche légèrement,
sont moins sensibles, négligés, souvent
méconnus.

Pour prouver ce que j'avance, examinons
ce qui se passe entre deux Joueurs. Celui
qui gagne est toujours complaisant, & même il sera encore plus complaisant, si seulement celui qui perd, veut bien se posséder. Toujours prêt à s'accommoder à
l'humeur de celui-ci, il tâche de le faire
revenir de ses fautes avec toutes les pré-
cau-

cautions possibles, & avec toute la politesse imaginable. Le Perdant est mal à son aise, querelleux, changrin, quelquefois il tempête, souvent il jure. Cependant tant qu'il ne fait rien à dessein d'offenser directement celui qui gagne, toujours patient il prend tout en bonne part, sans le contredire ni se choquer. *Il est permis*, dit le Proverbe, *à celui qui perd, de dire des injures*. On a donc trouvé que celui qui perd avoit droit de se plaindre, & que pour cette même raison on devoit en avoir pitié.

Fâchés nous-mêmes contre ceux qui nous gagnent, nous devons en conclure que nous devons craindre la mauvaise volonté de ceux que nous dépouillons. Lorsque nous gagnons, & que nous-nous croïons plus heureux que les autres, nous craignons encore leur envie, pour avoir nous-mêmes éprouvé de pareils sentimens. Le but donc de celui qui gagne, en cherchant avec soin à couvrir son gain, est de prévenir des malheurs qu'il appréhende, & de se conserver soi-même. Ces soins continuent à nous occuper, aussi longtems que subsistent les motifs qui les ont d'abord produit.

Après un mois, huit jours, peut-être moins, lorsque les idées de l'Obligation & de la Reconnoissance de celui qui gagne sont effacées de sa mémoire; lorsque celui qui perd afant repris son humeur naturelle, devenu moins sensible à sa perte, te, peut en rire; lors enfin que celui qui a gagné, n'est plus inquiété ni par la pitié, ni par la crainte, ni par les soins de sa conservation, il ne fera plus aucun scrupule d'avouer naturellement ce qu'il a gagné. Si la vanité se joint au plaisir du gain, il s'en vantera, souvent même il l'exaggèrera.

Il se peut cependant que dans certaines occasions il n'arrivera rien de tout ce que je dis. Deux Personnes, par exemple, brouillées ensemble jouent & cherchent à exciter une querelle. D'autres jouant pour une bagatelle, se piquent & combattent à qui aura l'honneur de gagner. Dans de semblables cas, les mouvemens de l'ame ne sont plus les mêmes. Les passions diverses nous obligent à prendre des mesures différentes. Ce que j'ai dit est principalement apliquable dans les cas où l'on joue pour de l'argent, où chacun fait des efforts pour gagner, & où ils risquent ce dont ils font tant de cas.

„ Plusieurs de ceux qui ont ainsi caché
„ leur gain, m'objecteront peut-être
„ qu'en pareil cas ils n'ont jamais apper-
„ çu l'action de toutes ces passions ".
Cela ne me surprend point. Trop occupés du jeu, ils ne pensoient guères à rentrer en eux-mêmes. Peu de personnes d'ailleurs veulent se donner la peine de s'examiner; & ceux qui réfléchissent, suivent rarement la véritable méthode

qu'il faut pour réussir dans cet examen. Il en est des passions de l'Homme, comme des couleurs d'une Etoffe. Le Rouge, le Verd, le Bleu, le Jaune & le Noir &c. sont des couleurs sensibles, qui peuvent être apperçues dans les différentes places où elles se rencontrent : mais il faut être Artiste pour distinguer toutes les différentes couleurs avec leurs justes proportions, telles qu'elles se trouvent dans un Drap bien mêlangé. De même tout le monde peut découvrir la passion d'un Homme, lorsqu'elle est distincte, & que seule elle l'occupe tout entier : mais il est très-difficile de suivre pas à pas chaque motif d'une action qui est l'effet de plusieurs passions.

REMARQUE (F.)

Dès-que la Vertu, instruite par les rusés Politiques, eut apris mille heureux tours de finesse, & qu'elle se fut liée d'amitié avec le Vice &c.

Page 10. Ligne 21-25.

ON PEUT dire que la Vertu s'est liée d'amitié avec le Vice, lorsqu'on voit d'Honnêtes-Gens, qui se mettent en état de soutenir leur famille, de donner
une

une bonne éducation à leurs Enfans, de païer les impôts, & d'être en plusieurs manières des Membres utiles à la Société, par les gains qu'ils font, en grande partie fondés sur les vices des Hommes. Ils ne sont point entachés de ces vices dont ils profitent; ils n'y participent que par le commerce qu'ils font; ils ne sont complices de ces crimes, que dans le sens qu'on peut appeller un Droguiste, un *Empoisonneur*, & un Fourbisseur, un *Homicide*. C'est dans ce sens que je dis que les rusés Politiques ont établi une certaine union entre le Vice & la Vertu.

Ainsi le Marchand qui envoie du Grain & des Draps dans les Païs Etrangers, d'où il tire en échange du Vin & de l'Eau de vie, encourage les Manufactures de son Païs, & contribue à l'agrandissement de sa Patrie. Promoteur de la Navigation, il fait fleurir le Commerce, dont le Public tire des avantages infinis. La *Prodigalité* & l'*Yvrognerie* soutiennent encore ce Commerce, & y ont la meilleure part. Puisqu'assurément, si personne ne bûvoit de vin que ceux qui en ont absolument besoin pour leur santé, la quantité de Marchands de vin, de Taverniers, de Tonneliers, &c. qu'il y a dans *Londres*, seroit dans une déplorable situation. On peut dire quelque chose de pareil des Faiseurs de Cartes & de Dez, qui sont les Ministres immédiats d'une légion de Vices. Les Merciers,

les

les Tapissiers, les Tailleurs, & une multitude d'autres, ne pourroient subsister six mois, si la *Vanité* & le *Luxe* bannis de la Société ne les soutenoient plus.

REMARQUE (G.)

Les plus Scélérats faisoient quelque chose pour le Bien Commun.

Page 10. Lignes 25-27.

JE ne doute point que plusieurs personnes ne regardent cette proposition comme un Paradoxe monstrueux. Quel profit, me demandera-t-on, le Public retire-t-il des Voleurs qui détroussent les Passans, ou qui percent les Maisons?

Cette espèce de Gens, je l'avoue, pernicieuse à la Société doit être extirpée avec soin. Cependant si tous les Hommes également justes n'attentoient jamais sur le bien d'autrui, la moitié des Ouvriers qui travaillent en fer manqueroient d'occupation. Combien de pièces aussi belles qu'utiles ne voit-on pas, & dans la Capitale, & dans les Provinces, dont on ne se seroit jamais avisé, si l'on n'eut pas eu besoin de ces précautions contre les Filoux & les Voleurs?

Si ce que j'ai dit paroît encore trop recher-

REMARQUE (G).

cherché, si le Paradoxe n'est pas encore suffisamment éclairci, je prie le Lecteur de jetter les yeux sur la consomption qui se fait d'une multitude de choses. On trouvera que l'Homme le plus paresseux, le moins actif, le débauché, le plus scélérat, est comme forcé de faire quelque chose pour le Bien Public. Tandis que leurs bouches ne seront pas cousues, tandis qu'ils continuéront à user & à détruire ce que les Industrieux sont toujours occupés à faire, à chercher ou à procurer, malgré qu'ils en aïent ils seront obligés d'aider à entretenir le Pauvre, & à soutenir les Charges Publiques. Le travail d'un million de personnes seroit bientôt fini, s'il n'y avoit pas un *autre million*, comme je le dis dans la FABLE, *qui fut uniquement emploïé à consumer leurs travaux.* *

ON NE doit pas juger les Hommes par les conséquences qui peuvent résulter de leurs actions, mais par les faits mêmes, & par les motifs suivant lesquels ils paroîtront avoir agi. Si l'on vole cinq-cens ou mille *Guinées* à un vieux Avare, qui riche de près de cent-mille livres sterlings n'en dépense que cinquante par an, quoiqu'il n'ait aucun Parent qu'il puisse faire héritier de ses biens, il est certain qu'aussi-tôt que cet argent volé vient à
cir-

---

* Fable des Abeilles, page 3. lignes 18-20.

circuler dans le Commerce, la Nation gagne à ce vol. Elle retire le même avantage que si la même somme venoit d'un pieux Archevêque, qui l'eut léguée au Public. La justice cependant, & la tranquillité de la Société demandent que celui ou ceux qui auront volé ce sordide Avare, soient pendus avec tous leurs Complices.

Les Fripons & les Voleurs dérobent pour avoir de quoi vivre, soit que ce qu'ils gagnent honnêtement ne suffise pas à leur entretien, soit qu'ils aïent une extrême aversion pour le travail, soit enfin qu'ils n'aïent pas de quoi satisfaire leurs voluptés. Le Cuisinier qui leur donne à manger, sait d'où vient cet argent, & prend toujours à bon compte. Peu s'en faut qu'il ne soit aussi fripon que ceux qui ont détroussé les autres. Cependant cet indigne Aubergiste, en plumant ces Pigeonneaux qui plument les autres, fait bien ses affaires, amasse de l'argent, avec quoi il paie ce qu'il doit, & en fait de nouvelles provisions de Bière. Le Commis du Brasseur, charmé de conserver cette pratique à son Maître, fournit toujours à la Cave, sans examiner d'où lui viennent les espèces; il lui suffit qu'elles soient bonnes, & que celui à qui il fournit de la Bière ait de l'argent. Il ne croit pas être obligé d'examiner, comment il le gagne. Le riche Brasseur à son tour, qui se décharge ge de tout sur ses Gens, ne se fait pas le moindre scrupule sur les sommes qu'on fait entrer dans ses Coffres. Il roule en Carosse, régale ses Amis, amasse du Bien, bâtit des Maisons, élève ses Enfans en Grands Seigneurs. Dans la tranquillité de sa conscience, il ne songe pas seulement que son bien est grossi du sang des Malheureux, de l'imprudence des Sots, & des tours des Fripons.

Un Voleur de grand chemin revient chargé d'un riche butin, charmé des attraits d'une Nymphe il lui donne dix livres sterlings pour se niper. Y a-t-il un Marchand assez consciencieux, pour refuser de lui vendre une pièce de Satin, quoiqu'il sache qui elle est? Elle a dessein d'acheter des souliers, des bas & des gands. La Faiseuse de Corps & de Manteaux, la Lingère, le Marchand de toiles, tous gagneront quelque chose par son moïen. Cent autres Marchands qui ont des relations avec ceux chez qui elle fera ces emplettes, toucheront une partie de cet argent avant la fin du mois. Ce généreux Chevalier cependant, qui a dépensé presque tout son argent, toujours fertile en ressources, va de-nouveau chercher fortune sur un grand chemin. Dès le second jour, aïant commis un vol près de *Highgate* (a), il est pris avec un

de

(a) *Highgate* est un Village situé à trois milles de *Londres*, du côté du *Nord*.

de ses Complices. Tous les deux condamnés aux *Sessions* suivantes (*b*), subirent la rigueur des Loix (*c*). L'argent dû à ceux qui les avoient découverts, & faits tomber entre les mains de la Justice, fut distribué entre trois Païsans à qui il venoit très-à-propos. Le prémier étoit un Honnête Fermier, sobre & laborieux, mais réduit à la misère par un malheur. La mortalité qui règnoit l'Eté précédent lui avoit enlevé six Vaches, de dix qu'il en avoit. Le Propriétaire du fond, Homme inexorable, lui avoit arrêté juridiquement tous ses effets, pour trente livres sterlings qui lui étoient dûs. L'autre étoit un Ouvrier à journée, qui se donnoit beaucoup de peine pour entretenir une Femme malade, & plusieurs Enfans encore jeunes. Le dernier étoit le Jardinier d'un Gentilhomme, qui entretenoit généreusement son Père détenu en prison depuis près de dix-huit mois, pour s'être imprudemment obligé pour un de ses Voisins. Cet acte de l'amour filial étoit d'autant plus méritoire, qu'il mettoit par-là un obstacle éternel à un mariage qu'il

---

(*b*) Les *Sessions* pour juger les Criminels se tiennent à *Londres* huit fois par an, & reviennent ainsi toutes les six semaines.

(*c*) Les Voleurs de grand chemin sont pendus sans semission, quoiqu'ils n'aient point répandu de sang.

REMARQUE (G.)

qu'il auroit pu contracter. Engagé à une Fille dont les Parens vivoient assez bien, ils refusoient de la lui donner jusques à ce que le Jardinier eut produit cinquante *Guinées* qui lui appartinssent. Chacun d'eux en reçut au-delà de quatre-vingts (*a*). Débarassés dès ce moment des pénibles difficultés qu'ils avoient à combattre, ils se crurent les Mortels les plus heureux de la Terre.

RIEN n'est plus pernicieux à la santé, & plus nuisible à l'activité & à l'industrie du Peuple que l'infame Liqueur, dont le nom *Hollandois Genever* (*b*) a été racourci pour la commodité de ceux qui en font un si fréquent usage, & par l'esprit laconique de la Nation dans le monosyllabe *Gin*. Cette Boisson enchanteresse charme dans chaque Sexe le Paresseux, le Desespéré & l'Infirme. Elle fait que le Gueux contemple ses haillons & sa nudité avec une stupide indolence. Remplis de cette Liqueur dangereuse, l'un & l'autre Sexe s'abandonnent à une joie insensée, &

aux

(*a*) La récompense ordinaire qu'on donne aux Délateurs en *Angleterre* est de quarante livres sterling: Somme qu'on augmente, suivant que le Voleur infeste des lieux plus près de *Londres*; & qu'il est plus ou moins renommé pour ses crimes. C'est ainsi qu'on promit deux-cens livres sterling de récompense à celui qui défereroit *Turpin*, fameux Voleur en *Angleterre*.

(*b*) Le mot *Hollandois Genever*, ainsi que celui de *Gin* en *Anglois*, désigne de *l'Eau-de-vie de Grain*.

aux railleries les plus insipides. C'est un Lac enflammé, dont l'usage met le cerveau en feu, brûle les entrailles, & consume les organes intérieurs. Semblable aux Eaux du *Léthé*, le Misérable, plongé dans cette Boisson, noie dans ce Fleuve d'Oubli ses soucis les plus rongeans, & avec sa Raison toutes ses réflexions inquiétantes. Ses Enfans crient après la nourriture qui leur manque, pleurent pour le froid rigoureux qui les gèle, la vue de leur maison vuide de meubles & de provisions excite leurs plaintes. Ce Père abruti est sourd à leur voix, il est devenu insensible à ce touchant spectacle.

Les tempéramens vifs, échauffés par cette Liqueur, sont querelleux. L'excès de ce Breuvage les rend brutaux & sauvages. On les voit se battre pour rien. Souvent leur brutale Yvresse a été la cause de plusieurs meurtres. Les tempéramens les plus forts sont affoiblis & détruits par ces intempérances, dont les suites naturelles sont la Consomption, l'Apoplexie, les Phrénésies, quelquefois même les Morts Subites. Comme ces derniers malheurs n'arrivent que rarement, on les méprisera, ou au-moins on y fera peu d'attention. Mais les maladies réelles que cette cruelle Boisson produit, sont trop fréquentes & trop fâcheuses pour qu'on puisse les mépriser. Chaque jour, à tout moment, elle ôte l'Appétit, elle cause diverses sortes de Fièvre, la Jaunisse, &

l'Al'Atrabile, des Convulsions, la Pierre & la Gravelle, l'Hydropisie & des Leucophlegmacies.

Parmi les indignes Admirateurs de ce liquide Poison, plusieurs de moindre rang, déterminés par l'affection sincère qu'ils ont pour cette marchandise, charmés de procurer aux autres ce qu'ils aiment eux-mêmes avec tant d'ardeur, en deviennent Vendeurs. C'est ainsi que les Femmes, après avoir exercé elles-mêmes un infame métier, deviennent ensuite ministres des plaisirs d'autrui. Ces Marchands altérés, bûvans ordinairement au-delà de leurs gains, améliorent rarement la misérable condition sous laquelle ils gémissoient, pendant qu'ils n'étoient que simples Acheteurs. Dans les extrémités & aux environs de *Londres*, dans toutes les Places fréquentées par la plus vile Populace, à peine trouverez-vous une maison où l'on ne vende cette Liqueur empoisonnée, souvent dans les caves, quelquefois dans les galetas. Les petits Marchands de cette Liqueur *infernale* sont fournis par d'autres d'un rang tant soit peu plus élevé, qui ont des boutiques pour vendre des Liqueurs Fortes. Ces Gens-là sont aussi dignes de mépris que ceux qu'ils assortissent. Que dis-je! Je ne connois point parmi le Peuple de plus misérable ressource que celle de ces Marchands.

Quiconque veut faire du profit dans ce

Négoce, doit être d'un tempéramment vigilant & défiant, pour ne pas se laisser tromper par les Fourbes & les Voleurs. Il doit encore être d'un tempéramment hardi & résolu, afin de ne se pas laisser intimider par les sermens & par les imprécations des Fiacres & des Soldats. S'il veut s'attirer des Chalands, il faut qu'il soit farci de *quolibets* grossiers, capable de rire immodérément. Il doit être fort versé dans les pointes basses & dans les fades railleries, dont la Canaille se sert pour insulter à la prudence & à la frugalité. Obéïssant, affable envers les plus Petits, il doit leur offrir son aide & son secours. Rien ne doit lasser sa patience, rien ne doit altérer sa bonne humeur : ni les expressions les plus infames de la Femme la plus impudente, ni les discours les plus odieux du Garnement le plus débauché. Il faut qu'il soit en état de supporter toute la puanteur, & toute la saleté qui accompagne l'impertinence, l'extrême indigence, la paresse, & l'yvresse du Vulgaire le plus effronté & le plus abandonné.

Ce grand nombre de Marchands dont la Ville & les Fauxbourgs sont remplis, sont tout autant de Séducteurs, qui par une occupation permise * contribuent à
aug-

---

* Le Parlement a fait depuis quelques années un Acte, par lequel il est défendu de vendre en détail
des

augmenter la paresse, la sottise & la stupidité : ils multiplient les besoins & les misères, dont l'abus des Liqueurs Fortes est la cause immédiate. Ces Boutiques servent peut-être à élever au-dessus de la médiocrité, la moitié de ceux qui trafiquent en gros de cette marchandise, pendant que la plupart des petits Marchands qui vendent en détail, quoiqu'ornés de toutes les belles qualités dont j'ai parlé, tombent & se ruïnent. Incapables de s'abstenir de cette dangereuse Coupe de *Circé*, ils tiennent tête à tous les Bûveurs, & ne gagnent que pour s'entretenir journellement, obligés pour si peu de chose de souffrir toutes les duretés choquantes, & tous les desagrémens dont j'ai fait mention.

Le Vulgaire peu pénétrant, incapable d'appercevoir l'enchaînure des Causes & des Effets, ne peut que rarement remonter au-delà d'un chaînon. Mais ceux qui avec plus de sagacité veulent se donner la peine d'étendre leur vue, & de la fixer sur la suite & la liaison des événemens, peuvent voir le *Bien* sortir en cent endroits du *Mal* même, tout comme les poulets sortent des œufs. Une partie considérable des revenus de la Nation *Angloise* vient des Droits établis sur le *Malt*, ou
Drè-

___

des Liqueurs Distillées, sous peine de cent livres sterling d'amande.

Drèche. Si on ne la diſtilloit point pour en tirer les *eſprits*, le Tréſor Public en ſouffriroit beaucoup. Les avantages qu'on retire de cette diſtillation, & qui ſont une ſuite des maux dont j'ai fait l'énumération, ſont conſidérables à tous égards : ils ſont en grand nombre, faiſons-en ſentir quelques-uns.

Les Fermes montent davantage : La Terre eſt cultivée avec plus de ſoin : Les Inſtrumens néceſſaires à ces différentes opérations, occupent un grand nombre d'Ouvriers : Quantité de Bétail y eſt emploïé : Plus que tout cela, une multitude de Pauvres ſont entretenus par la diverſité du travail requis pour faire croître le Grain, pour le moudre, pour le voiturer, pour le diſtiller : Opérations qui ſont requiſes pour tirer du Grain les différentes Liqueurs Fortes, que l'induſtrie des Hommes a inventé.

Un Homme pénétrant, & qui ſera d'aſſez bonne humeur pour entrer dans le détail ſur une infinité de minuties que j'ai négligé, découvrira encore divers autres avantages. Il dira, par exemple, que quoique les Liqueurs qu'on tire de la Drèche occaſionnent des deſordres & des infamies, l'uſage modéré de ces Eaux eſt d'un prix infini pour le Pauvre, hors d'état d'acheter un Cordial d'un plus haut prix. C'eſt un Conſolateur univerſel pour un Miſérable, qui eſt expoſé au froid, & accablé par la laſſitude. Il ſert aux

Né-

REMARQUE (G.)

Nécessiteux pour adoucir les afflictions attachées à son triste sort. Souvent même cette Boisson leur tient lieu de manger, de boire, d'habits & de logement.

Je me suis plaint de cette stupide indolence, causée par l'usage fréquent de cette Liqueur. Mais il me répondra que l'indolence est utile à cette multitude de Gens qui croupissent dans la condition la plus misérable. Car ceux-là sont certainement les plus heureux, qui ressentent le moins leurs peines & leur situation.

Si j'objecte les maladies, il me répondra que si l'Eau-de-vie de Grain a procuré des maladies à quelques personnes, il en a guéri d'autres. Si l'abus de cette Liqueur a été cause de la mort subite de quelques personnes, l'habitude d'en boire chaque jour a prolongé les jours de plusieurs autres à qui elle convenoit.

Les querelles, ajoutera-t-il, qui s'élèvent dans les Villes entre les personnes échauffées par cette Boisson, ne signifient rien. Et à supposer même qu'elles eussent entraîné quelques desordres, on en seroit dédommagé par le courage dont elle anime les Soldats à l'Armée. C'est à cette agissante Liqueur que nous sommes redevables des glorieuses victoires remportées dans les deux dernières Guerres.

Le portrait que j'ai fait des Revendeurs,

deurs, & de ce qu'ils étoient obligés de souffrir pour un gain très-médiocre, est affreux. Mais on me répondra que ce que j'ai regardé comme si choquant, & si insupportable dans cette vocation, étoit une bagatelle pour ceux qui y sont accoutumés. Ce qui paroît fâcheux & malheureux à quelques-uns, ajoutera-t-on, est plein de délices, & souvent ravissant pour d'autres, suivant les circonstances & l'éducation. Les profits qu'on tire d'une occupation, dédommagent toujours des peines & des travaux qui la suivent, *Dulcis odor lucri è re qualibet.* Que dis-je! L'espérance du Gain oblige souvent, ceux qui travaillent, à prendre sur leur repos, & à prolonger leur travail jusques dans la nuit.

Si j'insistois, & que je disse que le nombre des Distillateurs considérables & riches qu'on trouve dans le Roïaume, est trop petit pour compenser les moïens bas, l'indigence extrême, & la misère durable de tant de Pauvres malheureux qu'il faut pour faire la fortune des prémiers. On pourroit fort bien me répondre, que je ne suis pas en état de juger de cette compensation; que je ne connois point les grands avantages qui peuvent dans la suite revenir à la Société, de la fortune de ce petit nombre de Particuliers. Peut-être me répondroit-on que ces Personnes, qui se sont ainsi enrichies,

de-

devenues *Juges à Paix* (a), ou aïant obtenu d'autres Commiſſions, pourſuivront avec une activité & un zèle infini les Débauchés, & les Malintentionnés. Conſervant leur tempéramment actif, ils ſeront tout auſſi induſtrieux à répandre la Loyauté, & la Réformation des Mœurs dans tous les *Boucans* d'une Ville fort peuplée, qu'ils l'étoient autrefois à les fournir de Liqueurs Fortes. Ils deviendront ainſi à la fin la terreur des Proſtituées, des Vagabonds, des Gueux, des Séditieux, de la Canaille mécontente, des Bouchers qui violent le Jour du Repos. Ici mon Antagoniſte triompheroit dans ſa bonne humeur, s'il pouvoit ſur-tout m'alléguer quelque exemple d'un Diſtillateur ſi fortuné & ſi utile. Voïez, s'écriéroit-il, le bonheur ſans égal que cet Homme procure à ſa Patrie ! Contemplez, ſi vous pouvez, tout'l'éclat de ſa ſublime vertu !

Pour juſtifier ſes exclamations, il me démontreroit qu'il n'eſt pas poſſible de trouver dans un cœur rempli de reconnoiſſance, un témoignage plus marqué du renoncement à ſoi-même, que cet Homme en donne dans toute ſa conduite. On le voit en effet négliger ſon repos, expoſer ſa vie, ſa ſanté & ſes richeſſes, pour inquiéter inceſſamment, & même pour per-

(a) Les *Juges à Paix* ſont des *Commiſſaires de Quartier* établis pour prendre connoiſſance de ceux qui troublent le Repos Public.

REMARQUE (H.)

perfécuter, fur la plus légère faute, des gens à qui il doit toute fa fortune. Rien ne peut le faire agir de cette manière, que l'averfion qu'il a pour la Fainéantife, & l'intérêt qu'il prend à la Religion & au Bonheur Public.

REMARQUE. (H.)

Ainfi les Membres de la Société, en fuivant des routes abfolument contraires, s'aidoient comme par dépit.

Page 11. Lignes 4-6.

RIEN n'a plus contribué à l'avancement de la Réformation, que l'oifiveté & la ftupidité du Clergé *Romain*. Cette même Réformation les a réveillés de cette fainéantife, & de cette ignorance où ils croupiffoient. On peut donc dire avec raifon que les Sectateurs de *Luther*, de *Calvin*, & des autres n'ont pas réformé uniquement ceux qui ont embraffé leurs fentimens, mais même ceux qui font demeurés leurs plus grands Adverfaires. Le Clergé d'*Angleterre*, par fa févérité à l'égard de ceux qu'il regardoit comme *Schismatiques*, & par fes reproches fur leur peu de favoir, s'eft attiré des Ennemis fi formidables, qu'il n'eft pas aifé de de leur répondre. Les *Non-Conformistes*, par d'exactes recherches sur la vie de leurs puissans Antagonistes, & par une attention continuelle sur leurs actions, ont engagé ceux de l'*Eglise Anglicane* à être plus sur leurs gardes, pour ne donner aucune prise, ni aucun sujet de scandale. Vraisemblablement ils n'auroient pas été si attentifs, s'ils n'avoient eu à craindre les reproches fâcheux de leurs malicieux Surveillans. La *France* doit beaucoup aux Réformés * qu'elle a toujours eu dans son sein, même depuis les derniers efforts qu'on a fait pour les extirper totalement. Ce Roïaume peut se glorifier de nourrir un Clergé moins débauché, & plus éclairé que dans aucun autre Païs *Catholique-Romain*. Il n'y a point de Païs où les Ecclésiastiques aïent plus de pouvoir & d'autorité qu'en *Italie*, aussi n'y a-t-il point de lieu où ils soient plus libertins. Leur Doctrine n'est nulle part moins contredite qu'en *Espagne*, aussi n'y a-t-il point de Païs où le Clergé soit plus ignorant que dans ce Royaume.

Qui s'imagineroit que les Femmes vertueuses pûssent servir, sans le savoir, d'instrument pour avancer les intérêts des Femmes de mauvaise vie ? Qui croiroit que l'Incontinence servît à préserver la Chasteté ? Quel, je vous prie, de ces

deux

---

* L'Auteur les nomme *Huguenots*, comme s'il eut ignoré que c'étoit une injure.

deux paradoxes paroît le plus grand ? Il n'y a cependant rien de plus vrai. Un jeune Débauché, après avoir été une heure ou deux à l'Eglise, au Bal, ou dans quelque autre Assemblée, où il y avoit plusieurs belles Femmes mises à leur avantage, en sort avec une imagination plus échauffée que s'il fût allé voter à la *Maison de Ville* *, ou se promener à la Campagne parmi un troupeau de Brebis. Animé par ce feu & cherchant à l'éteindre, il rencontre une Femme Vertueuse qu'il ne peut gagner; aussi-tôt, il se hâte d'aller vers des Femmes moins difficiles. Qui auroit jamais soupçonné que les Femmes Vertueuses fussent la prémière cause de cette faute ? Elles ne pensoient point aux Hommes, ces Bonnes Ames, en se mettant à leur toilette. Elles étoient uniquement occupées du soin de se mettre décemment & avec propreté, chacune suivant sa qualité.

Fort éloigné d'encourager le Vice, je crois que ce seroit un bonheur inexprimable pour un Etat, si on en pouvoit totalement bannir l'Impureté; mais je crains fort que la chose ne soit impossible. Les Passions de quelques personnes sont trop violentes pour être reprimées par des

Maxi-

---

* La Cité de *Londres* envoie quatre Membres au Parlement. L'Election en est faite à la pluralité des suffrages dans la *Maison de Ville*, apellée en Anglois *Guildhall*, par ceux qui ont droit d'y donner leur voix.

Maximes, ou par des Loix. Il est de la sagesse d'un Gouvernement éclairé, de tolérer un moindre mal pour en prévenir un plus grand. Si l'on poursuivoit les Filles-de-joie avec autant de rigueur que le souhaiteroient quelques Sots, quelles barres, quelles serrures, quelles grilles seroient assez fortes pour mettre à couvert l'honneur de nos Femmes & de nos Filles? Les Femmes seroient exposées à de plus violentes & à de plus fréquentes tentations. Les Hommes les plus sages se feroient moins de scrupule de séduire de jeunes Innocentes. Plusieurs Personnes devenues furieuses, le Violement & le Rapt seroient plus communs.

Il débarque dans certaines Villes, par exemple à *Amsterdam*, six ou sept mille Gens de Mer, qui depuis long-tems n'ont vu que des personnes de leur sexe. Comment d'honnêtes Femmes óseroient-elles se montrer dans les rues, si pour un prix raisonnable ces Mariniers échauffés ne pouvoient aisément en trouver d'un autre caractère? C'est pour éviter ces affreux desordres que le sage Magistrat de cette Ville si bien policée, tolère toujours plus ou moins de Maisons où l'on trouve des Femmes à louer, comme des Chevaux dans une Ecurie où l'on en tient de louage. La prudence & la sage conduite de ces habiles Politiques brillent avec tant d'éclat dans cette tolérance, que je crois pouvoir entrer dans quelque détail, sans que pour cela

cela on m'accuse de faire une ennuïante digression.

J'observe d'abord que l'on ne permet ces Lieux, que dans l'endroit le plus sale & le plus vilain de cette belle Ville. C'est-là où logent & où s'assemblent les Mariniers & les Etrangers qui ne sont d'aucune considération. La rue où sont la plupart de ces Maisons, est flétrie dans l'opinion publique, & cette ignominie rejaillit jusques sur le voisinage. Remarquons encore que ces Lieux ne sont proprement que des Rendez-vous où l'on se rencontre comme dans une Foire, pour faire des emplettes, pour lier des parties, pour concerter ses intrigues, sans que l'on y souffre jamais le moindre acte de débauche. Ce dernier point est si exactement observé, qu'à la réserve que les Gens qui fréquentent ces endroits sont assez impolis & bruïans, on n'y voit pas plus d'indécence, peut-être même y voit-on moins d'obscénités que dans nos Comédies.

Ajoutez à ceci que les Entremetteuses dans ces Marchés, & les Belles qui se rendent à cette *Bourse* de Galanterie, y sont toutes de la lie du Peuple. Occupées pendant le jour à traîner dans une brouëtte des fruits, ou des légumes à vendre, elles mettent la nuit des habits fort différens de ceux du reste de la journée. Dans cet équipage galant, elles ne laissent pas d'être si ridicules, qu'on les prendroit plutôt pour de pauvres Comédiennes de Campagne

REMARQUE (H.) 95

pagne habillées à la *Romaine*, que pour des Demoiselles. Ajoutez à ces traits peu ragoutans, l'air contraint, les mains rudes, & l'espèce risible de politesse de ces Coureuses ; & vous verrez que ce ne sont pas des Objets fort dangereux pour des Hommes de quelque rang.

Il n'y a que des Orgues * pour tout Instrument de Musique dans ces Temples de *Vénus*, en quoi l'on n'a pas tant d'égard à la Divinité qu'on y sert, qu'à l'épargne des Maîtres, dont l'affaire est de donner autant de bruit qu'il se peut pour peu d'argent. D'ailleurs la Politique du Gouvernement ne se soucie pas autrement de multiplier l'*engeance* des Joueurs de Cornemuse, & des *Racleurs de Boyaux*. Tous les Mariniers, & sur-tout les *Hollandois*, semblables à l'Elément furieux qu'ils habitent, aiment à crier & à rugir. Quand cinq ou six de ces gens-là sont à se divertir à leur mode, une douzaine de Flutes & de Violons ne s'y feroient pas entendre. Une paire d'Orgues rémédie à cet inconvénient, & remplit toute la maison. Un seul & unique Organiste, qui ne peut jamais couter beaucoup, suffit pour manier l'instrument.

Malgré le bel ordre & l'exacte discipline qui s'observe dans ces Maisons, le Lieutenant

---

* C'est pour l'ordinaire un *Violon*, & un *Psaltérion*, ou un mauvais *Hautbois*. Il faut que la Musique de ces Lieux ait changé depuis le tems que l'Auteur écrivoit.

tenant de Police, apellé *Schout*, & ses Officiers, sont toujours occupés à les inquiéter, souvent par des amandes, & au moindre sujet de plainte par des interdictions. Cette Politique sert à deux usages.

Elle donne occasion de créer divers Officiers emploïés à quantité d'autres choses, & dont les Magistrats ne sauroient se passer : Officiers qui vivent aux dépens d'une Profession dont les profits sont immenses, quelque honteuse qu'elle soit. Ces Officiers servent encore à infliger certaines punitions à ces Abandonnées nécessaires, à ces Femmes d'intrigue, & à ces infames Ministres de la Volupté, qu'on ne souhaite pas de détruire entièrement, quoiqu'on les ait en abomination. De plus il seroit dangereux à plusieurs égards que le Public fût informé du secret de la connivence, parce que le Vulgaire en concluroit qu'une Profession tolérée n'a rien de criminel. Aussi par ces sévères procédures, faites de tems en tems, les Magistrats se conservent dans la bonne opinion de la Multitude, par la feinte qu'ils font de vouloir interdire des Lieux qu'ils tolèrent actuellement. Car si leur dessein étoit de les exterminer, leur pouvoir est si étendu, & ils savent si bien la manière de s'y prendre, qu'une semaine, que dis-je, une seule nuit suffiroit pour en venir à bout.

En *Italie*, la tolérance des Femmes, & des Lieux de débauche, se montre encore
plus

REMARQUE (H.) 97

plus à découvert. A *Venise*, & à *Naples*, on en fait publiquement métier & marchandise. Les *Courtisanes à Rome*, & les *Cantoneras* en *Espagne*, font comme un Corps règlé, qui païe à l'Etat des taxes & des impôts que les Loix ont fixées. * On sait fort bien que l'Irreligion n'est pas la cause qui oblige tant de fins Politiques à tolérer ces Ecoles d'impureté. C'est pour prévenir un mal beaucoup plus grand, c'est pour empêcher les Hommes de commettre de plus énormes infamies, & pour mettre en sureté l'Honneur des Femmes vertueuses. *Il y a deux cens cinquante ans,* dit Monsieur de St. Didier, † *que Venise se trouvant sans Courtisanes, la République fut obligée d'en faire venir un grand nombre d'Etrangères.* Le *Doglioni*, qui a écrit les Choses Mémorables de *Venise*, loue extrêmement la sagesse de la République, qui fait par ce moïen pourvoir à la sureté des Femmes d'honneur, auxquelles on faisoit tous les jours des violences publiques, puisque les lieux les plus saints n'étoient point un asile assuré où la chasteté n'eut rien à craindre.

On calomnie étrangement les Universitez d'*Angleterre*, s'il n'est pas vrai qu'en quelques Collèges il y eut autrefois un fond *ad expurgandos renes*. Il a été un tems, dit

---

* Ricaut Etat de l'Empire Ottom. Liv. **II**. Chap. XXI.

† Relation de Venise, Chapitre des Courtisanes.

Tome I. G

REMARQUE (H.)

dit Monsieur Bayle*, où l'on permettoit aux Prêtres, & aux Moines en Allemagne, de tenir des Concubines, moïennant un certain tribut qu'ils païoient au Prélat. On croit ordinairement que la seule Avarice étoit la cause de cette indigne tolérance. Mais il est plus apparent, qu'on vouloit empécher parlà que la pudicité des Honnêtes Femmes ne fût trop sollicitée, & calmer les inquiétudes des Maris, dont il est bon que le Clergé ne s'attire pas le ressentiment.

De tout ceci concluons qu'il y a une nécessité de sacrifier une partie du Beau-Sexe à la conservation de l'autre, & de prévenir, par des impuretés, des impuretés d'une nature plus abominable. La chasteté peut donc être soutenue par l'incontinence. C'est ainsi que la plus belle vertu a besoin pour se défendre, du secours du plus indigne vice. C'étoit-là le paradoxe que je m'étois proposé d'éclaircir.

---

* *Bayle.* Pensées diverses. §. CLXV. T. II. Il cite en marge les *Centum Gravamina apud Wolphium. Lect. Memor.* Vol. II. p. 223. 226. Quoique l'Auteur ne cite *Bayle* que cette fois, il le copie dans bien d'autres endroits.

REMARQUE (I.)

L'Avarice, cette funeste racine de tous les maux, ce vice dénaturé & diabolique, étoit esclave du noble défaut de la Prodigalité.

Page 11. Lignes 9-12.

J'AI donné à L'AVARICE un grand nombre d'épithètes odieuses, pour me conformer à l'usage, qui se sert d'expressions beaucoup plus fortes pour désigner ce vice, que pour tout autre. Ils les mérite sans-doute : car à peine peut-on nommer une espèce de mal, dont elle n'ait été la cause dans un tems ou dans un autre. Cependant, ce n'est point la véritable raison d'où vient qu'elle est si fort décriée. Le décrédit général dans lequel elle est, vient de ce que chacun en souffre ; puisque plus il y a d'argent accumulé chez quelques personnes, plus il devient rare parmi les autres. Ceux donc qui s'emportent avec le plus de vivacité contre cette ténacité, n'ont généralement en vue que leurs propres intérêts.

On ne peut vivre sans argent, l'expérience aprend cette vérité à tous les Humains. Ceux donc qui n'en ont point, ou qui n'en reçoivent de personne, se trouvent obligés pour en gagner de servir la Société. Mais chacun estimant son travail comme lui-même, & c'est beaucoup dire, pense que son ouvrage n'est jamais suffisamment païé. D'un autre côté, la Nature ordonne aux Hommes de manger, sans s'embarasser s'ils ont dequoi manger ou non. De-là vient qu'ils ne peuvent s'empêcher de regarder le nécessaire de la vie, comme une chose qui leur est due, & qu'ils cherchent à l'acquérir par la voie la plus facile. Lors donc que les Hommes trouvent que la peine qu'ils ont de gagner de l'argent, est plus ou moins grande, suivant que ceux de qui ils voudroient l'avoir, sont plus ou moins ténaces, il est naturel d'être fâché contre l'Avarice en général. Obligés de se passer de ce dont ils ont besoin, ou de prendre pour l'obtenir plus de peine qu'ils ne voudroient, il est difficile qu'ils ne murmurent pas contre la passion des autres, qui les met dans cette cruelle alternative.

L'AVARICE, qui occasionne bien des maux, est cependant très-nécessaire à la Société. C'est ce Vice qui accumule, qui amasse tout ce que la Profusion disperse & dissipe. Bien-tôt sans l'Avarice, les Prodigues aux abois manqueroient de matériaux pour satisfaire leur passion. Il y en auroit peu qui pûssent dépenser plus qu'ils ne gagnent, si l'Avare n'avoit thésaurisé

&

& amassé plus de biens qu'ils n'en peuvent dissiper.

J'ai dit que l'*Avarice étoit esclave de la Prodigalité*. Qu'on suive un Avare pour s'en convaincre. Je le vois qui sue sang & eau, il se refuse le nécessaire, il se laisse mourir de faim pour enrichir un Héritier prodigue. C'est ainsi que ces deux Vices, quoiqu'opposés, s'assistent mutuellement; mais de manière que l'Avare se fait esclave en faveur du Prodigue.

Florio est un jeune Homme fou & sans conduite, dont le tempéramment le jette dans la prodigalité. Fils d'un Père riche, mais avare, il n'a pas dequoi vivre à la Grandeur; Chevaux, Chiens, Argent, tout lui manque. Il ne peut dépenser de l'argent mal-à-propos, comme ses Amis. Son Père trop ténace lui accorde à peine le nécessaire. Depuis long-tems *Florio* cherche, mais inutilement, quelqu'un qui veuille lui prêter de l'argent sur son crédit. Ceux à qui il s'est adressé, craignant de tout perdre s'il venoit à mourir avant son Père, lui ont refusé cette faveur. *Florio* desespéré trouve enfin *Cornaro*, qui lui prête une somme au trente pour Cent. Ce jeune Prodigue, au comble de ses souhaits, dépense mille livres sterling dans un an. Où est-ce que *Cornaro* auroit pu placer son argent à un intérêt si exorbitant, s'il n'avoit rencontré un fou tel que *Florio*? Comment celui-ci auroit-il pu satisfaire sa passion pour la dépense, si l'Usurier

rier *Cornaro* n'eût point exifté, & que fon avarice ne lui eût pas fait fermer les yeux fur le rifque qu'il court, en prêtant une fi grande fomme fur la vie d'un fi grand Débauché.

L'Avarice n'eft le contraire de la Prodigalité, que lorfqu'elle défigne ce fordide amour pour l'argent, cette baffeffe d'ame qui empêche l'*Avare* de faire part de ce qu'il a, & qui l'engage à toujours théfaurifer. Mais il y a une autre efpèce d'*Avares*, qui défirent avec ardeur les richeffes, mais dans le but de les dépenfer. Ce dernier Vice peut fe rencontrer dans un même fujet avec la Prodigalité. Tels font la plupart des Gros-Seigneurs, des Courtifans, & des Grands Officiers, foit dans le Civil, foit dans le Militaire. Cette profufion paroît dans leurs Bâtimens fuperbes, dans leurs Equipages magnifiques, dans leurs Regaux fplendides, & dans leurs riches Ameublemens. Malgré ces dépenfes exceffives, je les appelle *Avares*. Les actions baffes qu'ils ont faites pour amaffer cet argent, la quantité de fraudes & de fupercheries dont ils fe font rendus coupables, décèlent leur fordide avarice, & la font remarquer. Ce mélange de vices qui paroiffent oppofés, revient exactement au caractère que *Salluste* nous donne de *Catilina*. *Appetens alieni & fui profufus*. Avide du bien d'autrui il prodiguoit le fien.

REMARQUE (K.)

Le Noble défaut de la PRODIGALITÉ.

Page 11. Ligne 12.

La PRODIGALITÉ, que j'appelle un noble défaut, n'est point celle qui a l'Avarice pour compagne, & qui rend l'Homme prodigue d'un bien injustement acquis. J'entens par-là ce Vice agréable & benin, qui fait sourire le Marchand, & fumer les cheminées d'un grand nombre d'autres personnes. Je parle de cette Prodigalité sans mélange d'une Homme, qui élevé dans l'abondance, uniquement occupé de ses plaisirs, content de dépenser ce que les autres ont pris la peine d'amasser, abhorre toutes ces pensées intéressées qu'il regarde comme viles & méprisables. Je veux parler de ces Hommes qui satisfont leurs inclinations à leurs propres frais, de ceux qui ont continuellement la satisfaction de changer de l'or moisi contre des plaisirs toujours nouveaux, & dont l'excessive générosité & élevation d'ame font tout le crime. Ils osent trop mépriser des objets dont la plupart des Hommes font trop de cas.

La même raison qui m'a obligé de donner

ner des épithètes si odieuses à l'*Avarice*, m'engage à parler honorablement de la *Prodigalité*, & à me servir d'expressions si douces & si polies. Le même intérêt qui doit nous faire souhaiter qu'il n'y ait point d'*Avares*, doit nous engager à souhaiter que tous les riches Héritiers soient prodigues. L'*Avare*, uniquement occupé de sa passion, ne fait du bien qu'à son Coffre fort, pendant qu'il fait tort à tout le Monde, excepté à son Héritier. Le *Prodigue* au contraire fait du bien à toute la Société, & ne fait tort qu'à lui-même. La plupart des prémiers sont des *Fripons*, & tous ceux-ci ne sont que des *Fous*, mais des Fous qui ne laissent pas d'être de délicieux morceaux, utiles pour régaler le Public. On peut les appeler les *Becasses* de la Société, avec autant de raison que les *François* appellent les *Moines*, les *Perdrix* des Femmes.

Rien ne peut nous indemniser des extorsions de l'Avare en crédit, que la profusion de l'*Etourdi*. Lorsqu'un *Ministre d'Etat* avare, engraissé des dépouilles de la Nation, chargé d'immenses trésors qu'il a acquis en se privant du nécessaire, & en pillant les Peuples; lors, dis-je, qu'il meurt, chaque bon Membre de la Société doit être rempli de joie, en contemplant la prodigalité excessive de son Fils. L'Héritier restitue au Public ce que son Père avoit pris. Aussi y auroit-il une barbarie extrême à le dépouiller, en lui faisant

sant restituer les larcins dont son héritage est rempli. Il est indigne de ruïner un Homme qui est déjà en bon train pour cela, plutôt qu'il ne veut. Ne tient-il pas grand nombre de Chiens de toute espèce & de toute taille, quoiqu'il n'aille jamais à la chasse ? Il ne monte jamais à cheval, cependant n'en a-t-il pas dans ses écuries un plus grand nombre qu'aucun Seigneur du Roïaume ? Ne donne-t-il pas à une Courtisane laide, & qui lui est inutile, une pension aussi forte qu'à la plus belle *Duchesse* ? N'est-il pas encore plus extravagant dans les choses dont il fait quelque usage ? Content de le louer comme un Seigneur généreux jusques à la magnificence, affectionné au *Bien Public*, qui répand ses bienfaits d'une manière noble, laissez-le seulement faire, & dans peu d'années vous le verrez ruïné sans que vous-vous en soïez mêlé. Dès-que la Nation a ratrapé ce qui lui appartient, il ne faut pas disputer sur la manière dont on a repris le butin.

Je sai que les Personnes sages & règlées, ennemies des extrêmes, me diront que la *Frugalité* peut heureusement prendre la place des deux vices dont je parle. Si les Hommes, ajouteront-ils, n'avoient pas un si grand nombre de moïens pour dépenser les richesses avec profusion, ils ne seroient pas tentés de mettre en usage tant de mauvaises voies pour en amasser,

ser. Le même nombre d'Hommes, moins vicieux qu'ils ne le seroient avec ces d'eux vices, évitant l'un & l'autre extrême, pourront ainsi se rendre réciproquement plus heureux.

Quiconque raisonne ainsi, prouve qu'il a plus de sentimens d'Humanité que de justes idées de Politique. Il en est de la *Frugalité* comme de la Probité. Un Homme pauvre, vertueux & frugal, n'est propre que pour les petites Sociétés, composées toutes entières d'Hommes, qui contens d'êtres pauvres, pourvu qu'ils soient libres, n'ont de désirs que pour la paix. Mais dans une grande Nation composée d'Hommes inquiets, contens, d'un moindre degré de vertu, l'on en a toujours assez. La *Frugalité* est une vertu indolente & fainéante, qui ne met point les gens à l'ouvrage, & qui est par conséquent inutile dans un Païs de Commerce, où il y a un grand nombre d'Habitans qu'il faut occuper de quelque manière. La *Prodigalité*, plus active, a mille inventions pour empêcher le Peuple de rester oisif ; inventions auxquelles la *Frugalité* n'auroit jamais pensé. L'Avarice connoit, & sait mettre en usage des ruses pour amasser ces prodigieuses richesses que la *Prodigalité* doit consumer ; ruses dont la *Frugalité* dédaigneuse auroit refusé de se servir.

Un Auteur ne fut jamais desaprouvé, pour avoir comparé de petites choses à
de

de plus grandes, pourvu qu'il en demandât prémièrement la permission par un, *si licet exemplis* &c. Mais il est insupportable, si ce n'est dans le Comique, de comparer les grandes choses aux objets bas & triviaux. Si moins timide, j'avois ôsé me mettre au-dessus de cette gênante règle, j'aurois comparé le Corps Politique à une grande Tasse de *Punch*.* L'Avarice en seroit l'aigreur, & la Prodigalité, la douceur. L'ignorance, la folie, la crédulité de la Multitude irrésolue, insipide & sans goût, tiendroit la place de l'eau. La sagesse, l'honneur, la force & le reste des grandes qualités pourroient être regardées comme l'eau-de-vie. Ces qualités sublimes, séparées par art de la lie de la Nature, évaporées ou raffinées dans leur essence spirituelle par le feu de la Gloire, ne ressembleroient point mal à cette liqueur spiritueuse. Un *Westphalien* lourd, un *Lapon* grossier, qui auroient vu acheter à part tous les ingrédiens qui entrent dans la composition de cette saine liqueur, qu'ils ne connoissent pas, ne pourroient pas s'imaginer qu'on pût en faire une boisson supportable. Les limons sont trop aigres, diroit cet Etranger ignorant, le sucre trop doux, l'eau-de-vie trop forte, pour qu'on en puisse
boire

* *Punch* est une sorte de Boisson Forte composée d'Eau-de-vie & d'Eau commune, de Sucre & de Jus de Citron &c.

boire une grande quantité ; & l'eau, liqueur sans goût, fade & insipide, n'est bonne que pour les Vaches ou les Chevaux. Toutes ces matières cependant, mêlées adroitement ensemble, formeront une liqueur excellente, que les personnes de goût trouveront agréable, & admireront. C'est un fait d'expérience.

Si j'ôsois, en suivant nos Vices en particulier, pousser plus loin la comparaison, je dirois que l'Avarice, vice dont tout le monde se plaint excepté l'Avare, est semblable à un Acide tranchant, qui desagréable à tout palais qui n'est pas gâté, agace les dents. Je comparerois les Ameublemens affectés, l'Equipage leste & magnifique d'un *Petit-Maître* dépensier, à l'éclat brillant d'un Pain de Sucre raffiné. Comme l'un, en corrigeant l'apreté, prévient le tort que l'acide trop corrosif pourroit faire aux entrailles ; ainsi l'autre est un baume agréable, qui corrige l'aigreur, cette sensation desagréable que les soins rongeans de l'Avarice font souffrir à la Multitude. L'un & l'autre se fondent également, se consument eux-mêmes, se corrigent l'un l'autre, ensorte que les différentes compositions qu'on en fait deviennent utiles. Je pourrois pousser la comparaison jusques dans les proportions, & faire voir qu'on ne peut retrancher de ces mélanges exacts quoique ce soit. Mais je n'ennuierai pas mon Lecteur, en l'arrêtant plus long-tems sur une comparaison fon trop burlefque. J'ai à l'entretenir de chofes plus importantes.

Pour réfumer ce que j'ai dit dans cette *Remarque*, & dans la précédente, j'ajouterai feulement que j'envifage la *Prodigalité* & *l'Avarice* par rapport à la Société, comme on regarde dans la *Médecine* deux Poifons oppofés. Tous deux mortels pris féparément, leurs mauvaifes qualités fe corrigent mutuellement mêlés enfemble, & compofent fouvent une bonne Médecine.

REMARQUE (L.)

Le LUXE *faftueux occupoit des millions de Pauvres.*

Page 11. Lignes 13-14.

TOut ce qui n'eft pas abfolument néceffaire pour la fubfiftance de l'Homme, mérite le nom de LUXE. En prenant donc ce terme dans un fens fi étendu, on trouvera qu'il n'y a pas un Homme, ni un Peuple, pas même entre les Sauvages qui vont nuds, qui ne tombent dans quelque efpèce de LUXE; puifqu'affurément il n'y en a aucun qui n'ait raffiné à quelque égard fur les befoins de leurs prémiers Ancêtres, ou qui n'ait ajouté

jouté quelque chose, soit dans la disposition de leurs hutes, soit dans les apprêts de leur nourriture; additions dont on s'étoit fort bien passé.

On se recriera sans-doute contre cette définition. On dira qu'elle est trop rigide. J'en conviens : mais si nous diminuons le moins du monde de sa sévérité, je crains que nous ne sachions plus où nous arrêter. Lorsqu'une personne nous dit qu'elle veut se tenir *propre & nette*, on ne sait ce qu'elle veut dire. Si elle prenoit ces termes dans leur sens propre & naturel, elle pourroit aisément se satisfaire. Il lui suffiroit de ne point manquer d'eau. Mais ces deux petits Adjectifs *propre & net*, sur-tout dans la bouche de quelques *Dames*, comprennent un si grand nombre de choses, qu'on ne peut aisément deviner quelle étendue elles leur donnent. Les plaisirs sont de-même si différens & si étendus, qu'on ne peut déterminer ce que l'on entend par *les plaisirs de la vie*, à moins qu'on ne sache déjà quelle sorte de vie le monde mène. Je trouve la même obscure équivoque dans les mots de *décence* & de *convenance*, à moins que je ne connoisse la qualité de ceux qui les emploient. On a beau aller ensemble à l'Eglise, on a beau paroître extérieurement dans les mêmes sentimens, je soutiens qu'en récitant la même prière, les Hommes ont en vue des objets bien différens. L'*Evêque*, en demandant à Dieu

son

son *pain quotidien*, comprend différentes choses dans cette demande, auxquelles le *Sacristain* * ne pense pas.

Par tout ce que je viens de dire, je veux simplement faire voir qu'il n'y aura du tout point de *Luxe*, si nous ne donnons pas ce nom à tout ce qui n'est pas absolument nécessaire pour entretenir la vie de l'Homme. Si l'on multiplie à l'infini les besoins des Mortels, ce qui doit servir à les satisfaire n'aura aussi point de bornes. Ce qu'on appelle superflu pour quelques personnes, sera regardé comme nécessaire pour ceux d'une plus haute qualité. La Nature, ou l'Industrie de l'Homme, ne peut rien produire de si curieux ou de si extravagant, que quelque *très-Gracieux Souverain*, ou telle autre *Personne de qualité*, ne le compte aussi-tôt parmi les *nécessités de la vie*. Il suffira que l'objet lui fasse plaisir, ou qu'il lui procure la moindre utilité. Par-là il n'entend pas la *vie* de tout Homme indifféremment, mais celle de sa *Sacrée Personne*.

On croit communément que le *Luxe* est autant préjudiciable à la prospérité de tout le Corps Politique, qu'il l'est à chacun des *Individus* qui s'y abandonnent. On s'imagine de-même que la Frugalité d'une Na-

---

* Le *Sacristain* est celui qui a soin de la *Sacristie*, lieu où l'on serre les Vases & les Ornemens de l'Eglise. Dans les Eglises Paroissiales, c'est lui qui ouvre les bancs aux gens de qualité.

Nation enrichit un Païs, à proportion que le bon ménage augmente les biens des Particuliers. J'ai trouvé, je l'avoue, des personnes incomparablement plus habiles que moi qui étoient de ce sentiment. Ce n'est pas ma faute, si je ne puis y souscrire. Voici comment ils raisonnent.

„ Nous envoïons, par exemple, en
„ *Turquie, disent-ils*, des Etoffes de lai-
„ ne, & d'autres marchandises de notre
„ cru, pour la valeur d'un million par
„ an. A la place nous en retirons dou-
„ ze cent mille livres sterling en Soïes,
„ en Moires, en Drogues &c.; marchan-
„ dises qui se consument entièrement dans
„ le Païs. Il n'entre point d'argent en
„ *Angleterre* par le Commerce, en le sup-
„ posant tel. Mais si la plupart des Ha-
„ bitans vouloient se contenter de ce qui
„ se fait dans le Païs, & ne consumer
„ que la moitié de ces marchandises é-
„ trangères, alors les *Turcs* aïant de nos
„ manufactures, ils seroient obligés de
„ païer la moitié en argent comptant.
„ Ce seul commerce ainsi établi apporte-
„ roit donc cent mille livres sterling de
„ profit à la Nation par an.

Pour examiner la force d'un tel raisonnement, je suppose avec ces personnes qu'on ne consumât en *Angleterre* que la moitié des marchandises de *Turquie* qu'on en consume aujourd'hui. Supposons encore que les Marchands de *Constantinople* ne puissent, ou ne veuillent pas être sans la

même

REMARQUE (L.) 113

même quantité de nos marchandises qu'ils en tirent à-préfent, & qu'ils en païâflent la moitié en argent. Nous fuppofons même que ce refus que nous faifons de prendre plus de la moitié des marchandifes que nous avions coutume d'en tirer, ne les engageât point à demander de rabais fur les marchandifes qu'ils tireront toujours de nous ; & que par conféquent, ils nous donneront autant d'or ou d'argent que la valeur de ce qu'ils reçoivent de nous excède la valeur de ce que nous achetons d'eux. Quelques fuppofitions que nous faffions, il eft impoffible qu'un tel Commerce dure. C'eft beaucoup, s'il pouvoit fubfifter une année fur ce pied-là.

Acheter c'eft échanger. Aucune Nation ne peut acheter, fi elle n'a pas des marchandifes pour donner à la place de celles qu'on lui apporte. L'*Espagne* & le *Portugal*, riches par l'or & l'argent qu'ils tirent chaque année de leurs Mines, pourront acheter auffi long-tems que ces Mines produiront : mais l'argent dans ce cas eft de leur crû, c'eft une marchandife du Païs. Nous favons que nous ne pourrions pas continuer long-tems à nous pourvoir des marchandifes des autres Nations, fi elles ne prenoient des nôtres en païement. Pourquoi donc jugerions-nous autrement des autres Nations ? Dès-que la *Turquie* manquera d'argent, il n'y en tombera pas plus du Ciel qu'il n'en tom-

Tome I.   H   be

be ici. Voïons alors quelle sera la suite des suppositions que nous avons faites.

D'abord les six cens mille livres sterling en Soie, en Moires &c. qu'on leur a laissé sur les bras la prémière année, feront tomber considérablement ces marchandises. Le *Hollandois* & le *François* profiteront de ce rabais autant que nous. Si nous continuons à refuser de prendre ces marchandises en païement, ils ne sauroient long-tems négocier avec nous. Ils aimeront mieux acheter ce dont ils ont besoin de ceux qui voudront prendre en païement les marchandises que nous rejettons, quand même leurs marchandises seroient inférieures aux nôtres. C'est ainsi que notre Commerce avec la *Turquie* tombera infailliblement en peu d'années.

,, On me répondra peut-être que pour
,, prévenir ces mauvaises suites de la di-
,, minution du *Luxe*, & du changement
,, de Commerce, on pourra se charger
,, de la même qualité de marchandises de
,, *Turquie* ; mais que plus modérés, on
,, n'en consommera que la moitié dans le
,, Païs, le reste sera envoïé dans les Païs
,, étrangers ". Voïons ce qui en arrivera, examinons la balance de ce commerce, & voïons s'il pourra enrichir la Nation.

Prémièrement, j'accorde que la Nation même faisant un plus grand usage de ses propres marchandises, ceux qui étoient emploïés à la Soie & à la Moire &c. pour-

pourront gagner leur vie par les différentes préparations de la Laine.

En second lieu, je ne puis me persuader que les Marchands tirent autant d'argent de leur vente qu'auparavant. Car supposez que la moitié qui est portée dans le Païs, se vende sur l'ancien pied, l'autre moitié qu'on envoie dehors, ne peut certainement pas se vendre autant. En effet il faut renvoïer ces marchandises dans des lieux déjà fournis. D'ailleurs on doit déduire du prix qu'on en recevra, le fret, l'assurance, la provision, & tous les autres frais. Il arrivera donc que les Marchands *Anglois* perdront beaucoup plus sur cette moitié qu'il faut rembarquer, qu'ils ne gagnent sur celle qui se consomme dans le Païs. Quoique les Etoffes de Laine se fabriquent dans notre Païs, elles coutent autant au Marchand qui les embarque pour les Païs Etrangers, qu'à celui qui les vend en détail. Il faut donc que les marchandises qu'on lui apporte au retour, en échange de celles qu'il avoit envoïées, lui remboursent d'abord ce qu'elles avoient couté en *Angleterre*. Il doit encore retirer tous les frais de l'envoi & du retour, & un bon intérêt avec tout cela, sans quoi il travaille à se ruïner. Dès-lors les Négocians trouvant leur perte dans les marchandises de *Turquie* qu'ils renvoient dans les Païs Etrangers, ils n'embarquent de nos Manufactures que ce qu'il en faudra pour païer la Soie & la Moire &c. qui se consommera dans le Païs. Bientôt les autres Nations trouveront le moïen de fournir aux *Turcs* ce que nous leur enverrons de moins, & ils leur fourniront des moïens pour se défaire de ce que nous refuserons. Nous débiterons donc en *Turquie* la moitié moins de marchandises de nos Fabriques, & ce sera le seul effet de notre modestie & de notre retenue par rapport au *Luxe*. Au lieu qu'à-présent nous les encourageons à travailler la Soie, en emploïant leurs marchandises; consommation qui seule peut les mettre en état de négocier avec nous.

Pendant long-tems j'ai eu la mortification de voir diverses Personnes de sens condamner mes sentimens : mais enfin j'ai eu le plaisir de voir la Nation les autoriser, par la sage conduite qu'elle a tenue. Cela paroît par un Acte du *Parlement* publié en 1721. Ces Législateurs éclairés, sans faire attention aux intérêts d'une Compagnie riche & puissante, & aux inconvéniens réels que ce Commerce peut apporter dans le Païs, ont cru que le bien de la Nation demandoit qu'on avançât le Commerce de *Turquie*. Par cet Acte non seulement ils encouragent la consommation de la Soie & de la Moire, mais même ils obligent par force les Sujets à s'en servir, sous peine d'une amende pécuniaire.

„ On dit encore que le *Luxe* sert à
„ aug-

,, augmenter *l'Avarice* & la *Rapine*. Dès-
,, que ce Vice règne dans un Païs, les
,, Charges les plus importantes font vé-
,, nales, les Miniftres, foit les Grands,
,, foit les Petits, fe laiffent corrompre.
,, A tout moment le Païs eft en danger
,, d'être livré au plus offrant & au dernier
,, enchériffeur. On ajoute que le *Luxe*
,, affoiblit les forces, & qu'il rend les
,, Hommes efféminés, d'où il arrive que
,, les Nations fans défenfe deviennent
,, une proie facile pour le prémier Ufur-
,, pateur".

Voilà effectivement des accufations bien graves. Mais ces terribles conféquences qu'on met fur le compte du *Luxe*, doivent être attribuées à l'adminiftration, à la mauvaife politique de ceux qui gouvernent. Ceux qui font à la tête des Affaires doivent connoître à fond le Gouvernement, & avoir toujours en vue l'intérêt du Païs. Les bons Politiques, par une conduite habile, toujours maîtres du Commerce, peuvent lui faire prendre quel tour ils veulent. De grands impôts mis fur quelques Marchandifes, la défenfe de l'entrée de quelques-unes, la diminution des droits païés pour quelques autres ; ce font-là autant de moïens qu'ils ont en main pour encourager, ou pour faire tomber une efpèce de Commerce, ou pour en changer le cours comme ils le veulent. De fages Miniftres préfèreront toujours, tout le refte égal, le Commerce avec les

Païs qui peuvent païer en argent comptant, aussi bien qu'en bonnes marchandises, à ceux qui ne peuvent donner pour retour que de mauvaises marchandises de leur cru, ou de leurs fabriques. Ils empêcheront avec soin le commerce avec ces Païs qui refusent les marchandises, & qui ne veulent que de l'argent. La balance du Commerce sera l'objet principal de leur attention. Jamais ils ne souffriront que la valeur de toutes les marchandises qu'on apporte dans le Païs, dans le cours d'une année, excède la valeur de celles qui fabriquées dans le Païs sont transportées dehors, pendant le même tems. Remarquez cependant que si un Païs avoit des ressources dans ses Mines d'Or ou d'Argent, il pourroit se dispenser de suivre toutes ces règles à la rigueur.

Si on observe toutes ces maximes, si en particulier l'entrée des Marchandises Etrangères ne surpasse jamais en valeur la sortie de celles du Païs, jamais aucune Nation ne pourra s'apauvrir par le *Luxe* qui proviendra des Marchandises Etrangères. On peut même en laisser entrer tant qu'on voudra, pourvu seulement qu'on puisse faire des marchandises du Païs transportées chez l'Etranger, un fond proportionné à celui qu'il faudra pour païer les marchandises que nous ferons venir de dehors.

Lo

REMARQUE (L.)

Le Commerce eſt le principal moïen pour agrandir une Nation, mais ce n'eſt pas le ſeul néceſſaire. Pour prévenir les maux qu'on attribue au *Luxe*, qu'on établiſſe ſeulement une Police exacte. Ce qui doit appartenir à chaque Particulier, doit être mis en ſureté par des loix ſévères, les crimes doivent être punis. Il faut que les Loix qui concernent l'adminiſtration de la Juſtice, ſoient établies avec ſageſſe, & qu'elles ſoient ſuivies avec exactitude. Prudens & circonſpects par rapport aux Affaires Etrangères, les Miniſtres doivent avoir dans les autres Païs des Correſpondances ſures, être au fait de tout ce qui ſe paſſe dans toutes les Cours, connoître leurs forces & leurs intérêts. Par-là, en état de prendre des meſures ſages, tantôt ils traverſeront quelques-uns de ces Etats, tantôt ils donneront du ſecours à d'autres, pour maintenir un équilibre exact entre ces diverſes Sociétés. Il faut encore tenir la Multitude dans la crainte, & donner liberté de conſcience à tout le monde. Enfin le Clergé ne doit pas dans les Affaires d'Etat avoir plus d'autorité, que le *Sauveur* ne lui en a laiſſé par ſon Teſtament. Telles ſont les maximes qui conduiſent infailliblement un Etat au plus haut point de la Grandeur Mondaine.

Toute Puiſſance Souveraine qui a une grande Nation à gouverner, que ce ſoit

soit une Monarchie, une République, ou un Etat Mixte, ne peut manquer de la faire fleurir, malgré les oppositions des autres Puissances, s'il sait faire usage de ces excellentes maximes. Le *Luxe*, ni d'autres Vices trop foibles, ne pourront jamais ébranler sa constitution solidement affermie.

„ Je m'attens ici à une terrible ob-„ jection. Quoi! me dira-t-on, Dieu „ n'a-t-il pas détruit de grandes Nations, „ pour les punir de leurs péchés"? J'en conviens; mais ce n'a point été sans emploïer les moïens qui conduisoient à cette destruction. Il a étourdi & aveuglé leurs Gouverneurs. Il a permis qu'ils s'écartâssent de quelques-unes de ces maximes générales, souvent même de toutes. La mauvaise politique, la négligence, ou la conduite irrégulière des Directeurs a été la cause principale de la destruction de tous les Etats, & de tous les fameux Empires qui aïent jamais existé.

Il est incontestable que la Sobriété & la Tempérance ne contribuent pas plus à la santé & à la vigueur des Particuliers, & de leur Postérité, que la Gloutonnerie & l'Yvrognerie. J'avoue cependant que je n'ai pas de notions aussi terribles qu'auparavant sur les effets du *Luxe*, ni sur ce qu'on dit qu'il affoiblit les forces d'une Nation, & qu'il la rend efféminée.

Lors-

REMARQUE (L.)

Lorsque nous entendons, ou que nous lisons des choses qui sont tout-à-fait étrangères à notre situation, elles excitent ordinairement dans notre imagination des idées semblables aux objets que nous avons vu ; & nous les apliquons aux circonstances, qui dans notre état en approchent le plus. Je me souviens très-bien qu'en lisant autrefois ce que certains Auteurs ont dit du *Luxe* des *Perses* & des *Egyptiens*, de celui des autres Païs où ce Vice a été dominant, & des effets qu'on lui attribue, tout aussi-tôt j'apliquois ces idées à la Nation. D'abord je me représentois la brutalité des Marchands d'une Ville, qui dans leurs fêtes & dans leurs repas solemnels se plongent dans la crapule, se gorgent de boire & de manger. D'autres fois je jettois les yeux sur les desordres des Matelots débauchés. Je me les représentois crians & rugissans, précédés de quelques Violons, accompagnés d'une demi-douzaine de Prostituées. Occupé de ces réflexions, je m'imaginois que transporté dans une de ces grandes Villes Maritimes, j'y aurois trouvé un tiers des Habitans alités par la crapule, un tiers tourmenté de la *goute*, ou attaqué par une maladie encore plus infame, & le reste incapable de marcher sans appui, se promener le long des rues en cottillon.

C'est un bonheur que nous aïons peur d'un Débauché, aussi long-tems que notre

Raison n'est pas assez forte pour régler nos appétits. Encore Ecolier, je crois que la grande fraïeur que j'ai eu du mot *Enerver*, & de quelques idées qui résultent de son éthimologie, m'a été d'un usage infini. Mais depuis que j'ai mieux connu le Monde, les suites du *Luxe* & de l'*Intempérance* par rapport à la Nation, ne m'ont plus paru aussi effraïantes.

Pendant tout le tems que les Hommes auront les mêmes appétits, les mêmes Vices subsisteront. Dans chaque Société considérable, les uns aiment *Vénus*, les autres se rangent sous les étendards de *Bacchus*. Le Lubrique, qui ne peut se procurer des Femmes belles & propres, se contentera d'une infame saloppe. D'autres, qui ne peuvent se procurer de l'*Hermitage* ou du *Pontac*, seront charmés de boire du Vin rouge de *France* le plus commun. Plusieurs, peu en état d'atraper du Vin, se saisiront de Liqueurs les plus mauvaises, & s'enivreront tout aussi bien avec de la Bière Forte, ou avec de l'Eau de Grain, que le Seigneur le plus riche avec du *Bourgogne*, du *Champagne*, ou du *Tockay*. Assouvir ses passions à très-bon compte, & de la manière la plus basse, fait autant de tort à la santé, que de les assouvir délicatement & à grands frais.

Les plus grands excès du *Luxe* paroissent dans les Bâtimens, les Ameublemens, les Equipages & les Habits. Mais le Linge Blanc

REMARQUE (L.)

Blanc n'affoiblit pas plus les forces de l'Homme, que la Flanelle. Une Haute-Lice, de fines Peintures, ou de superbes Boiseries ne font pas plus mal-saines que de simples Murailles. Un Lit de repos fort riche, un Carosse doré n'énerve pas plus que le simple Plancher, ou un Chariot de Païsan. Les Personnes d'esprit savent se procurer les plaisirs les plus raffinez, sans qu'ils leur soient beaucoup préjudiciables. On voit de fameux *Epicuriens*, qui refuseront de boire, ou de manger, plus que leur tête & leur estomac ne peuvent le supporter. Les plus Voluptueux prennent autant de soin de leur chère personne, qu'aucun autre. Ce qui énerve surtout ceux qui sont le plus adonnés au *Luxe*, est une fréquente répétition des débauches nuisibles, & les excès dans le boire ou dans le manger. Cependant le crime que commettent ces Gens-là, consiste principalement dans les inventions pénibles, dans la profusion, dans la délicatesse avec laquelle ils sont servis, & dans les grandes dépenses qu'ils font pour leur table & pour leurs sales amours.

Mais supposons que l'aise & les plaisirs dans lesquels les Grands & les Riches vivent, les mettent hors d'état d'endurer les fatigues & les travaux de la Guerre, il faut convenir que la plupart des personnes qui composent le *Conseil Commun de* de la Ville †, ne feroient pas de fort bons foldats. Si la Cavalerie n'étoit montée que par des *Echevins*, quelques fufées fuffiroient pour les mettre en déroute. Mais qu'ont à faire avec la Guerre les *Echevins*, les Membres du *Confeil Commun*, & même tous les Riches ? Ils n'ont qu'à païer les taxes. Les travaux, les fatigues les plus pénibles de la Guerre tombent fur le fouffre-douleur de la Nation, fur la partie la plus indigente, fur le Peuple en un mot qui travaille en efclave. Quelque exceffive que foit l'Abondance & le *Luxe* d'une Nation, il faut toujours qu'il y ait des perfonnes capables des pénibles travaux, pour bâtir des Maifons, pour conftruire des Vaiffeaux, pour remuer, pour transporter les Marchandifes, & pour cultiver la Terre. Cette diverfité prodigieufe de travaux dans chaque Nation confidérable demande une multitude de monde, parmi lesquels il y en a toujours affez de Libertins, de Fainéans, d'Extravagans, pour recruter les Armées. Ceux qui font affez robuftes pour faire des haies & des foffés, pour labourer la terre, & pour battre le bled, ou ceux qui ne font pas trop énervés pour être Forgerons, Charpentiers, Scieurs, Ouvriers en Drap, Portefaix, ou Charretiers, auront toujours affez

† Le *Confeil Commun*, qui repréfente la Bourgeoifie de *Londres*, eft compofé de 231. Membres choifis des différens quartiers de la Ville.

sez de forces & de courage, pour être bons soldats, après une Campagne ou deux, pourvu que pendant ce tems-là ils soient tenus sous une sévère discipline. Ces gens vivent rarement dans une abondance trop grande, capable de les affoiblir.

Si donc il y a quelque chose à craindre du *Luxe* parmi les Gens de guerre, ce ne sera que parmi les Officiers. La plupart de ces derniers sont des Gens d'esprit, qui ont de l'expérience. Nés pour l'ordinaire de Parens de considération, ils ont reçu une belle éducation. Si le Gouvernement est sagement conduit, on aura choisi pour commander l'armée en Chef, un Homme qui aura une connoissance parfaite des Affaires de la Guerre. Intrépide dans les combats, son courage lui laissera toute sa tranquilité au milieu du danger. Esprit vif & pénétrant, Génie distingué, susceptible de sentimens d'Honneur, il saura mettre tout à profit pour s'instruire: bien-tôt il possedera toutes les autres qualités nécessaires, qui sont le fruit du tems & de l'aplication. Tel sera le *Général* que le *Ministre* habile choisira. Mais les nerfs robustes, les jointures souples sont de petits avantages, auxquels on ne doit faire aucune attention dans une personne revêtue des qualités que j'ai nommées. Couchés dans un bon lit, ou occupés à dîner, de tels *Commandans* peuvent détruire des Villes, & ruïner un Païs entier.

entier. Il feroit même ridicule d'exiger de ces Perfonnes une conftitution forte, & de l'agilité dans les membres. On n'ignore pas qu'ils ne parviennent à ces Emplois, que dans un âge déjà avancé. Pourvu que leur tête foit active, remplie de reffources & d'idées, il importe peu que leurs membres foient foibles. S'ils ne peuvent fupporter la fatigue du Cheval, ils pourront fe faire traîner dans un bon Caroffe, ou porter dans une Litière. Pour être impotent, un Général qui a de la conduite & de la fagacité, n'en eft pas moindre. Le meilleur *Général* qu'ait la *France*, peut à peine fe traîner. †

Ceux qui fuivent immédiatement les *Officiers Généraux*, doivent avoir à peu près les mêmes talens, & les mêmes qualités que ceux-là : auffi en général on élève à ces Poftes, des Gens qui fe font rendus recommendables par leur mérite. Les autres *Officiers*, obligés de dépenfer la plus grande partie de leur païe en Habits, en Equipages, & à autres chofes que le *Luxe* du Siècle a rendu néceffaires, n'ont que très-peu d'argent pour la débauche.

L'avancement & l'augmentation de leurs appointemens ne fait que les mettre dans la néceffité d'augmenter leur train, à proportion de leur rang & de leur condition. C'eft ainfi que pour la plupart ils font

hors

---

† *Sed diu*, dit Sallufte, *magnum inter mortales certamen fuit, vi ne corporis, an virtute animi res militaris magis procederet.* Bell. Catilin. ab initio.

hors d'état de s'abandonner à ces excès également difpendieux & nuifibles à la fanté. Ce *Luxe* même augmentant, les engage à avoir une conduite telle qu'ils voudroient que les Hommes crûffent qu'ils ont. *

Rien n'eſt plus propre à perfectionner l'Homme que l'Amour & l'Honneur. Les avantages qu'on en tire, font comparables à ceux qu'on tire de pluſieurs Vertus. Delà vient que la Cour & l'Armée font de bonnes Ecoles de Politeffe & de Manières. L'Amour rend les Femmes accomplies, l'Honneur donne de la politeffe aux Hommes. Les Officiers des Nations Civiliſées affectent de poffèder une connoiffance parfaite du Monde, & des règles de l'Honneur ; ils favent prendre un air de franchife & d'honnêteté, particulier aux Gens de Guerre qui ont de l'expérience ; & par un mélange adroit de modeſtie & d'intrépidité, ils tâchent de s'établir pour des perfonnes également affables & courageuſes.

Là où le Bon-Sens eſt à la mode, là où les Belles Manières font en eſtime, la Gloutonnerie & l'Yvrognerie ne fauroient être des Vices règnans. Les Officiers de diſtinction, uniquement occupés du foin de vivre fplendidement, & non pas comme des Brutes, tournent tous leurs fouhaits du côté du *Luxe*. Galans dans tout

ce

---

* Voyez ci-deffous *Remarque* R.

ce qui les accompagne, ils s'efforcent de se surpasser les uns les autres par la magnificence & le goût de leurs équipages, ainsi que par un abord prévenant.

Suppofons qu'il y eut parmi les Officiers, des Gens plus débauchés que dans les autres Professions, ce qui n'est cependant pas; je dis que ces mêmes Officiers, pourvu feulement qu'ils fuffent fufceptibles de fentimens d'Honneur, pourroient très-bien fervir. Quelqu'abandonnés qu'ils foient au plaifir, il n'y en a aucun qui ne fe pique d'avoir de l'Honneur; & c'eft ce qui couvre & qui répare une multitude de défauts.

Un exemple plus fenfible qu'un raifonnement, rendra la chofe évidente. Voïons ce qui s'eft paffé dans les deux dernières Guerres que l'*Angleterre* à eues avec la *France*. Combien de Cadets élevés avec délicateffe, difficiles dans leur ajuftement, délicats dans le boire & dans le manger, ne fe font-ils pas foumis de bonne grace, & avec joie, à toutes les fatigues d'une Campagne? Ceux qui font dans ces terribles allarmes que le *Luxe* n'énerve & n'efémine les Peuples, doivent réfléchir fur ce qu'ils peuvent avoir vu en *Flandre* & en *Efpagne*. On a vu maints *Petits-Maîtres* en habits richement brodés, avec des chemifes garnies de fines dentelles, des perruques artiftement rangées & bien poudrées, s'expofer à la bouche du Canon, avec autant d'intrépidité qu'auroit pu le faire

faire l'Officier le plus crasseux, dont les cheveux n'auroient été peignés d'un mois. L'excès du côté des Femmes & du Vin avoit altéré la santé & ruïné la constitution de divers Officiers, qui n'ont pas laissé de s'y conduire avec beaucoup de prudence & de bravoure. Une complexion robuste est la dernière qualité requise dans un Officier. Si quelquefois la force est d'usage, les cas sont rares. Un esprit ferme & l'amour de la gloire animeront les Officiers, & supléeront aux forces corporelles qui leur manquent.

Ceux qui entendent leur métier, & qui ont des sentimens d'honneur seront toujours de bons Officiers, dès-qu'ils seront accoutumés aux dangers de la Guerre. Le luxe de ces Officiers ne sauroit même jamais être préjudiciable à la Nation, pourvu que contens de dépenser leur argent, ils ne se divertissent jamais aux dépens des autres.

Par tout ce que je viens de dire, je crois avoir prouvé ce que je m'étois proposé dans cette *Remarque* sur le *Luxe*. Prémièrement, que dans un sens il n'y a presque rien à quoi ce nom ne convienne, tandisque dans un autre il n'y a actuellement presque aucune chose qui le mérite. En second lieu, que le Peuple peut nager dans le Luxe, & consumer pour cela des marchandises étrangères, sans en être appauvri, pourvu que leurs dépenses ne surpassent pas leurs revenus, & que le Gouvernevernement soit d'ailleurs sagement administré. Enfin, que dans les Païs florissans, où l'on exerce le métier de la Guerre comme il faut, où les Soldats sont bien païés & tenus dans une bonne discipline, toute la Nation peut sans rien craindre, vivre dans tout l'aise & dans tout le luxe imaginable. Quand même dans plusieurs endroits du Païs, on donneroit tête baissée dans tout l'éclat & dans toute la délicatesse que le Débauché le plus rafiné pourroit imaginer, la Nation ne laisseroit pas d'être formidable à ses Voisins. On pourroit dire d'elle ce qui est dit des *Abeilles* dans la FABLE.*

Flattée dans la Paix, on la craint dans la Guerre. Estimée chez les Etrangers, elle tient la balance des autres Ruches. Tous ses membres à l'envi prodiguoient pour sa conservation leurs vies & leurs biens. †

---

* Page 10. Lignes 13 - 18.
† Voiez ce que nous disons encore du Luxe dans les *Remarques* M. & Q.

REMARQUE (M.)

La VANITE', *cette paſſion ſi déteſtée, donnoit de l'occupation à un plus grand nombre encore.*

Page 11. Lignes 14 - 16.

LA VANITE' eſt cette qualité naturelle, qui engage chaque Mortel qui a quelques lumières à s'eſtimer à l'excès. C'eſt cette paſſion qui le porte à s'eſtimer lui-même, plus qu'un Juge impartial, qui connoît toutes les bonnes qualités & les circonſtances où il ſe trouve, ne le feroit.

La Nature ne nous a donné aucune paſſion qui puiſſe être plus utile, & qui ſoit plus néceſſaire pour rendre la Société riche & floriſſante. C'eſt cependant la paſſion la plus généralement déteſtée. Ceux même qui ſont les plus orgueilleux, la ſouffrent avec le plus d'impatience dans les autres. Phénomène ſingulier, qui n'a lieu que par rapport à cette paſſion. Dans tout autre cas, les Vices les plus énormes ſont exténués par ceux qui en ſont le plus coupables. L'Homme chaſte a en horreur l'Impureté; & l'Yvrognerie eſt abhorrée par un Homme tempérant: mais personne n'est plus choqué de l'orgueil des autres, que le plus présomptueux de tous. Si quelqu'un excuse ce vice, c'est le plus humble des Mortels.

Je conclus de-là, que puisque ce défaut est si généralement détesté, il faut qu'il incommode tous les Humains. Il n'est point d'Homme d'esprit, qui n'avoue sans peine qu'il n'en est point exempt, & qu'il a en général de la vanité. Mais essaïez de descendre dans quelque détail, ôsez nommer quelqu'une de ses actions particulières, & vous en rencontrerez fort peu qui veuillent convenir que telle action, que vous aurez désignée, parte de ce principe.

Plusieurs personnes encore avoueront volontiers, que dans les Nations corrompues le Luxe & la Vanité sont propres à faire fleurir le Commerce: mais vous ne pourrez les faire convenir que ces vices soient absolument nécessaires, pour procurer & pour maintenir cet état florissant. Ils nient constamment que dans un siècle très-vertueux, tel qu'il le seroit si la Vanité en étoit bannie, le Commerce dût aller en décadence.

Dieu, disent-ils, nous a donné une entière domination sur toutes les choses que la Terre & la Mer produisent & renferment. Tout a été fait pour l'usage des Hommes. Ils ont été doués d'une adresse & d'une industrie supérieure à celle des Animaux, afin de pouvoir se servir de la
Terre

Terre & de la Mer, & de tout ce qui est à la portée de leurs sens. Ils regardent donc comme une impiété, de croire que l'Humilité, la Tempérance, & les autres Vertus dûssent empêcher les Hommes de jouïr de ces plaisirs que la Nature ne refuse point aux Nations les plus impies. D'où ils concluent que, sans que le Luxe ou la Vanité s'en mêlent, les mêmes choses pourroient être mangées, portées, & consumées; que le même nombre de Métiers fleuriroient; que les mêmes Ouvriers seroient emploïés; en un mot qu'une Nation pourroit être aussi florissante, que lorsque ces deux passions dominantes l'animoient.

Par rapport aux Habits en particulier, ils vous diront que la Vanité nous touche de plus près que notre Equipage, & qu'elle est uniquement logée dans le cœur. Souvent, ajoutent-ils, de mauvais haillons couvrent plus de vanité que les plus pompeux ajustemens. Souvent on a vu des Princes vertueux sans ambition, & remplis d'une sincère humilité, porter leurs fastueux Diadêmes, & régir des Roïaumes florissans. De même, des Personnes qui ont autant de fortune que de naissance, peuvent s'habiller des plus riches étoffes semées de fleurs d'or & d'argent, ou ornées de broderies les plus exquises, sans cependant éprouver aucun sentiment de vanité. Un Homme de bien, disent-ils, ne pourroit-il pas faire chaque année beaucoup plus d'habits qu'il n'en peut user, sans avoir d'autre but que celui

lui de faire travailler le Pauvre, & d'encourager le Commerce, & d'avancer le bonheur de sa Patrie, en emploïant ainsi tant de mains? La Nourriture & le Vêtement sont les deux objets principaux auxquels s'étendent tous les soins des Mortels. Un Homme ne pourroit-il donc point, sans aucun principe de vanité, destiner la plus grande partie de son revenu à se procurer l'un & l'autre? Que dis-je! Chaque Membre de la Société n'est-il pas obligé de contribuer à maintenir, autant que ses facultés le lui permettent, cette branche du Commerce, dont tout le reste dépend en grande partie? D'ailleurs la politesse ne nous engage-t-elle point à paroître décemment? C'est un devoir auquel nous sommes souvent tenus par considération pour ceux que nous fréquentons, sans aucun égard à nous-mêmes.

Tels sont les raisonnemens des Moralistes présomptueux, qui ne peuvent souffrir qu'on ravale la dignité de leur excellente espèce: mais si nous prenons la peine de les examiner de près, bientôt nous découvrirons les moïens de les réfuter.

Si un Homme riche n'avoit pas quelques passions vicieuses à satisfaire, je ne conçois point pourquoi il feroit faire plus d'habits qu'il n'en peut user. Le voit-on dans d'autres occasions si empressé à avancer le bonheur de la Nation? Je veux qu'il n'ait d'autre dessein que de faire travailler plus de monde, & par conséquent

d'être

d'être plus utile à la Société, lorsqu'il préfère des étoffes bien travaillées & moëlleuses, à des étoffes minces & légères, & lorsqu'il porte plutôt un bel habit qui a quelque chose de curieux, qu'un habit des plus communs. Mais je soutiens que cet Homme qui aime tant la Société, considèrera les habits du même œil que les bons Citoïens considèrent les taxes. Ils païent à-la-vérité les impôts avec plaisir, cependant jamais ils ne païent au-delà de ce qu'ils doivent, lors sur-tout que tout le monde est exactement taxé à proportion de ses facultés: Egalité qui doit nécessairement avoir lieu dans un Païs parfaitement vertueux, tel que le suppose le Systême que j'examine. D'ailleurs, si une fois le Siècle d'Or s'établissoit, personne ne se pareroit plus au-dessus de sa condition. On ne verroit plus de Père de famille lésiner sur sa dépense, tromper & duper son Voisin, pour fournir à ses ajustemens. Avouons donc qu'il n'y auroit pas la moitié de la consommation, ni le tiers des Ouvriers qu'il y a aujourd'hui.

Pour rendre la chose plus évidente, & pour démontrer que rien ne contribue plus à soutenir le Commerce que la Vanité, j'examinerai les différentes vues que les Hommes ont dans leurs ajustemens. J'exposerai pour cet effet ce que chacun peut aprendre par une expérience journalière.

Deux raisons engagèrent d'abord les Hommes à se couvrir d'habits. La première

mière fut de cacher leur nudité, & l'autre de défendre leur corps contre les variations de l'Air & les injures des Saisons. A ces deux fins on en ajouta une troisième. On se servit des habits comme d'un ornement. Notre vanité sans bornes a produit cette dernière raison. Quel autre principe, que cette stupide passion, auroit pu nous engager à aimer ces ornemens, qui devroient plutôt nous faire souvenir de notre misère? Etat qui est d'autant plus humiliant, que la Nature elle-même a pris soin des vêtemens des Animaux, tandis qu'elle nous les refuse. Que dis-je! L'Homme, pour se couvrir, n'a-t-il pas besoin d'appeller à son secours les Animaux des champs? Comment est-il donc possible qu'un Etre qui a tant de sensibilité, & qui fait un si grand cas de lui-même, ait jamais pu se résoudre à tirer vanité de ce qu'il a enlevé à un Animal sans défense & aussi innocent que la Brebis, ou à un Insecte mourant, qui est regardé comme si peu de chose? L'Homme glorieux de ces dépouilles qu'il a enlevées sans péril, a encore la folie de se moquer des *Hottentots* *, qui habitent la Pointe la plus reculée

---

* Ce que l'Auteur dit ici des *Hottentots* n'est nullement fondé. Ces Peuples, après la victoire, ont une humanité & une modération à l'égard des Morts, qui ne se rencontrent peut-être chez aucune autre Nation. Ils ne dépouillent jamais les Corps morts de leurs Ennemis, ni ne les maltraitent en aucune manié-

lée de l'*Afrique*. Ils portent comme un ornement les Inteſtins des Ennemis qu'ils ont tués. Les ornemens de ces Barbares ſont cependant des marques de leur Valeur, les vraies dépouilles que les *Romains* nommoient *ſpolia opima*. Si leur Vanité eſt plus ſauvage, elle eſt certainement moins ridicule, puisqu'ils portent les dépouilles d'un Animal plus noble & plus difficile à vaincre.

C'eſt envain qu'on feroit de nouvelles réflexions ſur ce ſujet. Depuis long-tems les Humains ont décidé la queſtion. Un ajuſtement brillant eſt un article eſſentiel, la belle plume fait le bel Oiſeau dit le Proverbe. Tout Homme eſt honoré dans un

manière. Ils ne leur prennent aucunes de leurs armes, ni leurs habits, ni leur couteau, ni leur tabac, ni aucun de leurs Ornemens. Ils ne fouillent pas même dans leurs poches, & ne font jamais d'inſulte à leur mémoire. Après que les Victorieux ont enterré leurs Morts, ils quitent le champ de bataille, & permettent aux Vaincus de rendre le même devoir aux leurs. Cette coutume pourroit avec plus de raiſon être attribuée aux Peuples de la Côte d'Or. Le Père Labbat, dans les Voïages qu'il a publié ſur la Guienne &c. dit que les Habitans de cette Contrée portent dans les batailles des casques compoſés de cranes d'Hommes, qu'ils ont pour l'ordinaire tués. Ils ornent & tapiſſent les portes de leurs maiſons de machoires humaines. Dès-qu'ils ont une aſſez grande quantité de ces cranes & de ces machoires, ils ſont aſſurés d'être créés Nobles, & d'obtenir le Privilège de Marchands d'Eſclaves, titre attaché à la Nobleſſe. Ils n'ont plus qu'à amaſſer dequoi fournir aux frais de leur reception, qui doit toujours ſe faire à leurs dépens.

un endroit où il n'est pas connu, suivant les habits & les autres équipages qu'il a. Nous jugeons par la richesse de leurs ornemens, de leur opulence; & par la manière dont ils sont rangés, nous faisons des conjectures sur leur esprit. De-là vient que ceux qui sentent leur peu de mérite, se couvrent autant qu'ils le peuvent d'habits qui sont au-dessus de leur rang. Cela arrive sur-tout dans les Villes grandes & peuplées, où un Homme d'une naissance obscure peut à toute heure, à la faveur de ses habits, faire connoissance avec cinquante Etrangers. Il se procure ainsi le plaisir de se faire estimer par le grand nombre, non pour ce qu'il est, mais pour ce qu'il paroît être. C'est-là principalement la raison qui porte les Hommes à être vains dans leurs Equipages.

Quiconque prend plaisir à passer en revue les différentes scènes d'une vie basse, peut les jours des grandes Fêtes, comme *Pâques* & la *Pentecôte* &c. se procurer un plaisir singulier. Qu'il se joigne aux parties que font à pareils jours les Personnes les plus viles, sur-tout les Femmes, il verra que celles du plus bas étage sont pour-lors habillées proprement & à la mode. Si on leur parle avec plus de civilité & d'égards qu'elles ne sentent le mériter, confuses pour-lors elles auront honte d'avouer ce qu'elles sont. Si même on étoit un peu curieux, on découvriroit sans peine les soins inquiétans qu'elles se donnent,

nent, pour cacher & leur occupation & leur demeure. Le Phénomène est facile à expliquer. Tandis que ces Femmes reçoivent des honneurs qu'on ne leur rend pas ordinairement, & qu'elles croient dûs à leurs Supérieurs, elles ont la douce satisfaction de pouvoir se flatter qu'elles paroissent ce qu'elles voudroient être effectivement : Satisfaction qui pour des Esprits foibles est un plaisir aussi réel, que celui qu'elles éprouveroient si leur désir étoit accompli. Elles souhaiteroient donc de ne jamais être privées de ces flatteuses illusions. Convaincues cependant que la bassesse de leur condition, si vous la connoissiez, les mettroit fort bas dans votre esprit, elles s'aplaudissent dans leur heureux déguisement, & tâchent de prolonger votre erreur. Attentives sur elles-mêmes, elles prennent toutes les précautions imaginables, pour ne point perdre par une découverte inutile, l'estime qu'elles s'imaginent que leurs beaux habits leur ont attiré de votre part.

On ne sauroit nier que, par rapport aux habillemens, & à la manière de vivre, chacun ne doive se conduire suivant son rang. Nous devons suivre l'exemple des plus judicieux, & des plus prudens d'entre nos égaux par le rang & par la fortune. Maximes raisonnables, mais cependant peu suivies ! Combien peu y en a-t-il qui ne se piquent de surpasser les autres, & de donner dans la singularité ? Nous élevons

tous

tous nos yeux au-deſſus de nous, & nous-nous efforçons tous d'imiter nos Supérieurs dans leur manière de vivre.

 La Femme du plus pauvre Artiſan de la Paroiſſe, dédaignant de porter une Friſe forte & ſalutaire, laiſſera presque mourir de faim elle & ſon mari, pour avoir dequoi acheter chez le Fripier une robe & une jupe plus jolie, mais qui ne peut lui faire la moitié de l'uſage que la Friſe lui auroit fait. Le Tiſſerand, le Cordonnier, le Tailleur, le Barbier, même le plus vil Ouvrier qui pourroit s'équiper avec peu de choſe, a l'impudence d'emploïer le prémier argent qu'il gagne à s'habiller comme un riche Négociant. Le Marchand en détail prend modèle pour habiller ſa Femme ſur ſon voiſin, qui fait le même commerce en gros. Douze ans auparavant, dira-t-il pour ſe juſtifier, ce riche Marchand n'avoit pas une Boutique mieux fournie que la mienne. On ne peut plus appercevoir de différence entre le Droguiſte, le Mercier, le Drapier, & les plus petits Marchands. Ceux-ci s'habillent & vivent comme les plus grands Négocians. La Femme du Négociant, choquée de l'inſolente hardieſſe des Artiſans, ſe réfugie à l'autre bout de la Ville, dédaignant de ſuivre aucune autre mode que celles qui viennent de cet endroit où eſt la Cour. La Cour eſt allarmée de cette arrogance. Les Femmes de qualité, indignées de rencontrer les Femmes & les Fil-

Filles des Négocians habillées comme elles, se plaignent hautement de l'impudence insupportable de la Bourgeoisie. On envoie chercher les Tailleurs, le conseil s'assemble, on délibère mûrement; & l'invention des nouvelles modes devient toute leur étude, afin que dès-que les insolentes Bourgeoises commenceront à imiter les modes qui règnent, on puisse en avoir de nouvelles toujours prêtes. Cette Emulation subsiste dans les différens étages de qualité. C'est une source intarissable de dépense. Les Grands & les Favoris des Princes ne pouvant plus surpasser leurs Inférieurs par leurs habits, sont forcés pour se distinguer, de faire des dépenses immenses en pompeux Equipages, en Ameublemens magnifiques, en Jardins superbes, & en Palais dignes d'un Roi.

L'Ouvrier, excité par cette émulation, ne met aucune borne à son invention. Il exerce son génie, les modes changent, il en invente. L'Industrieux trouve toujours un *plus ultra*, il change ou renouvelle les anciennes. C'est par-là que l'Indigent trouve de l'occupation, c'est ce qui encourage l'ingénieux Artiste à s'efforcer d'atteindre au plus haut degré de perfection.

On peut m'objecter que les Grands, accoutumés à être richement vêtus, portent ces habits superbes avec toute l'indifférence imaginable; & que par conséquent le profit que le Commerce retire de cette espèce de Gens, ne doit point être attribué

bué à leur vanité. Je répons que les Gens qui regardent d'un œil si indifférent leurs habillemens, n'auroient jamais porté ces riches étoffes, si d'abord elles n'eussent été inventées pour satisfaire la vanité d'autres Personnes, qui prenoient plus de plaisir à être richement vêtus qu'eux. D'ailleurs, tel qui paroît n'être point susceptible de vanité, n'en manque pas pour cela. Tous les symptômes de ce Vice ne se découvrent pas avec la même facilité. Ces indices sont différens suivant l'âge, l'humeur & les circonstances, souvent même ils diffèrent suivant la constitution des Hommes.

Le bilieux *Capitaine de Ville* * paroît impatient d'en venir à l'action. N'aïant point d'Ennemis à combattre sur qui il puisse faire briller sa valeur, il exprime son génie guerrier par la fermeté de ses pas, & fait trembler sa pique par la force de son bras. Son ajustement martial, & sa démarche fière, lui inspirent une élevation extraordinaire d'esprit. Cherchant à oublier sa Boutique aussi bien que lui-même, il regarde sur les Balcons avec toute la férocité d'un Conquérant *Sarrasin*.

D'un autre côté le phlegmatique *Echevin*, devenu vénérable par son grand âge & par son autorité, se contente de passer pour un Homme considérable. Comme il ne con-

* Capitaine d'une Compagnie des Milices de *Lon-dres*.

connoit point de voie plus aifée pour exprimer fa vanité, il fait le fièr dans fon Caroffe. Là, connu par fa pitoïable livrée, il reçoit d'un air dédaigneux l'hommage qui lui eft rendu par la lie du Peuple.

L'*Enseigne*, qui n'a point encore de barbe, contrefait une gravité au-deffus de fon âge. Il tâche d'imiter par une ridicule hardieffe la fière contenance de fon Colonel, fe flattant que vous jugerez par-là de fa valeur.

Le jeune *Blondin*, qui met fon plus grand bonheur à être regardé, découvre fon défir en changeant continuellement de pofture. Il cherche, pour ainfi dire, les yeux de tout le monde, il follicite avec un air gracieux l'admiration de fes Spectateurs.

Le *Fat*, qui fait l'entendu, déploie au-contraire un air de fuffifance. Entièrement occupé à contempler fes perfections, il fait voir dans les Places Publiques un tel mépris pour les autres Hommes, que celui qui ne le connoîtroit pas, feroit tenté de s'imaginer qu'il fe croit être le feul Mortel digne d'admiration.

Ces marques de vanité, & autres femblables, bienque différentes, font toutes certaines & aifées à appercevoir. Cependant il eft des cas où la vanité n'eft pas tout-à-fait auffi facile à découvrir. Quand nous appercevons en quelqu'un un air d'honnêteté & de politeffe; quand quelqu'un ne nous paroît point occupé à s'admirer

mirer lui-même, ni rempli de mépris pour les autres, nous sommes portés à le regarder comme exempt de vanité: Mais peut-être que dans ce même moment il satisfait sa vanité, & qu'il goûte tous les rafinemens de plaisir que l'on ressent à assouvir cette passion. L'excès de la joie qu'il éprouve, est peut-être ce qui lui donne cet air languissant que nous prenons pour modestie. Tel avec une apparence d'une tranquilité intérieure, avec une simplicité, une indifférence, & une indolence extérieure, n'en a que plus de vanité. Dans un Carosse simple, il se panche à son aise; mais ces manières ne sont pas toujours si dégagées de l'art, qu'elles peuvent le paroître. *Il n'est rien de plus ravissant pour un Homme vain, que de paroître heureux, d'être cru tel.*

Le *Gentilhomme* bien élevé met sa plus grande vanité, dans l'adresse qu'il a de la savoir cacher avec dextérité. Quelques-uns sont si experts à déguiser cette foiblesse, que lorsqu'ils en sont le plus coupables, le Vulgaire croit qu'ils en sont le plus exempts. Ainsi le *Courtisan* dissimulé prend son air de modestie & de bonne humeur, dans les jours de cérémonies qui l'appellent à briller. Lorsqu'il est prêt à crever de vanité, il paroît entièrement ignorer sa grandeur. Persuadé que ces aimables qualités sont propres à augmenter l'estime qu'on a pour lui, il en revêt les apparences. Cette feinte dissimulation augmen-

REMARQUE (M.) 145

augmente la grandeur, que les couronnes & les armoiries dont son carosse est orné, les harnois & le reste d'un équipage brillant ne manquent jamais d'annoncer, sans que le Courtisan s'en mêle.

Dans ces Personnes-là on ne prend pas garde à la vanité qui les possède, parce qu'ils la cachent adroitement. Il en est d'autres au-contraire, qui passent pour n'en avoir aucune, lorsqu'ils la font voir, ou du-moins qu'ils paroissent la faire voir de la manière la plus publique. Le riche *Curé*, étant aussi bien que les autres Ecclésiastiques exclus de la gaïeté des Laïques, ne songe qu'à chercher un beau drap noir, & le plus fin qu'il puisse acheter; il se distingue par la propreté de son bel ajustement. Ses perruques sont autant à la mode que la forme qu'il est obligé de suivre le lui permet. Il n'oseroit leur donner une autre forme que celle qui est autorisée par l'usage: mais il a un si grand soin de se dédommager de cette contrainte sur la bonté & sur la couleur des cheveux, que peu de Seigneurs pourront en trouver de semblables. Il n'a pas moins d'attention à tenir propre son corps que ses habits. Son visage uni est toujours très-bien rasé; ses beaux ongles sont exactement coupés; sa main douce & blanche est ornée d'un Brillant de la plus belle eau; objets qui se prêtent mutuellement un éclat qui frappe. Le linge qu'il laisse voir est admirablement beau. Il n'oseroit

Tome I.   K   pa-

paroître, s'il n'avoit un *Caſtor* dont un riche Banquier ſeroit fièr d'être orné le jour de ſes nôces. Son air majeſtueux, ſa contenance fière & impoſante relève encore la propreté de ſon habillement. Ces ſymptômes de vanité ſont évidens, ils ſe préſentent en foule, cependant la civilité ne nous permet pas d'attribuer aucunes de ſes actions à la vanité. Ce qui ſeroit vanité dans un autre eſt décence dans le *Curé*, vû la dignité de ſon Emploi. Par égard pour ſa Vocation, nous devons croire que cet Homme de mérite, ſans aucune attention à ſa vénérable perſonne, ſe donne toutes ces peines, & fait tous ces frais, ſimplement par le reſpect qui eſt dû aux Ordres Religieux dont il eſt Membre, & par un zèle Divin, afin de préſerver ſon ſaint Emploi du mépris des Railleurs. J'y conſens de tout mon cœur. On n'attribuéra donc aucune de ces actions à un principe de vanité. Mais qu'il me ſoit ſeulement permis de dire, que tout cela reſſemble fort aux paſſions des Humains.

Mais ſi enfin j'accordois qu'il y a des Perſonnes qui donnent dans toute la magnificence des Equipages, des Ameublemens, & des Habits ſans vanité; dans ce cas il eſt certain que cette émulation dont j'ai parlé ci-devant ceſſeroit; & que par conſéquent le Commerce qui dépend de cette émulation, en ſouffriroit néceſſairement dans toutes ſes branches. Car de dire

dire que si tous les Hommes étoient réellement vertueux, ils pourroient sans aucun égard à eux-mêmes consumer autant par un principe de zèle pour servir leurs Voisins & pour avancer le Bien Public, qu'ils en consument maintenant par amour-propre & par ambition, c'est une misérable échappatoire, & une supposition déraisonnable. Comme il y a toujours eu d'Honnêtes-Gens dans tous les Siècles, nous n'en manquons point sans-doute dans celui-ci. Mais informez-vous des Perruquiers & des Tailleurs, & demandez-leur dans quelles Personnes ils ont découvert de telles vûes pour le Bien Public? Qu'ils vous disent si les plus riches & les plus illustres par leur naissance sont si desintéressés. Demandez aux Passementiers, aux Merciers, & aux Marchands de toiles, si les plus riches, & si vous voulez les plus vertueuses Dames, lorsqu'elles achètent argent comptant, ou qu'elles sont dans l'intention de païer dans un tems raisonnable, n'ont pas coutume d'aller de Boutiques en Boutiques pour marchander & pour contester, afin d'épargner une pièce de quatre ou de six sols, de-même que les Femmes les plus nécessiteuses?

Si l'on continue, & que l'on dise qu'il n'y a pas il est vrai de ces Gens zélés pour le Bien Public, mais qu'il peut y en avoir. Je réponds que la chose est impossible. De-même qu'on ne vit jamais les Chats nourrir les Souris au lieu de les tuer,

tuer, ou faire le tour de la maiſon pour allaiter les petits Rats. La choſe eſt auſſi impoſſible que de voir les Milans imiter le Coq amoureux, & appeller les Poules timides pour leur faire part de leur proie, ou couver leurs petits au lieu de les dévorer. Si ces Animaux agiſſoient ainſi, ils ceſſeroient d'être Chats, ou Oiſeaux de proie. Ces actions ne ſont pas plus incompatibles avec la nature de ces Animaux, que des actes ſi deſintéreſſés ne ſont contraires à la Nature Humaine.

REMARQUE. (N.)

L'Envie même, & l'Amour-propre, & la Vanité, Miniſtres de l'Induſtrie, faiſoient fleurir les Arts & le Commerce.

Page 11. Lignes 17-19.

L'Envie eſt une baſſeſſe d'eſprit qui nous porte à nous chagriner & à ſecher de douleur lorſque nous voïons les autres Hommes joüir de certains objets, que nous regardons comme la ſource de leur bonheur. Je ne crois pas qu'il y ait une Créature Humaine, qui parvenue à un certain âge avec cette ſenſibilité naturelle n'ait jamais reſſenti cette paſſion. Cependant je n'ai trouvé perſonne qui ait oſé, ſi ce n'eſt peut-être en badinant,

avouer

avouer qu'il s'étoit rendu coupable de ce Vice.

La Honte qu'on a si généralement pour ce Vice, vient de la forte habitude d'hypocrisie, qui dès notre berceau nous a apris à cacher à nous-mêmes la vaste étendue de notre amour-propre, & de toutes ses branches. Il est impossible qu'un Homme souhaite plus de bien à un autre, qu'il ne s'en souhaite à lui-même, si ce n'est peut-être dans les cas où il suppose une impossibilité d'obtenir pour lui-même l'accomplissement de ses souhaits. De-là nous pourrons aisément découvrir, comment cette passion s'est formée, & a été excitée chez nous.

Dans ce dessein, nous considèrerons prémièrement que nous pensons aussi avantageusement de nous-mêmes, que nous pensons desavantageusement de notre prochain, & cela avec une égale injustice. Quand donc nous apercevons que les autres jouïssent ou doivent jouïr un jour de ce dont nous ne les jugeons pas dignes, nous en sommes affligés, & nous-nous mettons en colère contre la cause de ce desordre. Nous devons considérer en second lieu, que nous sommes toujours occupés à nous souhaiter du bien à nous-mêmes, chacun suivant son goût & son inclination. Lors donc que nous remarquons entre les mains des autres quelques-unes des choses que nous aimons, & dont nous sommes encore privés, nous sommes aussi-tôt

tôt affligés de ce que nous n'avons pas ce que nous trouvons si fort à notre gré. Ce chagrin ne peut être dissipé, pendant que nous continuons d'estimer la chose dont nous sommes privés. Mais comme la défense de soi-même est active, elle nous oblige à mettre en usage tous les moïens possibles, pour éloigner de nous le mal que nous ressentons. Or l'expérience nous aprend que rien dans la Nature n'est plus propre à adoucir ce chagrin, que de nous mettre en colère contre ceux qui sont en possession à notre préjudice de ce que nous estimons. Et par conséquent, si nous entretenons, & si nous nourrissons cette dernière passion, ce n'est que pour adoucir, & pour nous délivrer au-moins en partie de ce mal-aise, où le chagrin nous avoit malheureusement plongé.

L'*Envie* est donc un composé de chagrin & de colère. Les degrés de cette passion dépendent principalement de la proximité, ou de l'éloignement des objets, par rapport aux circonstances dans lesquelles se trouve l'Envieux. Quelqu'un obligé d'aller à pied, porte envie à un Grand-Seigneur, qui tient un Carosse à six chevaux: cependant son envie ne sera jamais aussi violente, & aussi tumultueuse, que le sera celle d'un Homme qui tenant lui-même un Carosse ne peut en avoir qu'un à quatre chevaux.

Les symptômes de l'Envie sont aussi différens, & aussi difficiles à décrire que ceux de la Peste. Quelquesfois l'Envie paroît sous une forme, & d'autres fois sous une autre tout-à-fait différente. Parmi les *Belles*, cette maladie est fort commune. Les indices en paroissent fort clairement dans les jugemens qu'elles portent, & dans les critiques qu'elles font les unes des autres. On voit cette passion dans toute sa force chez les Jeunes Filles que la Nature a ornées de beauté. A la première vue elles se haïront mortellement, sans autres motifs que ceux que leur fournit l'envie. Vous pouvez lire cette aversion & ce mépris dans leur contenance, si du-moins elles n'ont pas encore acquis l'art de dissimuler.

Cette passion paroît à découvert dans la Multitude grossière & impolie, sur-tout lorsque les biens de la fortune sont l'objet de leur envie. Ils médisent de leurs fautes, ils s'efforcent à donner un mauvais tour à leurs actions les plus louables. Ils murmurent contre la Providence, & se plaignent hautement que les bonnes choses de ce monde sont principalement entre les mains de ceux qui ne les méritent pas. La plus grossière partie de la Multitude est souvent si violemment agitée par cette passion, que si ces gens n'étoient pas retenus par la crainte des Loix, ils iroient ouvertement attaquer ceux qui sont les objets de leur envie, sans consulter que leur passion.

Les *Personnes de Lettres*, qui sont saisis de cette maladie, ont des symptômes tout-à-fait à-fait différens. Lorsqu'ils portent envie à un Savant pour son esprit, pour ses talens, & pour son érudition, leur principal soin est de cacher adroitement cette foiblesse, qui les porteroit généralement à nier & à avilir les bonnes qualités qu'ils envient. Ils parcourent exactement les Ouvrages de leurs Antagonistes. Chaque beau passage qu'ils rencontrent, augmente leur douleur. Aussi captieux que sévères dans leurs critiques, *ils font d'une Mouche un Eléphant*, ils ne pardonnent pas la moindre ombre de faute, ils exagèrent même la plus petite omission, jusqu'à en faire une bévue capitale.

L'Envie est sensible dans les *Brutes*. Les Chevaux la font voir dans les efforts qu'ils font pour se devancer les uns les autres. Les plus vifs courront jusques à se crever, plutôt que de souffrir qu'un autre Cheval les devance. Dans les Chiens on peut voir avec la même évidence cette passion. Ceux qui sont accoutumés à être caressés, ne souffriront jamais patiemment qu'un autre Chien ait cet honneur. J'ai vu un petit Chien qui s'étrangloit à force de manger, plutôt que de laisser quelque chose à un compétiteur de son espèce.

Nous pouvons appercevoir la même conduite dans les *Enfans*, qui étant trop aimés, sont devenus fantasques & capricieux. Si par humeur ils refusent quelquefois de manger ce qu'ils ont demandé,

mandé, & qu'on puisse seulement leur faire croire que quelqu'autre, que dis-je! même le Chat ou le Chien vient le leur prendre, ils s'étrangleront pour avaler incessamment le morceau qu'ils ont à la bouche, & mangeront même contre leur appétit, ce morceau dont un autre va profiter.

Si l'Envie n'étoit pas comme imprimée dans la Nature Humaine, elle ne seroit pas si commune parmi les Enfans, & l'on ne pourroit pas si généralement éguillonner la Jeunesse par l'Emulation. Ceux qui prétendent que tout ce qui est utile à la Société vient d'un bon principe, attribuent les effets de l'Emulation dans les Ecoliers à une vertu réelle, & à une grandeur d'ame. L'Emulation, dit-on, exige du travail & de la peine: 1 est donc évident que ceux qui se laissent conduire par ce principe, *renoncent à eux-mêmes*. Mais si nous examinons la chose de près, nous trouverons que le sacrifice qu'ils font de leurs aises, & de leurs plaisirs, est uniquement dû à l'Envie, & à l'Amour de la Gloire. S'il n'y avoit pas quelque chose de fort semblable à cette passion, mêlé avec cette prétendue grandeur d'ame, il seroit impossible & de l'exciter, & de l'augmenter, par les mêmes moïens qui produisent naturellement l'Envie. Le jeune Homme qui reçoit une récompense pour avoir le mieux fait sa tâche, sent la mortification qu'il auroit eu s'il en avoit été frustré,

fruſtré. Cette réflexion fait qu'il s'anime pour n'être point ſurpaſſé par ceux qu'il regarde à-préſent comme ſes inférieurs; & plus il a de vanité, plus il oubliéra ſes inclinations favorites pour conſerver la victoire. Celui-là eſt chagrin qui a manqué le prix, malgré la peine qu'il s'eſt donnée pour bien réuſſir, & par conſéquent il eſt en colère contre celui qu'il doit regarder comme la cauſe de ſon chagrin. Il ſeroit ridicule, & il lui ſeroit même inutile de laiſſer paroître ſes mouvemens de colère. Ainſi, ou il ſera content d'être moins eſtimé que l'autre, ou bien renouvellant ſes efforts, il travaillera à devancer le Condiſciple qui l'a ſurpaſſé. Il y a même dix à mettre contre un, que le jeune Homme, s'il eſt desintéreſſé, qu'il aime la joie & le repos, choiſira le prémier parti, & qu'il deviendra un indolent & un pareſſeux. Tandis que celui qui ſera d'un caractère envieux, opiniâtre, avare, hargneux & querelleux, prendra des peines incroïables, & deviendra enfin victorieux à ſon tour.

L'Envie eſt fort commune parmi les *Peintres*, auſſi leur eſt-elle infiniment utile pour les engager à ſe perfectionner. Je ne dis point que de petits Barbouilleurs envient les plus grands Maîtres: mais il eſt manifeſte que la plupart de ces ignorans ſont entachés de ce vice, & qu'ils en font uſage contre ceux qui ſont immédiatement au-deſſus d'eux. Si l'Elève d'un

fameux

fameux Artiste a un génie brillant, qu'il aime à s'apliquer, il adorera d'abord son Maître. Mais à mesure que son habileté augmente, il commence insensiblement à envier celui qu'il admiroit auparavant. Pour connoître la nature de cette passion, & pour sentir qu'elle consiste dans ce que j'ai dit, nous devons seulement observer que si le Peintre, en s'animant, vient non seulement à être égal, mais à surpasser celui auquel il porte envie, son chagrin cesse, & sa colère est entièrement desarmée. S'il haïssoit son Maître auparavant, il est maintenant bien-aise d'être son Ami, si l'autre veut bien y consentir.

Les *Femmes* qui sont coupables de ce Vice, & le nombre n'en est pas petit, tâchent constamment d'exciter la même passion dans leurs *Epoux*. Et si une fois elles ont pu y réussir, l'Envie & l'Emulation qui se sont emparé du cœur des Epoux, en a retiré un plus grand nombre de l'Oisiveté, de l'Yvrognerie, & des autres Vices, que tous les Sermons qui ont été prononcés depuis le tems des Apôtres.

CHACUN voudroit être heureux, jouïr du plaisir, & éviter la peine, s'il pouvoit. L'Amour-propre nous fait donc envisager chaque Créature qui paroît contente, comme une Rivale que nous avons dans le Bonheur. On appelle, *aimer le mal pour l'amour du mal*, cette satisfaction que nous sentons, en voïant la félicité des autres troublée, sans que cependant il nous en revien-

revienne d'autre avantage, que le seul plaisir dont nous jouïssons à la vue de cette félicité troublée. Le principe dont cette disposition est l'effet, porte le nom de MALICE. Elle tire sa source de la même origine que l'Envie : car s'il n'y avoit point d'Envie, il n'y auroit point de Malice. Lorsque les passions sont tranquiles, nous n'en craignons aucun mauvais effet : souvent même l'on ne se croit point sujet à une foiblesse, parce que dans ce moment on ne s'en sent point intérieurement affecté.

Un Seigneur bien mis, à qui il arrive d'être entièrement sali par un Carosse, ou par un Chariot, est beaucoup plus l'objet de la raillerie de ses Inférieurs que de ses Egaux. Quelle en est la raison ? C'est que les prémiers lui portent beaucoup plus d'envie. Ils savent qu'il est fâché de cet accident ; & persuadés qu'il est plus heureux qu'eux, ils sont charmés de le voir chagrin. Mais une jeune Dame, qui alors se trouvera dans un de ses momens sérieux, aura pitié du Gentilhomme crotté, plutôt que d'en rire. Un Homme propre est une perspective qui la réjouït, & il n'a rien qu'elle puisse lui envier. Nous rions, ou nous avons pitié de ceux auxquels il arrive quelques desastres, suivant le plus de malice ou de compassion que nous avons en partage. Si un homme tombe, ou se blesse si légèrement que la compassion

REMARQUE (N.)

fion n'en foit point émue, la pitié & la malice nous agitent alternativement dans cette occafion. " En vérité, *dit-on dans ces rencontres*, je fuis très-fâché de vo-
„ tre accident. Monfieur, je vous de-
„ mande pardon fi je ris. Je fuis la plus
„ ridicule Créature du Monde de rire en-
„ core. Je vous protefte cependant que
„ je fuis très-affligé. „ Tels font les dif-cours dont on fe fert pour déguifer fa malice. Il fe trouve des gens fi malins, qu'ils rient lorfqu'un homme s'eft caffé la jambe. D'autres font fi portés à la com-paffion, qu'ils peuvent fincèrement avoir pitié d'un homme qui a fait une très-légère tache à fon habit. Mais perfonne n'a le cœur affez féroce pour ne pouvoir jamais être touché de compaffion, & per-fonne n'a un naturel fi bon pour ne ja-mais avoir aucun plaifir malicieux. Que la manière dont nous fommes gouvernés par les paffions eft étrange ! Nous por-tons envie à un Homme, parce qu'il eft riche, & par conféquent nous avons pour lui une haine extrême. Mais fi nous de-venons fon égal, tranquiles pour-lors, la moindre condefcendance de fa part peut nous le rendre ami. Si nous lui devenons vifiblement fupérieurs, nous pouvons mê-me plaindre fes malheurs. Les Hommes qui ont du jugement & du bon-fens, font moins fujets à l'envie que les autres per-fonnes; parce qu'ils ont moins de doutes fur leur mérite, & qu'ils s'admirent plus

que

que les Fous & les Simples. Ils ne laissent pas apercevoir l'admiration dont ils sont remplis; mais il est incontestable que la solidité de leur jugement doit les assurer de leur vrai mérite : persuasion que les personnes d'un petit génie ne sauroient avoir d'eux-mêmes, bienqu'ils se conduisent souvent comme s'ils l'avoient.

L'Ostracisme † parmi les *Grecs* étoit un sacrifice que l'on faisoit des Personnes de mérite, à une Envie Epidémique. On s'en servoit souvent comme d'un remède infaillible pour guérir & pour prévenir les maux qu'auroient produit la haine & l'animosité du Peuple. Une Victime d'Etat appaise souvent les murmures de toute une Nation. Dans les Siècles suivans on s'est souvent étonné de cette barbarie, quoique si l'on se fût trouvé dans les mêmes circonstances, on se seroit conduit exactement de la même manière. On attribue ces excès à la malice du Peuple, qui n'est jamais plus content que lorsqu'il voit un Grand-Homme humilié. Pour nous, nous croïons aimer la justice, & trouver du plaisir à voir le mérite récompensé. Mais si des Personnes occupent long-tems les prémiers Postes d'Honneur, la moitié
d'en-

---

† Chez les *Grecs*, lorsqu'il y avoit quelque Citoïen qui se distinguoit par son mérite, on l'exiloit, de peur qu'il ne se servît de son crédit pour opprimer sa Patrie. *Sendque*, dans ses Controverses, s'exprime ainsi. *Sunt quædam tempora inimica Virtutibus.*

REMARQUE (N.) 159

d'entre nous s'en laſſe. Bientôt nous épluchons leur conduite, pour y découvrir des fautes ; & ſi nous n'en trouvons aucune, nous ſuppoſons qu'il les cache avec art. C'eſt beaucoup ſi la plus grande partie ne ſouhaite pas que ce Miniſtre ſoit congédié. Les plus Grands-Hommes doivent toujours craindre ces coups dangereux de la part de ceux qui ne ſont pas du nombre de leurs intimes amis, ou avec qui ils n'ont pas une grande habitude; parce que rien ne nous fatigue plus, que d'entendre répéter des louanges où n'avons aucune part.

Plus le nombre des mouvemens qui compoſent une paſſion eſt grand, plus il eſt difficile de la définir, plus auſſi elle tourmente ceux qui en ſont agités, plus grande enfin eſt la cruauté qu'elle peut leur inſpirer contre les autres Hommes. Auſſi rien n'eſt plus capricieux, & en même tems plus pernicieux que la JALOUSIE, qui eſt un compoſé d'*Amour*, d'*Eſpérance*, de *Crainte*, & d'une forte doſe d'*Envie*. Cette dernière paſſion a déjà été ſuffiſamment décrite ; & le Lecteur trouvera ci-deſſous*, ce que je me ſuis propoſé de dire ſur la *Crainte*. Pour éclaircir donc le bizarre mélange de la *Jalouſie*, je parlerai ici au long de L'ESPE'RANCE & de L'AMOUR.

ESPE'RER, c'eſt ſouhaiter avec quelque

* Dans la *Remarque* R.

que degré de confiance que la chose défirée arrive. La fermeté & la foiblesse de notre espérance dépend entièrement du plus ou du moins de raisons de confiance que nous avons. Cependant toute Espérance renferme quelque doute. Lorsque notre confiance est parvenue à ce point que d'exclure tout doute, elle devient une certitude. Nous prenons alors pour arrivé, ce que nous avions seulement espéré auparavant. On peut bien dire une plume d'argent, d'or, ou de verre, un cornet d'argent &c. ou telles autres expressions dont les termes s'excluent, & que l'usage autorise. Mais on ne peut pas joindre l'épithète de *certaine* au terme d'Espérance. Un Homme qui emploie une épithète qui détruit l'essence du substantif auquel elle est jointe, montre qu'il n'a aucune idée du sujet dont il parle. Plus nous apercevons clairement la force d'une épithète & la nature du substantif, plus l'absurdité de ce composé contradictoire est palpable. On est, je l'avoue, moins choqué d'entendre quelqu'un parler d'une espérance certaine, que d'une glace chaude, ou d'un chêne liquide. Ce n'est pas qu'il y ait moins de contradiction dans les premières expressions que dans ces dernières. Mais le mot d'Espérance, je veux dire l'essence de cette passion, n'est pas si clairement ni si généralement connue, que les mots & l'essence de la Glace ou du Chêne.

L'A-

REMARQUE (N.)

L'AMOUR désigne en prémier lieu, une affection telle que les Pères, les Mères, & les Nourrisses ont pour les Enfans, ou celle que des Amis ont l'un pour l'autre. Cette passion consiste à trouver à son gré, & à souhaiter du bien à la personne aimée. Portés à donner un bon tour à ses paroles & à ses actions, nous sentons du panchant à excuser, & à pardonner ses fautes. Nous faisons en toute manière de son intérêt le nôtre, fût-ce même à notre préjudice. Disposés à sympathiser avec lui, nous trouvons de la satisfaction à partager ses afflictions aussi-bien que sa joie. Ce que je dis ici n'est point romanesque. Lorsque nous prenons sincèrement part aux malheurs d'autrui, l'amour-propre nous persuade que le chagrin que nous éprouvons, doit adoucir & diminuer les souffrances de notre Ami. Tandis que cette tendre réflexion flatte notre douleur, il s'élève chez nous un plaisir secret, en considérant que si nous-nous chagrinons, c'est pour une Personne que nous aimons.

L'*Amour* désigne en second lieu, quelque chose de différent de tout ce dont nous avons parlé. Ce n'est ni amitié, ni sentiment de gratitude, ni l'affection qui naît des liaisons de parentage. Deux Personnes de différent Sexe se trouvent à leur gré, ce sentiment qu'ils ont l'un pour l'autre se nomme *Amour*. C'est dans ce dernier sens que j'ai dit que l'Amour entroit dans le singulier composé de la Jalousie. C'est encore cet amour, & une heureux déguisement de cette passion, qui nous porte à la conservation de notre Espèce. Ce dernier appétit est naturel & commun aux Hommes & aux Femmes qui n'ont rien de défectueux dans la formation de leurs organes. Ce sentiment est aussi naturel que celui de la faim, ou de la soif, quoiqu'on l'éprouve rarement avant l'âge de puberté. Si nous pouvions deshabiller la Nature, & sonder ses replis les plus secrets, nous découvririons les principes de cette passion, avant qu'elle se fasse sentir; nous appercevrions ces semences imperceptibles aussi distinctement que nous voïons les dents dans un *Fœtus*, quoique les gencives ne soient pas encore formées. Il y a peu des personnes saines, sur qui cet appétit n'ait fait quelque impression avant l'âge de vingt ans.

La tranquilité & le bonheur de la Société demandoient que cet appétit fût caché avec soin, & qu'il n'en fût jamais parlé en public. Aussi regarde-t-on, parmi les personnes bien élevées, comme très-criminel de parler en termes clairs, & devant le monde, de ce qui a quelque rapport au mystère de la propagation. De là vient que le véritable nom de cet appétit, si nécessaire pour la conservation du Genre Humain, est devenu honteux, & que les épithètes propres qu'on joint
ordi-

REMARQUE (N.)

ordinairement à la Concupiscence sont *sales & abominables*.

Ces mouvemens de la Nature troublent & agitent souvent le corps de ceux qui veulent suivre les règles d'une Morale sévère, & d'une Modestie rigide, longtems avant qu'ils comprennent ce que c'est. Les Personnes mêmes, & c'est une chose à remarquer, qui sont les mieux élevées & les mieux instruites, sont généralement les plus ignorantes sur cette matière.

Je dois observer ici la différence qu'il y a à cet égard, entre l'Homme dans le simple état de Nature, & la même Créature placée dans la Société Civile. Prémièrement, les Hommes & les Femmes, si on les laissoit dans la simplicité grossière de la Nature, sans les instruire des Sciences, des Modes & des règles de la Politesse, ils trouveroient d'abord la cause de ce trouble. Semblables aux autres Animaux, ils ne manqueroient point d'user d'un remède toujours présent. D'ailleurs il n'est pas probable qu'ils manquâssent de trouver des préceptes, ou des exemples, chez les plus expérimentés. En second lieu, comme on doit suivre & obéir aux règles de la Décence, & à celles que les Loix & la Religion nous prescrivent, plutôt qu'à aucun de ces mouvemens de la Nature, les Jeunes Gens des deux Sexes sont armés & fortifiés contre ces mouvemens dès leur plus tendre enfance. On emploie la crainte pour les éloigner, autant qu'il est possible, de cet appétit. On l'étouffe même avec soin & sévérité, aussi-bien que tous ses symptômes, lorsqu'il ôse se montrer tant soit peu.

Les Femmes sur-tout doivent constamment desavouer ces sentimens. Si même l'occasion s'en présentoit, elles doivent opiniâtrement nier qu'elles les eussent jamais ressenti, quand même elles auroient tous les symptômes qui les font découvrir. Si cette passion les jette dans des maladies, contentes de chercher leur guérison dans la Médecine, elles doivent supporter en silence leurs maux. Il est de l'intérêt de la Société que l'on conserve la décence & la politesse, que les Femmes languissent, dépérissent & meurent, plutôt que de se soulager elles-mêmes d'une manière illégitime. Aussi la partie du Genre Humain qui suit le plus exactement la mode, je veux parler des Gens de naissance & de fortune, ne doivent jamais contracter de mariage, sans faire une attention particulière à la famille, aux richesses, & à la réputation de la Personne dont ils ont dessein de faire leurs Epouses. L'invitation de la Nature doit être la dernière considération qui les détermine à conclure leur mariage.

Ceux donc qui regardent les termes de Concupiscence & d'Amour comme synonimes, confondent l'effet avec la cause. Cependant, telle est la force de l'éducation

tion & de l'habitude, que nous penfons toujours comme on nous a enfeigné. Auffi arrive-t-il quelquefois que des Perfonnes de l'un & de l'autre Sexe aiment actuellement, fans reffentir aucun défir charnel, ou fans pénétrer dans les intentions de la Nature, & fans réfléchir à la fin qu'elle s'eft propofée, en rendant la Créature Humaine fufceptible d'une paffion fi vive.

Il eft certain qu'il y a encore des Perfonnes de ce caractère. Mais le plus grand nombre de ceux qui défendent ces notions épurées, cachent leur véritable fentiment par l'art & par la diffimulation. Ceux qui font véritablement de ces Amans *à la Platonicienne*, ont pour l'ordinaire un vifage pâle, un air caduque, qui n'annonce rien de fort vigoureux. Ce font de ces tempérammens froids & phlegmatiques, qui ne font point nés pour l'Amour. Le tempéramment fort & robufte du Bilieux & du Sanguin eft incompatible avec des fentimens fi fpirituels. Les Perfonnes de cette conftitution ne fauroient exclure de l'amour toutes les penfées & tous les défirs charnels.

Faifons connoître aux Amans les plus *Séraphiques* l'origine de leurs inclinations. Pour cet effet, fuppofons feulement qu'un autre ait la jouiffance corporelle de la Perfonne qu'ils aiment. Quels tourmens ne fouffriront-ils pas de cette idée ? Cependant les Parens & les Amis goûtent une fatisfaction réelle, en réfléchiffant fur les joies & sur les plaisirs qu'un heureux mariage procurera à ceux auxquels ils souhaitent du bien.

 Le Curieux, qui est habile à anatomiser l'intérieur de l'Homme, peut observer que plus cet amour est sublime & exempt de toutes pensées sensuelles, plus il est corrompu, & plus il dégénère de sa pureté originelle & de sa primitive simplicité. Les Politiques n'ont jamais mieux fait connoître leur sagacité, leur pouvoir, de-même que leur travail & les soins qu'ils ont pris pour civiliser la Société, que dans l'heureuse invention de mettre nos passions en jeu les unes contre les autres. D'un côté les Moralistes habiles, en flattant notre vanité, augmentent continuellement la bonne opinion que nous avons déjà de nous-mêmes ; & de l'autre en nous inspirant une grande aversion pour la honte, ils nous ont apris avec grand soin à nous livrer la guerre à nous-mêmes, ou du-moins à bien cacher & à bien déguiser notre passion favorite, si nous ne la soumettons pas. C'est ainsi qu'ils nous ont apris à si bien cacher la concupiscence, que nous la connoissons à peine quand nous la rencontrons dans notre sein. Tromperie, dissimulation, nous mettons tout en usage pour nous en imposer à nous-mêmes, & pour surprendre les autres sur cet article.

 Mais pour quel prix, dans quelle vue sacrifions-nous ainsi nos plaisirs & nos in-
cli-

clinations ? Peut-il y avoir quelqu'un d'assez sérieux pour s'empêcher de rire, en considérant que pour tous ces soins hypocrites nous ne remportons d'autre récompense, que la vaine satisfaction de faire paroître notre espèce plus sublime, & plus supérieure à celle des autres Animaux, qu'elle ne l'est réellement, & que nous ne savons l'être dans nos consciences ? Cependant rien n'est plus vrai. Par-là nous appercevons clairement, pourquoi il étoit nécessaire de rendre odieuse chaque parole, ou chaque action, par laquelle nous pouvions manifester le désir naturel que nous sentons de perpétuer notre espèce. C'est pour cela encore qu'on deshonore par le nom ignominieux de *Brutal* la Personne qui succombe & qui s'abandonne à la violence d'un appétit furieux, auquel il est difficile de résister. On donne ce nom infame à celui qui, comme les autres Animaux, obéit sans fourberie & sans hypocrisie à la demande la plus pressante que la Nature puisse lui faire.

Ce que nous appellons donc Amour n'est pas un appétit naturel, mais un sentiment corrompu, ou plutôt un composé, un amas de différentes passions contradictoires confondues dans une seule. C'est bien une production de la Nature, mais elle est pliée & changée par la coutume & par l'éducation. Ainsi la véritable origine, & le prémier motif de cette passion, comme je l'ai déjà insinué, sont si bien

bien étouffés dans les Personnes bien élevées, qu'ils ont peine à les connoître eux-mêmes. C'est pour cela que les effets de cette passion sont si différens, si bizarres, si surprenans, & si inexplicables. Ces symptômes varient suivant l'âge, les forces, la résolution, le tempéramment, les circonstances, & le plus ou moins de politesse qu'a celui qui en est affecté.

C'EST cette passion qui rend la JALOUSIE si incommode, & cette espèce d'Envie souvent si fatale. Ceux qui croient qu'on peut être jaloux sans aimer, ne connoissent pas cette passion. Il peut arriver, il est vrai, que des Maris qui n'ont pas la moindre affection pour leurs Femmes, soient cependant en colère contr'elles pour leur mauvaise conduite. Quoique fort indifférens pour leurs Epouses, ils peuvent être soupçonneux à leur égard avec raison, & même sans raison. Ce qui les affecte dans de tels cas, ce n'est point la *Jalousie*, mais leur vanité & l'intérêt qu'ils prennent à leur propre réputation. Ils ressentent des mouvemens de haine contr'elles, & ils sont bien aise de pouvoir les manifester sans en sentir de remords. Lorsqu'ils sont colères, ils peuvent se porter jusques à les battre, & aller coucher après cet exploit fort satisfaits. De tels Maris veillent quelquefois sur leurs Femmes, & les font épier par d'autres; mais leur vigilance n'est jamais aussi grande, que si l'amour étoit de la

par-

REMARQUE (N.)

partie. Leurs recherches ne sont accompagnées, ni de tant de soins, ni de tant d'adresse; ils ne sentent point cette crainte de faire quelque sinistre découverte, comme lorsque l'amour est mêlé avec les autres passions.

Ce qui me confirme dans cette opinion, c'est que nous n'observons jamais une pareille conduite entre un Amant & une Maîtresse. Lorsque son amour est éteint, s'il la soupçonne d'être infidèle, il la laisse, & il ne se rompt plus la tête sur son sujet. Au lieu qu'il est très-difficile, même pour un Homme de bon sens, d'abandonner une Maîtresse bien aimée, quelles que soient les fautes dont elle puisse être coupable. Si dans sa colère il la frappe, il est fâché de s'être laissé aller à cet excès. Son amour le fait réfléchir sur la manière dont il l'a traitée, & sur la nécessité où il est de se réconcilier avec elle. Il peut parler de la haïr, & souhaiter plusieurs fois dans son cœur qu'elle soit pendue; mais s'il ne peut venir à bout de se défaire entièrement de sa foiblesse, il ne pourra jamais se débarasser de cette Fille importune, quand même son imagination la lui représenteroit comme coupable du plus monstrueux des crimes. En un mot, quoiqu'il ait résolu & juré mille fois de ne plus la revoir, ne vous fiez pas à ces sermens, quand même il seroit pleinement convaincu de son infidélité. Tandis que son amour subsiste, son desespoir n'est jamais

mais de si longue durée. Au milieu des plus vifs transports de son affreux desespoir, il s'attendrit, & il aperçoit de tems en tems des lueurs d'espérance. Son esprit lui fournit des excuses pour sa Maîtresse; & dès-qu'il pense à lui pardonner, il se donne la torture pour trouver des possibilités, qui puissent la faire paroître moins criminelle à ses yeux.

REMARQUE (O.)

Les PLAISIRS RE'ELS, *les Douceurs de la Vie, l'Aise & le Repos étoient devenus des Biens si communs* &c.

Page 12. Lignes 9. &c.

LE SOUVERAIN BIEN consiste dans le plaisir, suivant la doctrine d'*Epicure*. Ce Philosophe fut cependant toute sa vie un modèle de continence, de sobriété, & des autres vertus. Cette apparence de contradiction a fait naître, dans les siècles suivans, des disputes sur le sens que ce Grand Homme attachoit au mot de plaisir. Ceux qui ont fait attention uniquement à la tempérance de ce Philosophe, ont dit que les plaisirs dont il avoit voulu parler, consistoient à être vertueux. C'est ainsi qu'*Erasme*, dans ses *Colloques*,

ques, nous dit †, qu'il n'y a point de plus grands *Epicuriens* que les Chrétiens pieux. D'autres, qui ont fait attention aux mœurs dissolues de la plus grande partie de ses Sectateurs, ont voulu qu'*Epicure* n'a pu entendre par les plaisirs qu'il recommandoit, que ceux des sens, & l'assouvissement de nos passions. Je ne déciderai point la dispute : mais je crois que le plaisir d'un Homme, soit qu'il soit bon, ou méchant, consiste dans les choses dont il fait ses délices. Ainsi, sans chercher plus loin dans le langage savant une étymologie, je crois qu'un *Anglois* peut appeler avec justice plaisir, toutes les choses qui lui plaisent. Suivant cette définition, il seroit tout aussi absurde de disputer des plaisirs des Hommes que de leur goût : *Trabit sua quemque voluptas.* *

L'Homme mondain, voluptueux, bien-qu'il soit sans mérite, ambitionne la préséance par-tout, & il souhaite d'être honoré plus que ses Supérieurs. Il aspire à posséder des Palais superbes, & des Jardins délicieux. Son plaisir principal est de surpasser les autres Hommes par le nombre & par la beauté de ses chevaux, par la magnificence de ses carosses, par une nombreuse suite, & par des meubles d'un grand prix. Pour satisfaire ses désirs, il
doit

† *Quod si de veris loquamur, nulli magis sunt Epicurei quàm Christiani piè viventes.* ERASMI *Colloquia.* Epicureus.

* *Virgilii Eclog.* II. vers. 65.

doit avoir des Maîtresses aimables, qui soient jeunes & belles. Elles doivent être de différent témpéramment, & avoir des attraits différens, pour faire ses plaisirs. Il faut de-plus qu'elles adorent sa Grandeur, & qu'elles aiment réellement sa Personne. Il faudroit aussi que ses Caves fussent fournies de ce que chaque Païs produit de plus excellent en vin. Sa Table devroit être décorée de plusieurs services, dont chacun seroit composé d'une variété choisie de mêts les plus exquis & les plus difficiles à trouver. Le bon goût doit y règner, & donner des preuves sensibles d'une Cuisine achevée. Pendant le repas, une Musique harmonieuse, & des flatteries bien tournées entretiennent successivement les oreilles des Convives. Il n'emploie jamais, fût-ce même pour les moindres bagatelles, que les Ouvriers les plus capables, les plus expérimentés, & les plus ingénieux; afin que son jugement & son goût paroîssent aussi évidemment dans les moindres choses qui le regardent, que ses richesses & sa qualité se manifestent dans les choses plus considérables.

Il souhaiteroit d'avoir diverses Personnes d'esprit, également facétieuses & polies, avec lesquelles il pût converser. Il voudroit avoir à sa disposition quelqu'un qui fût fameux par sa science, & par une connoissance universelle. Pour ses affaires sérieuses, il demanderoit de trouver des Personnes habiles & expérimentées,

qui

qui fûssent en même tems distinguées par leur diligence & par leur fidélité. Il exige de ceux qui doivent l'accompagner, qu'ils soient du bel air, & qu'ils aïent bonne mine. Il demande d'eux des soins respectueux pour ce qui lui appartient, de l'activité sans précipitation, de la promptitude sans fracas, & une obéïssance sans bornes à tous ses ordres. Rien ne lui paroît plus incommode, que d'être obligé de parler à ses Domestiques. Il voudroit qu'en faisant attention à ses coups d'œil, ils aprîssent tous à connoître sa volonté par ses mouvemens les plus légers. La délicatesse lui plaît dans tout ce qui l'aproche, & dans tout ce qui est emploïé autour de sa personne. Il exige qu'on y observe religieusement une propreté extraordinaire. Les principaux Officiers de sa Maison, doivent être des personnes de naissance, d'honneur & de distinction. Il aime qu'ils aïent de l'ordre, de l'œconomie & de l'invention. Quoiqu'il aime à être honoré de tout le monde, & qu'il reçoive avec joie les respects du Commun Peuple, cependant l'hommage qui lui est rendu par des Personnes de qualité, lui fait infiniment plus de plaisir.

Pendant qu'il nage ainsi dans une mer de délices & de vanité, il s'occupe tout entier à exciter & à satisfaire ses appétits. Dans cet état, il ôse encore désirer que le monde le croie tout-à-fait exempt de vanité & de sensualité, & qu'il donne un favo-

favorable tour à ſes vices les plus éclatans. Que dis-je ! S'il pouvoit, il voudroit paſſer pour brave, pour généreux, pour être d'un bon caractère, & doué de toutes les autres vertus qu'il croit être d'un certain prix. Il voudroit même nous faire croire que la pompe & le luxe qui l'accompagnent, ne lui cauſent que de l'embarras; & que la grandeur avec laquelle il paroît, lui eſt un peſant fardeau: Grandeur cependant qui malgré ſes desagrémens eſt inſéparable de la haute ſphère où il doit ſe mouvoir. Il tâche de nous perſuader que ſon noble eſprit, ſi fort élevé au-deſſus des capacités vulgaires, bute à des fins beaucoup plus ſublimes, & qu'il ne ſauroit ſe plaîre dans la jouïſſance incommode de choſes ſi inutiles. Il ôſe nous aſſurer que le plus haut point de ſon ambition eſt d'avancer le Bien Public; & que ſon plus grand plaiſir eſt de voir ſon Païs floriſſant, & de rendre chacun de ſes Concitoïens heureux. Telles ſont les choſes que les Vicieux & le Mondain honorent du nom de plaiſir. Quiconque eſt capable par ſon adreſſe, ou par ſa fortune, de joüir avec tous ces rafinemens du Monde ſans rien perdre de ſa bonne opinion, eſt regardé comme un Homme extrêmement heureux par cette partie du Genre Humain qui ſe pique d'être le plus à la mode.

D'un autre côté, la plupart des anciens Philoſophes, & des graves Moraliſtes, ſur-
tout

tout les *Stoïciens*, ne regardoient comme un BIEN RE'EL aucune des choses qui pouvoient leur être enlevées. Ils ont sagement considéré l'instabilité de l'honneur & des aplaudissemens du Peuple, le peu de solidité des richesses, & de tous les objets dont on peut jouïr ici-bas. D'où ils ont conclu que le véritable bonheur devoit être placé dans la tranquile sévérité d'un Esprit content, & exempt de faute & d'ambition; dans un Esprit sublime, qui aïant soumis tous les appétits sensuels méprise également & les faveurs & les revers de la Fortune. Suivant eux, personne ne peut être mis au rang des Mortels fortunés, que ceux qui faisant consister tous leurs plaisirs dans la contemplation, ne désirent rien que ce que chaque personne est capable de se procurer par soi-même. Un Homme grand & élevé, qui armé de force & de résolution a appris à soutenir les plus grandes pertes sans peine, à endurer les souffrances sans affliction, & à supporter les injures sans ressentiment, est le seul qui suivant eux puisse prétendre au bonheur.

Il y en a plusieurs qui se sont vantés d'être arrivés à ce haut point de *renoncement à soi-même*, & qui, si nous les en croïons, sont élevés au-dessus des Mortels ordinaires, & ont étendu leurs forces beaucoup plus loin que la Nature ne les leur avoit accordé. Capables de considérer sans terreur la colère des Tirans

rans menaçans, & fans effroi les plus éminens dangers, ils ont pu conferver leur tranquilité au milieu des tourmens. Prêts d'aller à la mort avec intrépidité, ils ont quité ce Monde avec tout auffi peu de répugnance, qu'ils avoient témoigné de joie en y entrant.

Cette efpèce de Philofophie a été la Secte dominante parmi les Anciens. Cependant d'autres, qui n'étoient point Foux, ont rejetté ces préceptes comme impraticables; ils ont appellé ces notions des principes *romanesques*, & ont tâché de prouver que cette fublimité, que les *Stoïciens* affuroient d'eux-mêmes, excédoit toutes les forces humaines. D'où ils ont conclu que les éclatantes vertus dont les *Stoïciens* fe glorifioient, n'étoient fondées que fur les idées pleines d'orgueil, d'arrogance & d'hypocrifie, qu'ils avoient conçues d'eux-mêmes.

Cependant, malgré ces Critiques, la partie du Genre Humain la plus grave, & la plupart des Hommes fages qui ont vécu même depuis ce tems-là jufques à ce jour, fe font accordés avec les *Stoïciens* dans les points effentiels. On dit communément, qu'on ne peut trouver de véritable félicité dans ce qui dépend des chofes périffables; que la paix intérieure eft le plus grand de tous les biens; & qu'il n'y a point de victoire auffi glorieufe que celle que nous remportons fur nos paffions; que la Science, la Tempérance, la Force,

Force, l'Humilité, & les autres Ornemens de l'Esprit & du Cœur, sont les meilleures acquisitions ; que nul ne peut être heureux, excepté celui qui est bon ; & que l'Homme Vertueux est le seul qui puisse jouïr des vrais & solides plaisirs.

On me demandera sans doute, pourquoi j'appelle dans la Fable PLAISIRS RE'ELS, ceux qui sont directement opposés aux plaisirs que j'avoue avoir été mis au plus haut rang par les Sages de tous les siécles. Je réponds que je n'appelle point Plaisirs, les choses que les Hommes trouvent les meilleures, mais seulement celles qui leur plaisent le plus. Comment puis-je croire que le principal plaisir d'un Homme est d'orner son esprit, lorsque je le vois toujours occupé à poursuivre les plaisirs qui sont contraires à ce but ? *Jean* ne coupe jamais du Boudin que ce qu'il en faut, pour que vous ne puissiez pas dire qu'il n'en a point pris. Après l'avoir mâché fort long-tems, vous la lui voïez avaler aussi difficilement que si c'étoit du foin haché. Bien-tôt il tombe sur le Bœuf avec un appétit vorace, & se farcit jusques au gosier. N'est-il pas insupportable d'entendre *Jean* crier tous les jours que le Boudin fait toutes ses délices, & qu'il ne donneroit pas un liard pour du Bœuf ?

Je pourrois me vanter de témoigner autant de desintéressement & de mépris pour les richesses que *Senéque*. Je voudrois même entreprendre d'écrire en faveur de la pauvreté deux fois plus de volumes, que ce Philosophe n'en a jamais écrit, pourvu seulement que j'eusse la dixième partie de ses revenus. Je pourrois dans cet état enseigner le chemin à ce *Summum Bonum,* à ce Souverain Bien, aussi exactement que j'enseignerois celui qui conduit à ma maison. Je dirois aux Hommes, que pour se dégager de tout attachement mondain, & pour purifier son esprit, il faut se dépouiller de ses passions, comme on ôte les meubles d'une chambre qu'on veut nettoïer parfaitement. Je suis très-persuadé, dirois-je, que les plus rudes coups de la Fortune ennemie, ne peuvent non plus faire de mal à un Esprit ainsi vuide de toutes craintes, de tous désirs & de toutes inclinations, qu'un Cheval aveugle ne pourroit en faire, s'il étoit dans un grand espace où il n'y eut rien contre quoi il pût heurter. J'ai une idée fort nette de la théorie de toutes ces belles maximes, mais la pratique en est très-difficile. Si vous-vous avisez de venir vuider mes poches, ou d'enlever le manger devant moi lorsque j'ai faim, ou que vous fissiez seulement le moindre mouvement pour me cracher au visage, je n'oserois promettre de me conduire en Philosophe.

Mais de ce que je suis forcé à me soumettre à chaque caprice de ma nature déréglée, vous ne devez pas, dira-t-on, en conclure que les autres soient aussi peu maîtres de leurs passions. Aussi est-ce
pour

pour cela que vous devez être disposés à rendre hommage à la Vertu par-tout où vous pourrez la rencontrer : à condition cependant que vous ne serez obligés de recevoir comme vertueuses, que ces actions où vous pourrez appercevoir du *renoncement à soi-même* ; & qu'il vous sera permis de ne pas juger des Hommes par leurs paroles, lorsque vous aurez devant les yeux toute la suite de leurs actions.

Après avoir examiné tous les états & toutes les conditions des Hommes, j'avoue qu'il n'en est aucune où j'aïe trouvé plus d'austérité dans les mœurs, ou plus de mépris pour les plaisirs terrestres, que dans certaines Maisons Religieuses. J'y ai vu des Personnes qui quitent & abandonnent volontiers le Monde pour se faire la guerre à eux-mêmes. Dans leur solitude, ils s'occupent tout entiers à subjuguer leurs appétits. Quelle plus grande preuve les Hommes & les Femmes peuvent-ils donner d'une parfaite chasteté, & d'un amour extraordinaire pour une pureté accomplie, que de s'exclure eux-mêmes de la compagnie les uns des autres dans la fleur de l'âge, lorsque les passions sont les plus violentes ? Quel plus grand effort que de se priver pour toute la vie, par un renoncement volontaire, je ne dirai pas seulement de l'impureté, mais même des témoignages d'amitié les plus légitimes ? Qui croiroit que ceux qui s'abstiennent de viandes, souvent même de toutes sortes de nourriture, ne sont pas dans le vrai chemin qu'il faut tenir pour subjuguer tous ces désirs charnels ? Je jurerois presque que cette Personne ne consulte point ses aises, qu'elle étrille tous les jours son dos & ses épaules nues à grands coups de discipline, qu'elle s'éveille constamment à minuit & quite son lit pour faire sa dévotion. Quel plus grand mépris peut-on témoigner pour les richesses, qu'en se faisant scrupule de toucher de l'or ou de l'argent, fût-ce même avec les pieds ? Quel Mortel peut montrer moins de luxe ou plus d'humilité, que celui qui faisant vœu de pauvreté se contente des restes des autres, & des morceaux de pain qu'on a la charité de lui donner ?

De si beaux exemples de renoncement à soi-même me forceroient à m'aller jetter aux pieds d'une Vertu si sublime, si je n'en étois détourné par les jugemens d'une grande quantité de Personnes savantes & d'un rang distingué. Ils disent unanimement que je me suis trompé, & que tout ce que j'admire-là n'est que farce & qu'hypocrisie. J'entends dire que, malgré l'amour *Séraphique* auquel d'austères Religieux prétendent, on ne voit parmi eux que discorde. L'on m'assure que de tant de Nones & de Moines qui me paroissoient de si bons Pénitens dans leurs Cloîtres, il n'y en a aucun qui sacrifie
ses

ses passions favorites. On me dit que parmi ces Femmes, celles-là qui passent pour Vierges ne le sont pas toutes; que si j'étois initié dans leurs mystères, & que j'examinâsse quelques-unes de leurs retraites souterraines, je serois bientôt convaincu par des scènes d'horreur, que quelques-unes de ces Religieuses ont été certainement Mères. Parmi les Moines, je verrois règner la calomnie, l'envie, la malice, la gloutonnerie, l'ivrognerie, & des impuretés d'une espèce plus exécrable que l'adultère même. On me dit que les Religieux Mendians ne diffèrent des autres Gueux que par leurs habits. Les uns & les autres trompent également les Gens par le ton pitoïable qu'ils prennent, & par une apparence extérieure de misère. Mais que ces Gueux aïent perdu de vue les personnes qui les ont secouru, ils quitent bien-tôt leur langage hypocrite, & courent satisfaire leurs appétits.

Si les étroites règles qu'on suit dans les Cloîtres, si le grand nombre de marques extérieures de dévotion qu'on observe dans les Ordres Religieux, méritent de telles censures, où pouvons-nous espérer de trouver cette Vertu sévère? En effet, si nous examinons les actions des zèlés Antagonistes, & des rigides Accusateurs de ces dévots Religieux, nous ne trouverons pas même chez eux l'apparence du *renoncement à soi-même*. Dans tous les Païs, les vénérables Théologiens de toutes les Sectes, même des Eglises qui suivent la réforme la plus exacte, prennent soin avec le *Cyclops Evangeliphorus*, prémièrement *ut ventri bene sit*, & ensuite *ne quid desit iis quæ sub ventre sunt*. Ils aiment outre cela à avoir des maisons convenables, de beaux meubles, de bons feux en hiver, des jardins agréables pour l'été, des habits propres, & assez d'argent pour élever leur famille. Ils ambitionnent la préséance dans toutes les Compagnies, ils exigent d'un chacun du respect & des égards. Moins inquiets pour ce qui regarde la Religion, ils laissent aller les choses comme il leur plaît.

Ces douceurs que je viens de nommer, sont mises au rang des plaisirs les plus nécessaires de la Vie : les plus modestes n'ont pas honte de les reclamer, & sans eux ils sont mal à leur aise. Rien n'est plus certain que & les Ecclésiastiques & les Laïques sont tous faits au même moule, & qu'ils ont tous la même nature corrompue. Nés avec les mêmes infirmités, on leur voit les mêmes passions, les mêmes tentations les font succomber. C'est pourquoi, si les Ecclésiastiques appliqués à leur vocation peuvent seulement s'abstenir du meurtre, de l'adultère, du jurement, de l'ivrognerie, & d'autres vices odieux, on regarde leur vie comme exemplaire, & leur réputation comme sans tache. Leur Emploi les rend saints; ensorte qu'ils peuvent se mettre à tel prix que

que leur vanité & leurs talens le leur permettront, nonobſtant le grand nombre d'appétits charnels qu'ils aſſouviſſent, & les plaiſirs les plus délicats dont ils jouïſſent.

Je n'ai rien à dire contre tout cela ; mais je n'aperçois point de *renoncement à ſoi-même* dans la conduite de ces Perſonnes. Cependant ſans ce renoncement, il ne ſauroit y avoir de vertu. Eſt-ce mortifier ſa chair, que de ne point déſirer une plus grande portion des biens terreſtres, que celle qui doit ſatisfaire toute Perſonne raiſonnable ? Y a-t-il beaucoup de mérite à n'être pas vicieux, & à éviter les indécences qui ſont contraires aux bonnes mœurs, dont aucun Homme prudent ne voudroit même être coupable, quoiqu'il n'eût point de Religion ?

Le Clergé, dira-t-on, eſt extrêmement violent dans ſes reſſentimens. Il ſuffit ſeulement de faire à un Eccléſiaſtique quelque léger affront, pour lui faire perdre toute patience. Dès-qu'on attaque leurs droits, ils ſont tout feu pour les conſerver. Rien ne leur coute pour empêcher que leur Vocation ne ſoit expoſée au mépris. Mais ce n'eſt point pour l'amour d'eux-mêmes qu'ils prennent ſi fort à cœur la perte ou la diminution de leurs privilèges, mais afin d'être plus utiles aux autres. C'eſt pour la même raiſon qu'on les voit ſi attentifs à ſe procurer les plaiſirs & les commodités de la vie. S'ils ſouffroient qu'on les insultât, si contens d'une nourriture grossière, ils ne portoient que les habits les plus simples, la Multitude qui juge sur les apparences extérieures, seroit portée à penser que les Prêtres ne seroient pas plus les objets immédiats de la Providence que les autres Hommes. Ainsi le Vulgaire ne mépriseroit pas seulement leurs personnes, mais ce mépris s'étendroit jusques sur leurs censures, sur leurs instructions & sur leurs exhortations. C'est-là une excuse admirable ; & comme on l'allègue souvent, j'en examinerai la solidité.

Je ne suis point de l'opinion du savant Docteur *Echard* †, qui croïoit que la pauvreté étoit une de ces choses qui exposent le Clergé au mépris. Tout ce que la pauvreté peut faire, c'est de découvrir leur côté foible. Lors en effet que les Hommes sont toujours à luter contre leur basse condition, & qu'on aperçoit par leurs plaintes qu'ils sont incapables de supporter tout le poids de leur mauvaise fortune, ne font-ils pas voir combien la pauvreté les tourmente ? On découvre par leurs inquiétudes, combien ils seroient aises de voir leur état amélioré, & quel cas ils font des choses de ce Monde. Celui qui harangue sur le mépris des richesses & sur la vanité des biens de

la

† C'est dans son Hist. d'Anglet. que ce Docteur dit cela.

la Terre, avec une robe crasseuse & toute usée, parce qu'il n'en a point d'autre: celui qui quiteroit pour toujours son vieux chapeau plein de graisse, si quelqu'un lui en donnoit un meilleur: celui qui boit de la petite Bière chez lui d'un air triste, mais qui saute sur un verre de Vin lorsqu'il en peut atrapper hors de chez lui: celui qui mange ses mêts grossiers avec peu d'appétit, mais qui tombe avidement sur ce qui plaît à son palais: celui qui témoigne une soif extraordinaire, lorsqu'il est invité à un splendide dîner: c'est un tel Homme qui est méprisé, non parce qu'il est pauvre, mais parce qu'il ne sait pas profiter de ce contentement & de cette résignation qu'il prêche aux autres. Par sa conduite, il fait voir que ses inclinations sont opposées à sa Doctrine. Mais lorsqu'un Homme par grandeur d'ame, ou si vous voulez par une vanité obstinée, (car ces deux principes produisent le même effet dans le cas que j'examine) forme la résolution de soumettre sincèrement ses appétits à la Raison, & qu'en conséquence il refuse toutes les offres qu'on peut lui faire pour le mettre à son aise: lorsqu'embrassant avec gaïeté une pauvreté volontaire, il rejette tout ce qui peut satisfaire ses sens, & qu'il sacrifie actuellement toutes ses passions à sa vanité: le Vulgaire bien loin de mépriser un tel Homme, sera prêt à le déifier & à l'adorer. Combien les Philosolosophes *Cyniques* ne se sont-ils pas rendu fameux, uniquement en refusant de dissimuler & de se servir du superflu ? Est-ce que le plus ambitieux Monarque † qu'il y ait jamais eu au Monde, n'a pas eu la condescendance d'aller faire une visite à *Diogène* dans son Tonneau ? & ne rendit-il pas à une incivilité préméditée, le compliment le plus superbe qu'un Homme de sa vanité fût capable de faire ?

Les Hommes veulent bien ajouter foi aux discours les uns des autres, lorsqu'ils voient quelques circonstances, & quelques faits qui apuient ce qu'on leur dit. Mais lorsque nos actions contredisent directement ce que nous disons, il y a de l'impudence d'exiger qu'on nous croie. Si dans un tems de gelée, nous voïons un Homme robuste avec des joues toutes en feu & les mains chaudes revenir de quelque violent exercice, & qu'il nous dise qu'il ne se soucie point du feu, nous sommes portés facilement à le croire, surtout s'il s'en détourne actuellement, & que nous sachions d'ailleurs qu'il ne manque ni de chauffage ni d'habits. Mais si nous entendions dire la même chose à un pauvre Misérable, qui auroit les mains enflées

&

† *Alexandre le Grand* étant allé faire visite à *Diogène*, Philosophe *Cynique*, il lui demanda s'il ne vouloit rien. *Diogène* se contenta de l'avertir seulement, sans compliment ni cérémonie, de se mettre dans une situation qui ne lui dérobât pas la présence du Soleil.

& le teint livide, dont l'habit seroit des plus minces & tomberoit par lambeaux, nous ne croirions pas un mot de ce qu'il nous diroit : nous le regarderions même comme un fieffé menteur, si nous le voïions tremblant & frissonnant se traîner vers une colline exposée au Soleil. Malgré ce qu'il nous diroit, nous concluérions que des habits épais & un bon feu lui feroient un sensible plaisir.

L'aplication de cette comparaison est facile. S'il y a sur la Terre un Ecclésiastique qui veuille nous faire croire qu'il ne se soucie point du Monde, & qu'il prise l'Ame au-dessus du Corps, il n'a seulement qu'à ne pas témoigner par sa conduite, qu'il prend plus à cœur les plaisirs sensuels que les spirituels. Alors il peut s'assurer que la pauvreté, qu'il sait supporter avec tant de courage, ne l'exposera jamais au mépris.

Supposons un Pasteur, qui chargé d'un petit Troupeau, en a beaucoup de soin. Il prêche, il visite ses Paroissiens, il les exhorte, il reprend son Peuple avec prudence & avec zèle, il travaille de tout son pouvoir à le rendre heureux. Il est incontestable que le Troupeau commis à ses soins, lui a déjà de grandes obligations. Mais poussons encore plus loin notre supposition. Supposons que ce bon Pasteur renonçant à soi-même, content de vivre avec la moitié de son revenu, n'accepte que vingt livres sterling par an, au lieu de de quarante qu'il pouvoit prétendre. Je suppose enfin qu'il aime si fort ses Paroissiens, qu'il ne veuille jamais les quiter, pour quelque avancement que ce soit, pas même quand on lui offriroit un Evêché. Tout cela est brillant, j'en conviens ; mais je ne vois point que ce sacrifice doive être une tâche fort difficile à remplir. C'est même le moins qu'on puisse attendre d'une Personne qui professe la mortification, & qui ne fait aucun cas des plaisirs mondains. Cependant j'ôse promettre qu'un Théologien si desinteressé sera aimé, estimé & loué par tout le monde, malgré la grande corruption du Genre Humain. Que dis-je ! Je jurerois que s'il s'animoit davantage, qu'il donnât plus de la moitié de son petit revenu aux Pauvres, qu'il ne vécût que de gruau d'avoine & d'eau, qu'il couchât sur la paille, & qu'il portât les habits les plus grossiers; je jurerois, dis-je, qu'on ne lui reprocheroit jamais sa manière simple de vivre. Sa pauvreté ne feroit deshonneur, ni à lui, ni au Caractère dont il seroit revêtu. Jamais on ne feroit mention de sa misère, que pour le louer. Sa mémoire seroit à jamais en bénédiction.

„ Mais, *dit une Demoiselle jeune & charitable*, vous qui avez le cœur assez dur
„ pour laisser mourir de faim votre Curé,
„ n'avez-vous pas du-moins quelque reste
„ de compassion pour sa Femme & pour
„ ses Enfans ? Que doit-il rester à ce miséra-

„ férable Pasteur, après avoir partagé si
„ impitoïablement sa pension? Il jouï-
„ ra à peine du quart. Voudriez-vous
„ que la pauvre Femme & ses innocens
„ Enfans vécûssent aussi de gruau d'a-
„ voine & d'eau, & qu'ils couchâssent sur
„ la paille ? Avez-vous quelque pitié &
„ quelque conscience avec toutes vos im-
„ pertinentes suppositions, & avec votre
„ chimérique *renoncement à soi-même*? Si
„ même ils vivoient suivant le régime
„ homicide que vous leur prescrivez,
„ comment, avec moins de dix livres
„ sterling, voulez-vous qu'une Famille
„ entière puisse s'entretenir?

Ne vous fâchez point, *Fille Charitable*. J'ai trop d'égards pour votre aimable Sexe, pour prescrire un régime de vie si maigre à des Hommes mariés. Dans mes suppositions j'avois oublié, je l'avoue, les Femmes & les Enfans. La principale raison de cet oubli, c'est que j'ai cru que les pauvres Prêtres n'en avoient pas besoin. Qui en effet s'imagineroit que le Curé, qui doit enseigner les autres par son exemple aussi-bien que par ses préceptes, ne fût pas capable d'imposer silence à ces désirs, que le Monde corrompu appelle même déraisonnables? D'où vient, je vous prie, que si un Aprenti se marie avant que d'avoir fini son tems, à moins que ce ne soit pour faire une fortune, tous ses parens sont en colère contre lui, & qu'il n'y a personne qui ne le blâme?

C'est

C'est uniquement, parce que cet Homme n'a point d'argent dans ce tems-là à sa disposition, & qu'actuellement engagé au service de son Maître, il n'a pas le loisir, peut-être même peu de capacité pour pourvoir aux besoins d'une famille. Que devons-nous donc dire d'un Pasteur qui n'a que vingt livres sterling, ou, si vous-voulez, que quarante par an, & qui lié plus étroitement par tous les soins que sa Paroisse exige, n'a que peu de tems dont il puisse disposer, & qui même pour l'ordinaire a moins d'habileté pour gagner quelque chose d'ailleurs?

„ Mais, dira-t-on, n'est-il pas raison-
„ nable qu'il se marie? Pourquoi un jeu-
„ ne Homme tempérant, qui n'est coupa-
„ ble d'aucun vice, seroit-il privé des dou-
„ ceurs que l'on goûte dans les embrasse-
„ mens légitimes d'une aimable Epouse?"
Fort bien. Le Mariage est légitime; & un carosse ne l'est-il pas aussi? Il lui est par conséquent tout aussi permis d'acheter un Carosse, que de se procurer une Femme. Mais à quoi serviroit cette permission à un Homme qui n'auroit pas de quoi l'entretenir? Si donc l'Ecclésiastique veut avoir une Femme, qu'il en cherche une qui ait de l'argent, ou du-moins qu'il attende qu'un plus grand Bénéfice, ou quelqu'autre bonne fortune le mette en état de la bien entretenir, & de subvenir à toutes les dépenses inséparables du mariage.

„ Mais

„ Mais une Fille qui aura du bien, ne
„ le voudra pas. D'ailleurs il ne peut pas
„ attendre, il a fort bon appétit, il jouït
„ d'une santé ferme & vigoureuse. Cha-
„ cun ne peut pas vivre sans Femme. *Il*
„ *vaut mieux se marier que brûler.*

Quelle espèce de *renoncement à soi-même* est-ce donc que ceci? Le jeune Ecclésiastique est modéré, & il souhaiteroit sincèrement d'être vertueux; mais c'est à condition que vous ne traverserez point ses inclinations. Il promet de ne point aller dans le nid d'autrui, pourvu que le sien soit bien fourni. Personne ne doit douter, disons-le, que si ce respectable Ecclésiastique fût venu dans un tems de persécution, il n'eût été très-propre à souffrir le martyre, quoiqu'aujourd'hui il n'ait pas même assez de forces pour souffrir patiemment la plus légère égratignure au doigt.

Que devons-nous penser, lorsque nous voïons un si grand nombre d'Ecclésiastiques satisfaire leur concupiscence & leur appétit brutal? Lorsque par cette conduite nous les voïons courir à une pauvreté inévitable, qui doit les exposer nécessairement au mépris de tout le monde, à moins qu'ils ne la supportent avec plus de fermeté & de courage qu'ils n'en font paroître dans toutes les autres occasions. Quel fond pouvons-nous faire sur ce qu'ils nous disent, lorsqu'ils protestent qu'ils se conforment au Monde, non parce qu'ils

pren-

prennent plaisir dans ces décences, dans ces convenances, & dans les agrémens de la Vie, mais uniquement pour empêcher que leur Emploi ne tombe dans le mépris, & pour être ainsi plus utiles aux autres ? N'avons-nous pas raison de croire que ce qu'ils disent, n'est que fausseté & qu'hypocrisie ? Ne devons-nous pas juger que la concupiscence n'est pas le seul appétit qu'ils ont à satisfaire ? N'avons-nous pas lieu de croire que les airs hautains, que ce ressentiment vif & prompt qu'ils témoignent en recevant des injures, que la grande propreté avec laquelle ils s'habillent, & que la délicatesse de palais qu'on observe dans la plupart de ceux qui sont en situation de faire quelque dépense, sont des indices de vanité & de luxe aussi bien dans le Clergé que dans le Séculier ? Ne pouvons-nous pas décider qu'il n'y a pas plus de vertu parmi eux, que dans toute autre Profession ?

Je crains d'avoir fait quelque peine à plusieurs de mes Lecteurs, en insistant si long-tems sur ce que j'entends par les *plaisirs réels*. Cependant, je ne puis m'empêcher d'ajouter ici une chose qui me vient dans l'esprit. Elle servira à confirmer ce que j'ai déjà avancé.

Ceux qui gouvernent les autres sont du moins tout aussi sages, généralement parlant, que ceux qui sont gouvernés. Prenons donc modèle sur nos Supérieurs. Jettons les yeux sur toutes les Cours, & sur

tous

tous les Gouvernemens de l'Univers. C'est en examinant les actions des Grands que nous pouvons sûrement connoître quelles sont les opinions, & les plaisirs qui sont les plus sensibles à ceux qui sont dans les plus hauts postes. Puisque s'il est toujours permis de juger des inclinations des Hommes par leur manière de vivre, il est évident que ceux qui peuvent faire ce qu'ils veulent sont moins exposés à faire porter un jugement faux, ils ne courent pas risque qu'on leur fasse tort, dès-qu'on juge d'eux par leurs actions.

Si dans quelque Païs que ce soit les Grands d'entre le Clergé, aussi bien que d'entre les Laïques, ne faisoient point de cas des plaisirs terrestres, & s'ils ne tâchoient pas de satisfaire leurs appétits, pourquoi l'envie & la vengeance seroient-elles si violentes parmi eux ? Pourquoi toutes les autres passions seroient-elles entretenues, & rafinées dans les Cours des Princes, plus que par-tout ailleurs ? Pourquoi encore leurs repas, leurs récréations, & toute leur manière de vivre est-elle toujours si fort approuvée, enviée, & imitée même par les plus sensuels du même païs ? Si méprisant tous les ornemens extérieurs, ils aimoient uniquement à embellir leur esprit, pourquoi se procureroient-ils un si grand nombre d'ameublemens ? Pourquoi feroient-ils usage de la plupart des amusemens les plus favoris de ceux qui sont adonnés au luxe ?

REMARQUE (O.)

Pourquoi notre Grand-Tréforier, ou un Evêque, le Grand-Seigneur, ou le Pape de *Rome*, s'ils n'ambitionnoient qu'à être bons & vertueux, s'ils ne travailloient qu'à subjuguer leurs passions ; pourquoi, dis-je, auroient-ils besoin pour leur usage d'un plus grand revenu, d'un plus riche équipage, d'un train plus magnifique, que non pas un simple Particulier ? Quelle est donc la vertu dont l'exercice demande autant de pompe & de superflu, qu'on en voit chez tous les Grands ? Un Homme qui n'a qu'un plat sur la table, n'a-t-il pas autant d'occasions de pratiquer la tempérance, que celui qui a constamment une table de trois services, qui sont chacun de douze plats ? On peut aussi-bien exercer la patience, & être aussi disposé à renoncer à soi-même, étant couché sur un matelas, sans rideaux ni ciel de lit, que si l'on étoit mollement étendu sur un lit de velours, placé sur une estrade de seize pieds de haut. Les vertus & les qualités de l'ame ne sont, ni une charge, ni un fardeau. Un Homme peut supporter les malheurs avec courage dans un grenier ; il peut oublier les injures qu'on lui fait, quoiqu'il aille à pied ; il peut être chaste, quoiqu'il n'ait pas de chemise sur les dos. Je crois qu'un petit Bateau peut aussi bien porter un Homme avec tout son savoir & toute sa religion, qu'une Berge à six rames ; sur-tout, si c'étoit seulement pour aller de *Lambeth*

REMARQUE (O.)

beth † à *Westminster* * : ou peut-être l'humilité seroit-elle une vertu si pesante, qu'il fallut six chevaux pour la traîner ?

Diroit-on que les Hommes ne se laissent pas facilement gouverner par ceux qu'ils envisagent comme leurs égaux, il est nécessaire que les personnes qui sont à la tête des Affaires, surpassent les autres par la pompe & le faste, qui seul peut tenir la Multitude en crainte ; & & que par conséquent, il est nécessaire que tous ceux qui occupent de grands Postes, aient des caractères extérieurs d'Honneur, & des marques éclatantes de Pouvoir, qui les distinguent du Vulgaire.

Objection frivole, s'il en fut jamais. Ce pompeux éclat peut uniquement être utile aux pauvres Princes, & aux Gouvernemens foibles & précaires, qui incapables par eux-mêmes de conserver la tranquilité publique, doivent supléer par cet extérieur éblouissant au pouvoir réel qui leur manque. Ainsi, le Général des *Indes Orientales* à *Batavia* est obligé de trancher du Grand, & de vivre dans une magnifi-

---

† L'Archévêque de *Cantorbéry*, *Primas totius Anglia*, fait sa résidence à *Londres* dans le Palais de *Lambeth*, situé sur la *Tamise* vis-à-vis de *Westminster*.

* Le Palais de *Westminster*, dont une partie fut brûlée sous le règne de *Henri* VIII, est le lieu où s'assemble le Parlement.

gnificence infiniment au-deſſus de ſa qualité, pour imprimer de la terreur aux habitans de l'Ile de *Java*; qui, s'ils avoient de l'adreſſe & de la conduite, ſeroient aſſez puiſſans pour accabler leurs Maîtres, quand même leur nombre ſeroit dix fois plus grand qu'il n'eſt en effet. Mais les grands Princes, & les Etats qui ont de puiſſantes Flottes en mer, & de nombreuſes Armées en campagne, n'ont pas beſoin de pareils ſtratagèmes. Ce qui les rend formidables dans les Païs étrangers, ne manque jamais d'être leur ſureté dans leur propre Païs. C'eſt-là ma prémière réponſe.

En ſecond lieu, dans toutes les Sociétés il n'y a que la ſévérité des Loix, l'impartialité, & l'exactitude dans l'adminiſtration de la Juſtice, qui puiſſent défendre les vies & les biens des Citoïens contre les entrepriſes des Scélérats. Les robes d'écarlate des Echevins, les chaînes d'or des Shérifs †, les magnifiques harnois de leurs chevaux, & tout ce vain éclat d'une grandeur affectée, peuvent donner du ridicule; mais jamais ils n'empêchent les Filoux de voler, de percer les maiſons, & d'aſſaſſiner: tout au plus ſi ces ornemens pompeux font quelque impreſſion ſur les perſonnes qui ne ſont pas encore famili-

† Shérif de *Londres*. Il y en a deux. C'eſt un Magiſtrat qu'on crée tous les ans, & dont les fonctions repondent à peu près à celles du Prévôt de l'Iſle en France.

liarisées avec le vice. Ces gens-là peuvent être animés par cette pompe à la vertu, mais ils ne sauroient être arrachés du crime par son moïen. Pour ceux qui sont des scélérats achevés, ils ne peuvent être retenus que par la crainte des Sergeans sévères, par de fortes Prisons, par des Géoliers vigilans, par l'Exécuteur & par le Gibet. Si *Londres* étoit seulement une semaine sans Commissaires de quartier, & sans Guet de nuit, la moitié des Banquiers seroient ruïnés dans ce court espace de tems. Si le *Lord-Maire* † n'avoit rien pour se défendre que sa grande Epée à deux mains, son grand Bonnet de protection qu'il met lorsqu'il fait son emploi, & sa Masse dorée, il seroit bientôt dépouillé dans les rues de la Ville, de tous les ornemens qui sont sur son superbe carosse.

Mais supposons que les yeux de la Populace fussent effectivement éblouïs par un extérieur affecté. Je vous demande si les Grands faisoient leurs prémières délices de la vertu, pourquoi étendroient-ils leurs extravagances sur ce dont le Menu-Peuple ne connoit point le prix, & sur ce qu'il ne voit jamais? Je veux parler de leurs plai-

---

† Chacun sait que le *Lord-Maire* de *Londres* ne paroît jamais en public qu'avec beaucoup de pompe, mais la magnificence éclate sur-tout le jour de son installation. C'est alors qu'on porte devant lui la Masse & l'Epée, le Porte-Epée aïant son grand Bonnet de parade sur la tête.

plaisirs particuliers, du luxe & de la pompe, des sales à manger, des chambres à coucher, & des curiosités qui sont renfermées dans le Cabinet. Il n'y a qu'un petit nombre parmi le Vulgaire qui sache qu'il y ait du Vin qui coute une *Guinée* la bouteille, que des Oiseaux pas plus gros que des Alouëttes se vendent souvent demi *Guinée* la pièce, ou qu'une simple Peinture peut valoir plusieurs milles livres sterling.

Poussons plus loin nos réflexions. Comment s'imaginera-t-on que des Hommes qui n'auroient point dessein de complaire à leurs appétits, s'engageâssent dans de si grandes dépenses par des vues politiques, & uniquement pour gagner l'estime de gens qu'ils méprisent si fort dans toute autre occasion ? Si nous ôsons dire que la splendeur & la délicatesse d'une Cour est insipide & ennuïante au Prince, & qu'on n'a d'autre dessein par tout ce fracas que d'empêcher la Majesté Roïale de tomber dans le mépris, pouvons-nous dire la même chose d'une demi-douzaine d'Enfans naturels du Roi, dont la plupart nés en adultère sont splendidement élevés, & créés Princes aux dépens même de la Nation ? Il est donc évident que ce moïen fastueux de tenir la Multitude dans le respect, n'est autre chose qu'un manteau & un prétexte dont les Grands voudroient se servir pour couvrir leur vanité, & pour assouvir tous leurs appé-

appétits, sans s'exposer à aucun reproche.
    Un Bourguemaître d'*Amsterdam* dans son habit noir & uni, suivi peut-être d'un seul laquais, * est tout autant respecté, & beaucoup mieux obéi qu'un *Lord-Maire* de *Londres* avec toute sa splendeur, & avec toute sa suite. Lorsqu'on jouit d'une autorité réelle, il est ridicule de croire que la tempérance & l'austérité d'une vie simple rendissent méprisable la Personne qui a le pouvoir en main. Depuis l'Empereur jusques au Sergent d'une Paroisse, jamais cette simplicité & cette modération ne les exposera au mépris. *Caton* dans son Gouvernement d'*Espagne*, dont il s'acquita avec tant de gloire, n'avoit que trois domestiques pour le servir. Avons-nous jamais ouï dire qu'aucune Personne de ce rang ait jamais été méprisée pour cette simplicité, quand même il aimeroit tendrement la bouteille ? Lorsque ce Grand-Homme marchoit à pied au-travers des sables brûlans de la *Libie*, prêt à mourir de soif, il refusa de toucher l'eau qu'on lui avoit apportée, avant que tous ses Soldats en eussent bu. Avons-nous jamais lu que cette patience héroïque eut affoibli son autorité, ou diminué l'estime que son Armée avoit conçu pour lui ? Mais pourquoi chercher des exemples si éloignés ? Y a-t-il eu depuis plusieurs Siècles un Prince moins porté

---

* Cette simplicité, jadis si recommandable, n'est plus à la mode : les goûts changent.

porté à la pompe & au luxe que le Roi de *Suède*, qui règne aujourd'hui*. Entêté du titre de Héros, il a non seulement sacrifié la vie de ses Sujets, & le bien de ses Etats; mais ce qui est plus extraordinaire dans un Souverain, il a renoncé à ses propres aises, & à tous les plaisirs de la vie, pour satisfaire son esprit implacable de vengeance. Cependant, il a été obéi pour la ruïne & pour le malheur de son Peuple. Les guerres que son autorité despotique trop respectée entretient, ont presque totalement détruit son Roïaume.

Jusques à présent j'ai prouvé que les *plaisirs réels* de tous les Hommes considérés dans l'état de Nature, sont les *plaisirs mondains & sensuels*; du-moins si nous en jugeons par leur conduite. Je dis de tous les Hommes *dans l'état de Nature*; parce que les Chrétiens pieux, qui sont ici les seuls exceptés, ne peuvent pas être dits dans l'état de Nature. Ils sont en effet régénérés, & assistés d'une manière surnaturelle par la Grace Divine. Qu'il est étrange de voir tous les Hommes nier si unanimement cette vérité! Demandez, je ne dis pas seulement aux Théologiens & aux Moralistes de chaque Nation, mais encore à tous les Riches & à tous les Grands, ce qu'ils entendent par *plaisirs réels*. Tous vous diront avec les *Stoïciens*, qu'il ne peut y avoir de vrai bonheur dans les objets mondains & corruptibles. Examinez ce-peu-

---

* Charles XII. Ceci a été écrit en 1714.

pendant leur conduite, & vous trouverez qu'ils ne prennent de plaisir en aucune autre chose.

Que devons-nous penser de ce Dilemme? Aurons-nous si peu de charité que de les juger par leurs actions, & de dire que tout l'Univers use de collusion, & que ce n'est point leurs sentimens qu'ils nous rapportent? Ou, fondés sur ce qu'ils nous disent, serons-nous assez sots pour les croire sincères, quoique nos yeux nous apprennent le contraire? Ou enfin associant ces témoignages contradictoires, ajouterons-nous foi & à nos yeux, & à leurs déclarations, en disant avec *Montaigne* qu'ils s'imaginent, & que cependant ils sont pleinement persuadés, qu'ils croient fermement ce qu'ils ne croient point encore? Quelques-uns en imposent au monde, & souhaiteroient qu'on s'imaginât qu'ils croient ce qu'ils ne croient point en effet. Mais le plus grand nombre s'en imposent à eux-mêmes. Ils ne font pas attention, ou ils ne savent pas parfaitement ce que c'est que croire. Mais n'est-ce point-là faire de tous les Hommes tout autant de Foux, ou d'Imposteurs? Pour éviter ce reproche, il nous suffira d'indiquer ce que Monsieur *Bayle* a tâché de prouver au long dans ses *Pensées diverses sur la Comète*. Il y a fait voir que l'Homme est une Créature si étrange, qu'il agit le plus souvent contre ses principes. Ce que je dis, loin d'être injurieux à la Nature

ture Humaine, est tout ce que je puis avancer de plus favorable. On est obligé, ou de convenir de ce que j'avance, ou de recourir à une solution beaucoup plus injurieuse à l'Homme.

Cette contradiction qu'on remarque dans la condition de l'Homme, est cause que la vertu, qui est si bien connue théorétiquement, est si rarement pratiquée.

Si enfin l'on me demandoit, où il faut donc chercher ces belles & brillantes qualités des prémiers Ministres, & des grands Favoris des Princes, qui sont si magnifiquement décrites dans les Dédicaces, dans les Adresses, dans les Epitaphes, dans les Oraisons Funèbres, & dans les Inscriptions. Je répondrois que c'est dans leur extérieur qu'il faut les chercher, & pas ailleurs. Où chercheriez-vous, je vous prie, l'excellence d'une Statue, que dans cette partie qui se présente à votre vue? C'est sur cet extérieur travaillé avec art, que le Sculpteur a déploié toute son habileté. C'est-là ce qu'il a fini & exécuté, sans qu'il ait touché à ce qui est hors de notre vue. Voudriez-vous casser la tête de cette Statue, ou lui ouvrir le sein, pour y chercher le cerveau & le cœur, on vous prendroit pour un vrai ignorant, & vous détruiriez l'Ouvrage. J'ai souvent comparé les Vertus des Grands avec de grands Vases de Porcelaine. Ils se présentent avec éclat, & servent même d'ornement à la cheminée. On croiroit, à en juger par leur grosseur & par leur valeur, qu'ils peuvent être fort utiles; mais regardez dans mille, vous n'y trouverez que de la poussière, & des toiles d'Araignée.

REMARQUE (P.)

Les Pauvres même vivoient plus agréablement alors, que les Riches ne le faisoient auparavant.

Page 12. Lignes 12 - 14.

SI NOUS remontons jusqu'à l'origine des Nations les plus florissantes, nous trouverons que dans les prémiers commencemens de chaque Société, les Personnes les plus riches & les plus considérables ont été pendant très-long-tems destituées d'un très-grand nombre de douceurs de la vie, dont les plus vils & les plus misérables sont aujourd'hui en possession. Plusieurs choses qu'on considéroit autrefois comme luxe, sont présentement accordées à ceux même qui sont si misérables & si pauvres, qu'ils sont les objets de la charité publique. Que dis-je! On les regarde comme si nécessaires, que nous ne croïons pas qu'aucune Créature Humaine pût vivre, si elle en étoit privée.

Dans

REMARQUE (P.)

Dans les prémiers Siècles, l'Homme se nourrissoit sans-doute des fruits de la Terre, sans aucune préparation. Fatigué, il se reposoit nud, comme les autres Animaux, sur le giron de ses Parens. Dans la suite, la réflexion & l'expérience ont fait trouver plusieurs choses qui contribuent à rendre la vie plus agréable. J'apelle tout cela du *luxe* ; mais il mérite plus ou moins ce nom, suivant le plus ou moins de peines qu'il a fallu pour l'inventer, & suivant qu'il est plus ou moins éloigné de la primitive simplicité. Que de luxe ne trouverons-nous pas, si nous suivons cette règle !

Nous n'admirons les choses que tandis qu'elles sont nouvelles. On ne fait aucune attention à l'excellence des choses qui nous sont familières. La coutume empêche que nous ne les jugions dignes de notre curiosité. On se moqueroit d'une personne, qui trouveroit du *luxe* dans l'habit d'une pauvre misérable qui n'a qu'une robe de grosse étoffe que sa Paroisse lui a donné, & une chemise grossière. Cependant examinons la chose de près.

Quel nombre de gens, quelle quantité de différens métiers, quelle adresse, & quelle variété d'instrumens ne faut-il pas emploïer, pour finir le drap le plus commun de la Province d'*York* † ! Que de réflexions

---

† *York*, Province du Nord, ou de l'ancien Roïaume de

flexions & d'industrie, quelle peine, quel travail, & quel tems doit-il avoir couté avant qu'on ait appris à tirer d'une semence, & à préparer une production aussi utile que l'est le Linge?

N'est-ce point une vanité trop curieuse, qui nous engage à regarder la toile, cette admirable invention, comme quelque chose de trop commun, pour être emploïée même par les plus pauvres, avant que d'avoir été portée à une parfaite blancheur : œil qu'on ne peut lui donner qu'avec l'assistance de tous les Elémens, & d'une patience fort industrieuse.

Ce n'est pas encore tout. On a fait des frais immenses, pour inventer ce seul objet du *luxe*. La blancheur du linge, qui en fait la beauté, dure peu ; ensorte que tous les sept ou huit jours au plus, on a besoin de le blanchir. C'est donc une charge continuelle pour celui qui le porte. Pouvons-nous réfléchir sur tout cela, & ne pas sentir que cette partie de notre habillement est due à un étrange raffinement de délicatesse? Quoi! Ceux même qui sont à la charge de la Paroisse, n'ont pas seulement du linge fait dans ces Manufactures, qui exige tant de travaux ; mais encore, dès-que ce linge est sale, on lui redonne sa première pureté. Pour cela, on se sert de l'une des plus ingénieuses,

&

de *Northumberland*, est le plus grand Comté d'*Angleterre*; & où il y a plusieurs Manufactures de Drap.

& des plus difficiles compositions, dont la *Chimie* puisse se vanter. Cette matière étant dissoute dans l'eau par le moïen du feu, on en prépare la lessive la plus détersive, & la plus douce, que l'industrie humaine ait été jusques-ici capable d'inventer.

Il est certain qu'il fut un tems, où l'on se seroit servi de ces sublimes expressions, pour désigner les choses dont je parle. Il n'y auroit eu personne qui n'en eût parlé sur le même ton. Mais dans le siècle où nous vivons, on donneroit le nom de Fou à une Homme, qui après avoir vu une pauvre Femme avec un morceau de savon puant, qui coute quatre soux la livre, laver sa chemise d'un écu, qu'elle a porté toute la semaine, en parleroit comme d'un raffinement de délicatesse.

L'Art de brasser la bière, & celui de faire le pain, ont été portés par d'insensibles degrés au point de perfection où ils sont maintenant. Pour inventer ces deux Arts tout d'un coup, & *à priori*, il auroit assurément fallu une plus grande connoissance de la Nature, & de la Fermentation, que les plus célèbres Philosophes n'en ont acquis jusques à aujourd'hui. Cependant, les plus vils de notre Espèce jouïssent maintenant des fruits de ces deux inventions. Un Misérable qui meurt de faim ne sait pas faire une demande plus humble & plus modeste, que celle d'un morceau

ceau de pain, ou celle d'un verre de petite bière.

Les Hommes ont apris par expérience, qu'il n'y avoit rien de plus mollet que les petites plumes & le duvet des Oiseaux. Ils ont trouvé que mêlées ensemble, elles résisteroient mollement par leur douce élasticité à quelque poids que ce fût, & qu'elles se relèveroient d'elles-mêmes aussi-tôt qu'il n'y auroit plus de pression, en sorte qu'on pourroit voluptueusement dormir dessus. Il ne faut pas douter que cela n'ait d'abord été inventé pour satisfaire la vanité des Grands, & la délicatesse des Riches. Mais les lits de plumes sont devenus si communs, que l'on considère la bourre comme la misérable ressource du plus Nécessiteux. A quel point le *luxe* n'a-t-il pas été porté ? puisqu'on regarde la douce laine des Animaux, comme trop dure pour y pouvoir prendre son repos.

A la place des Antres, des Huttes, des Chaumières, des Tentes & des Baraques, nous sommes parvenus à avoir des Maisons chaudes & bien travaillées. Les plus médiocres Habitations qu'on voit dans les Villes, sont des Bâtimens réguliers, construits par des Personnes habiles dans toutes les proportions de l'Architecture.

Si les anciens *Bretons* & les *Gaulois* sortoient de leurs tombeaux, avec quel étonnement & avec quelle attention ne regarderoient-ils pas ces vastes Bâtimens élevés

levés par-tout pour les Pauvres ? Avec quelle surprise ne contempleroient-ils pas la magnificence des Hôpitaux Roïaux de CHELSEY * & de GREENWICH †, ou de celui des INVALIDES à *Paris*, qui les surpasse tous ? Quand ils verroient le soin, l'abondance, le superflu & la pompe avec lesquels sont traitées dans ces Palais superbes les Personnes qui n'ont point de biens, ne diroient ils pas que ceux qui étoient autrefois les plus Grands & les plus Riches, pourroient avec raison envier l'état de ceux de notre tems qui sont les plus Pauvres ?

LE Pauvre jouït d'un autre luxe réel, quoiqu'il ne soit point regardé comme tel; car il est incontestable que les plus Riches dans le Siècle d'Or s'en abstenoient, je veux parler de l'usage qu'on fait de la chair des Animaux.

Lorsqu'il s'agit d'examiner les coutumes & les mœurs de son Siècle, on ne juge jamais du prix ou du mérite réel des choses. L'Habitude, & non pas la Raison, dirige

* CHELSEY sur la *Tamise*, à un mille de *Westminster*, a un superbe Hôpital pour les Officiers & les Soldats estropiés. Ce bel Edifice fut commencé par CHARLES II, continué par son Frère JAQUES II, & achevé par GUILLAUME III.

† L'Hôpital de GREENWICH est pour les Matelots estropiés, & pour les Veuves & Enfans de ceux qui sont péris, ou qui ont été tués sur mer au service de l'Etat. Il est situé sur la *Tamise*, à trois petits milles du Pont de *Londres*, du côté de l'Orient. Ce magnifique Bâtiment fut fondé par le feu Roi GUILLAUME III.

dirige les jugemens des Hommes. Il fut un tems où les Obsèques se faisoient par le feu. Les Cadavres des plus grands Empereurs étoient réduits en cendres. Dans ce tems, la Terre étoit le lieu de la sépulture des Esclaves, & des plus insignes Malfaiteurs. Aujourd'hui, l'honneur & la décence demandent qu'on mette en terre les Corps. On ne brûle que ceux qui de leur vivant se sont rendus coupables des crimes les plus atroces. Quelquefois nous regardons des bagatelles avec horreur, & d'autres fois nous pouvons considérer des énormités sans peine. Si nous voyons quelqu'un dans l'Eglise se promener le chapeau sur la tête, nous en sommes scandalisés, quand même ce n'est pas dans le tems du Service. Mais si dans la rue nous rencontrons le *Dimanche* au soir une demi-douzaine d'Ivrognes, cette vue ne fait que peu ou point d'impression sur nous. Si une Femme naturellement gaïe s'habille en Homme, ses Amies disent qu'elle est de bonne humeur. On regarderoit comme un Censeur incommode, celui qui y trouveroit beaucoup de mal. Mais personne ne s'avisa jamais de blâmer un pareil déguisement sur le Théatre. Les Dames mêmes les plus vertueuses le permettront sans peine à une Actrice, encore que dans cet habillement tout le monde voie à plein ses jambes & ses cuisses. Mais si la même Femme, après avoir remis ses habits ordinaires, laissoit voir sa jambe jusques au haut du genou, elle passeroit pour une Actrice très-immodeste, il n'y a personne qui ne la regardât comme une impudente. Appliquons au cas présent ces observations.

J'ai souvent pensé que sans cette tirannie que la coutume usurpe sur nous, les personnes d'un naturel bon & débonnaire ne se résoudroient jamais à tuer autant d'Animaux pour leur nourriture journalière, tandis que la Terre fertile prendra soin de fournir abondamment à ses Enfans une variété de productions exquises, propres à les entretenir. Je sai que la Raison n'excite la compassion que bien foiblement. Aussi ne suis-je point surpris que les Hommes aïent si peu de pitié de Créatures aussi imparfaites que les *Ecrevisses*, les *Huitres*, & les *Pétoncles*. Les Poissons sont muets ; leur formation intérieure, ainsi que leur figure extérieure, diffèrent de la nôtre ; ils n'expriment pas la douleur que nous leur faisons ressentir, d'une manière qui frappe nos organes : ils n'est donc pas surprenant, si leur affliction ne nous touche pas. Pour être ému par la pitié, il faut que les symptômes de la misère frappent immédiatement nos sens. J'ai vu des personnes qui auroient tué avec plaisir plusieurs Oiseaux, émues au bruit que faisoit à la broche une *Ecrevisse* de Mer encore vivante. Mais il y a des Animaux plus parfaits, tels que sont la Brebis & le Bœuf, dont le cœur, le cerveau

veau & les nerfs diffèrent très-peu des nôtres. La séparation des esprits avec le sang, les organes des sens, & par conséquent l'attouchement sont les mêmes que dans les Créatures Humaines. Il m'est impossible de concevoir comment un Homme, qui n'est pas endurci dans le sang & dans le carnage, peut voir sans peine la mort violente & les longues angoisses de ces innocens Animaux.

Pour répondre à ce reproche, on croit qu'il suffit de dire que tout étant donné pour le service de l'Homme, il ne sauroit y avoir de cruauté à faire servir les Créatures Animées à l'usage pour lequel elles sont destinées. J'ai entendu bien des personnes faire cette réponse, qui cependant étoient forcées de convenir intérieurement qu'elle n'étoit pas solide. Prenez dix personnes dans la multitude, vous n'en trouverez pas une, à moins qu'elle n'ait été élevée dans la tuérie, qui voulût être *Boucher*. Je doute même, si jamais il y a eu personne qui ait pu pour la prémière fois tuer un Poulet, sans ressentir quelque répugnance. On ne peut déterminer certaines personnes à goûter de quelques Animaux qu'elles ont vu tous les jours, & qu'elles ont connu tandis qu'ils étoient encore en vie. D'autres bornent leur scrupule à leurs propres Volailles, & ils refusent de manger des Animaux qu'ils ont nourri, & dont ils ont eu soin. Cependant ces mêmes personnes mangeront de bon cœur & sans remords du Bœuf, du Mouton, & de la Volaille, qu'on aura acheté au Marché ou à la Boucherie. Il paroît, ce me semble, dans cette conduite, quelque chose de semblable au sentiment intérieur que l'on ressent à l'idée de quelque faute. Il semble qu'on veuille par-là se délivrer de l'imputation du crime qu'on croit attaché à l'action commise, en éloignant de soi l'objet du crime. Je découvre dans cette manière d'agir, des restes sensibles de la pitié & de l'innocence primitive : restes précieux, que tout le pouvoir arbitraire de la coutume, & la violence du luxe, n'ont pas encore été capables d'étouffer. On me dira que le fondement sur lequel je bâtis est une folie, puisque les personnes sensées ne sont point coupables de ces foiblesses. Je l'avoue: mais puisque ce sentiment procède d'un sentiment réel & inhérent à notre nature, cela suffit pour démontrer que nous sommes nés avec une répugnance à tuer, & par conséquent à manger les **Animaux**. Il seroit impossible qu'un appétit naturel nous portât constamment à faire nous-mêmes, ou à désirer que les autres fissent des actions que nous avons naturellement en aversion. Il faudroit sans-doute qu'un appétit si contradictoire fût insensé.

Chacun sait que les Chirurgiens sont souvent contraints de faire souffrir cruellement leurs Patiens, pour guérir leurs plaies & leurs fractures dangereuses, pour cou-

couper des membres, & pour faire d'autres opérations terribles. Plus les cas qu'ils rencontrent font desespérés & fâcheux, moins les cris & les souffrances de leurs Patiens les touchent.

C'est aussi pour cette raison que les Loix d'*Angleterre*, attentives à la vie des Sujets, ne permettent point aux Chirurgiens d'être un des *Jurés* pour juger quelqu'un à mort. Elles supposent que l'occupation de ces gens-là est propre à les endurcir, & à éteindre en eux cette tendresse, sans laquelle personne n'est capable de mettre un juste prix à la vie de ses Citoïens. Si nous ne devons point nous embarrasser de tout ce que nous pouvons faire aux Brutes, & si l'on s'imagine qu'il n'y a point de cruauté à les tuer, pourquoi de toutes les Vocations n'y a-t-il que les *Bouchers* & les *Chirugiens* qui soient exclus du nombre des *Jurés* ?

Je ne presserai aucune des raisons que *Pythagore* & plusieurs Sages ont alléguées contre la barbarie qu'il y a à manger de la viande, je me suis peut-être déjà trop écarté de mon sujet. Si le Lecteur encore peu satisfait en veut davantage sur cet article, je le prie de lire avec attention la *Fable* suivante. Mais si déjà ennuïé de cette matière, il la méprise, il peut la laisser, & être persuadé qu'il m'obligera également, quelque parti qu'il prenne.

REMARQUE (P.)

Le Marchand & le Lion.

FABLE.

Un Marchand *Romain*, durant la prémière Guerre *Punique* avoit fait naufrage sur la Côte d'*Afrique*. Ce malheureux Maître, accompagné d'un seul Esclave, prit terre avec beaucoup de peine. Occupés l'un & l'autre à chercher du secours, ils furent rencontrés par un Lion d'une grandeur énorme. Ce Lion, issu de la race de ceux que l'illustre *Esope* a célébrés, savoit non seulement diverses langues, mais il paroissoit de plus parfaitement instruit des affaires humaines. L'Esclave effraïé monta promtement sur un arbre; mais son Maître, qui ne s'y crut point en sureté, s'étant rappellé tout ce qu'il avoit entendu dire de la générosité du Lion, vint se prosterner devant lui, avec toutes les marques de la soumission la plus respectueuse.

Le Lion, qui avoit depuis peu appaisé sa faim, lui ordonna de se lever. Cependant, en le laissant dans la crainte d'être dévoré, il l'assura qu'il ne le toucheroit pas, s'il lui alléguoit quelques raisons passables, pour prouver qu'il ne devoit pas être déchiré. Le Marchand obéit. Rassuré par ces lueurs d'espérance, il fit un récit pathétique du naufrage qu'il avoit essuïé. Il crut exciter par-là la pitié du Lion généreux, qu'il louoit en même tems

tems avec beaucoup d'éloquence. Mais jugeant par la contenance de l'orgueilleux Animal, que la flatterie & les beaux mots feroient peu d'impression sur lui, il s'attacha à des argumens d'une plus grande solidité. Etalant donc avec art l'excellence de la Nature Humaine & de sa capacité, il représenta qu'il n'étoit pas vraisemblable que les Dieux ne l'eûssent pas destiné pour un meilleur usage, que pour être dévoré par les Bêtes féroces. Le Lion, à ces mots devenu plus attentif, daigna de tems en tems répondre à l'Orateur, jusqu'à ce qu'enfin, ennuïé de ces longs discours, il l'interrompit, & ils eurent entr'eux le Dialogue suivant.

Le Lion.

Oh Animal également vain & avide! Toi qui, conduit par la vanité & par ton avarice, as quité ton païs natal où tu pouvois trouver abondamment de quoi satisfaire tes besoins naturels, tu parcours les Mers orageuses, tu grimpes sur les Montagnes dangereuses, pour te procurer le superflu. Quelle est donc l'excellence que ton Espèce a par-dessus la nôtre? Si les Dieux t'ont donné une supériorité sur toutes les Créatures, pourquoi timide & rampant supplies-tu aujourd'hui un Inférieur?

Le Marchand.

Notre supériorité ne consiste pas dans les forces corporelles, mais dans celles de l'entendement. Les Dieux nous ont doué d'une ame raisonnable, qui quoiqu'invisible est ce que nous avons de meilleur.

Le Lion.

Je ne veux rien toucher de ta personne, que ce qui est bon à manger. Mais pourquoi l'estimes-tu tant à cause de cette partie qui est invisible ?

Le Marchand.

Parce qu'elle est immortelle, & qu'elle sera récompensée après la mort pour les actions de cette vie ; & parce que le Juste jouïra dans les Champs *Elisées*, avec les Héros & les Demi-Dieux, d'une félicité & d'une tranquilité éternelle.

Le Lion.

Quelle vie as-tu donc menée ?

Le Marchand.

J'ai honoré les Dieux, & j'ai tâché d'être utile aux Hommes.

REMARQUE (P.)

Le Lion.

Pourquoi donc crains-tu la mort, si tu crois les Dieux aussi justes que tu l'as été ?

Le Marchand.

J'ai une Femme & cinq petits Enfans, qui tomberont dans la misère s'ils me perdent.

Le Lion.

J'ai deux Lionceaux, qui sont encore trop jeunes pour trouver le moïen de vivre par eux-mêmes. Pressés maintenant de la faim, ils doivent actuellement mourir de misère, si je ne leur apporte rien pour les soulager. Tes Enfans se tireront bien d'affaire sans toi ; du-moins ils ne seront pas plus malheureux à cet égard quand je t'aurai mangé, qu'ils l'auroient été si tu étois péri dans le naufrage. Quant à l'excellence des Espèces, la rareté en a toujours haussé le prix : ce sont-là vos principes. Or pour un million d'Hommes, il y a à-peine un Lion. D'ailleurs, il y a peu de sincérité dans la grande vénération que l'Homme affecte d'avoir pour son Espèce. Chacun, il est vrai, prévenu d'un amour-propre insensé, a pour soi-même beaucoup de considération, mais il n'en a que fort peu pour ses semblables. C'est une folie que de se glorifier de la tendresse que vous avez pour vos jeunes Enfans, du secours que vous leur donnez, & de la peine longue & excessive que vous prenez pour les élever. C'est une suite de l'instinct que la Nature vous a imprimé. Or l'expérience apprend que la Nature prévoïante a toujours proportionné la force de cet instinct à l'imbécillité des Petits de chaque Espèce. L'Homme né sujet à un grand nombre de besoins, destitué de tout secours, devoit être plus soigné. Si l'Homme estimoit réellement son Espèce, comment seroit-il possible que souvent dix mille Hommes, & quelquefois cent mille fussent détruits, pour satisfaire le caprice de deux seuls Mortels? Tous les Hommes de chaque classe méprisent ceux qui leur sont inférieurs. Si vous pouviez pénétrer dans le cœur des Rois & des Princes, vous en trouveriez à peine quelques-uns, qui estimâssent autant la plus grande partie de la Multitude qu'ils gouvernent, que la Multitude estime le Bétail qui lui appartient. Sans ce mépris réel que les Monarques ont pour leurs semblables, pourquoi tâcheroient-ils de se faire descendre des Dieux immortels, quoique seulement d'une manière illégitime? Pourquoi tous les Princes permettroient-ils qu'on s'agenouillât devant eux? Pourquoi prendroient-ils tant de plaisir à se voir rendre des Honneurs Divins? Ne veulent-ils pas insinuer par tout cela, qu'ils sont

d'une

d'une nature plus sublime & plus relevée que leurs Sujets ?

Je suis une Bête féroce, je l'avoue ; mais je soutiens qu'on ne doit donner l'épithète de cruelle qu'aux Créatures qui, par malice ou par insensibilité, éteignent la pitié naturelle qui lui avoit été imprimée. Le Lion né sans compassion suit l'instinct de sa nature. Les Dieux nous ont ordonné de vivre de notre proie, & de la chair des autres Animaux ; & tandis que nous en pouvons trouver de morts, nous n'allons jamais à la chasse des vivans. L'Homme est le seul qui soit assez méchant, pour se faire de la mort des autres un divertissement barbare. La Nature avoit appris à votre estomac à ne demander que des Végétaux. Mais votre passion violente pour la Variété, & votre fureur insensée pour la Nouveauté, vous ont poussé à détruire les Animaux sans raison & sans nécessité. Vous avez perverti votre nature ; & vos appétits se sont tournés, suivant que votre vanité, votre luxe & vos plaisirs insensés l'ont voulu. Les esprits animaux, & la chaleur intérieure du Lion sont tels, que la fermentation qu'ils causent dans son estomac, est capable de consumer & de dissoudre la peau la plus coriace, les os les plus durs, & par conséquent la chair de tous les Animaux sans exception. Au contraire, votre estomac est si délicat, que sa chaleur foible, & peu agissante, ne peut digérer

que

que les parties les plus tendres des Animaux ; encore faut-il qu'elles aient été auparavant plus de la moitié digérées par le feu artificiel. Malgré tout cela, quel Animal avez-vous épargné pour satisfaire les caprices d'un appétit languissant ? Je l'appelle languissant : Car qu'est-ce que la faim de l'Homme, si on la compare avec celle du Lion ? Votre appétit, lors même qu'il est le plus grand, vous affoiblit; le mien me rend furieux. Souvent j'ai essaïé de modérer la violence de ma faim avec des racines & des herbes, mais en vain. Rien ne peut absolument l'appaiser que beaucoup de viandes.

Cependant, malgré la violence de notre faim, les Lions ont souvent reconnu des bienfaits qu'ils avoient reçu ; mais l'Homme ingrat & perfide se nourrit de la Brebis, qui l'habille. Que dis-je ! Il n'épargne pas même ses Petits, qu'il a sous ses soins & en sa garde. Vous dites que les Dieux ont fait l'Homme Maître de toutes les autres Créatures. Quelle n'est donc pas sa tirannie de les détruire cruellement par simple délicatesse ? Dites plutôt, Animal volage & timide, que les Dieux vous ont faits pour la Société, & qu'ils ont voulu que des millions d'Hommes, bien unis ensemble, composassent le fort *Léviathan*. Le Lion, quoique seul, a quelque domination sur les œuvres de la Création. Mais qu'est-ce qu'un Homme ?

me ? Ce n'est qu'une très-petite particule, qu'un petit atôme d'une grande Bête ?

La Nature exécute constamment tout ce qu'elle s'est proposée. Ainsi on ne court aucun risque de se tromper, en jugeant de ce que la Nature s'est proposé par les effets qu'elle produit. Si la Nature avoit eu intention que l'Homme entant qu'Homme, & ensuite de la supériorité de son Espèce, dominât sur tous les autres Animaux, le Tigre, que dis-je ! la Baleine & l'Aigle obéiroient même à sa voix.

Mais si vous nous surpassez par rapport à l'esprit & à l'entendement, le Lion ne doit-il pas, par déférence pour cette supériorité, suivre les maximes établies parmi les Hommes ? Or rien n'est plus sacré parmi-eux que cette règle, *la Raison du plus fort est toujours la meilleure*. Des multitudes entières ont conspiré & sont venues à bout de détruire un seul Homme, que les Dieux, à ce qu'elles disoient, leur avoient donné pour Supérieur. Souvent on a vu un seul ruïner & faire périr toute une multitude, qu'il avoit juré sur les Autels de défendre & de protéger. L'Homme n'a jamais reconnu la supériorité d'un Etre qui n'avoit pas en partage la puissance. Pourquoi en agirois-je donc autrement ? L'excellence dont je me vante, est visible. Tous les Animaux effraïés tremblent à la vue du Lion, & ce n'est point par une terreur panique. Les Dieux m'ont donné de la célérité pour atteindre ma proie,

&

& des forces pour vaincre tout ce que j'attrappe. Où est la Créature qui ait des dents & des griffes, comme moi? Considérez l'épaisseur de ces solides machoires, regardez-en la largeur, & sentez la fermeté de ce cou charnu & robuste. La Bête Fauve la plus légère, le Sanglier le plus féroce, le Cheval le plus vigoureux, & le Taureau le plus furieux, sont ma proie. Le Lion parla ainsi, & le Marchand s'évanouït.

Le Lion, à mon avis, a poussé trop loin ses conséquences. J'avoue cependant qu'on peut nous reprocher notre cruauté. Pour amollir la chair des Animaux mâles, nous prévenons par une opération fort commune, mais fort barbare, la fermeté que leurs tendons & leurs fibres auroient sans cela. Je crois que toute Créature Humaine doit être émue, en réfléchissant sur les soins cruels avec lesquels on engraisse ces Bêtes pour la tuerie. Peut-on, sans être touché de compassion, se représenter un Bœuf déjà grand, quoiqu'encore jeune, renversé & tout étourdi d'une dizaine de grands coups qu'il a reçu de son Bourreau ? Sa tête armée est liée avec des cordes contre la terre. On lui fait au gosier une plaie large & profonde. Quel Mortel peut entendre sans compassion ses douloureux mugissemens, interrompus par le sang qui coule à grands flots ? Qui peut ouïr les soupirs amers qui marquent la violence de ses angoisses, &

les

les gémissemens profonds qu'il pousse? Voïez son cœur encore vif palpiter. Jettez les yeux sur ces membres, qui par de violentes convulsions tremblent & s'agitent. Son sang fumant ruisséle, ses yeux deviennent obscurs & languissans. Contemplez ses débattemens, ses abbois, & les derniers efforts qu'il fait pour s'arracher à une mort qu'il ne peut éviter; mouvemens qui sont des marques assurées de la fatalité de sa destinée qui approche. Quand une Créature donne des preuves aussi convaincantes, & aussi incontestables des terreurs qu'elle éprouve, des douleurs & des tourmens qu'elle ressent, peut-il y avoir de Sectateur de *Descartes* si endurci au sang, qui saisi de compassion n'abandonne la ridicule Philosophie de ce vain Raisonneur.

REMARQUE (Q.)

OECONOMES & TEMPERANS *alors, leurs pensions leur suffisoient pour vivre.*

Page 18. Ligne 15.

LORSQUE les Hommes n'ont pas de grands revenus, & qu'ils sont en même tems honnêtes, c'est alors seulement qu'ils sont œconomes & tempérans. La Tempérance

rance dans la *Morale*, est cette Vertu qui porte les Hommes à s'abstenir du superflu. Méprisant les moïens pénibles que l'Art a inventé pour procurer l'aise & le plaisir, ils se contentent de la simplicité naturelle des choses. Modérés dans la jouïssance de ces mêmes objets, leur cœur n'est point agité par la convoitise.

La Tempérance ainsi limitée est peut-être plus rare que plusieurs ne se l'imaginent. Mais on entend généralement par cette Vertu, une qualité plus commune, & qui consiste à tenir un certain milieu entre la Prodigalité & l'Avarice, en panchant plutôt vers le dernier vice.

Cette prudente œconomie, que quelques-uns appellent *ménage*, est la méthode la plus certaine que les Particuliers suivent pour augmenter les richesses de leur Famille. D'où quelques-uns concluent que dans tout païs, soit qu'il soit stérile ou fécond, la même méthode doit toujours produire le même effet sur la Nation en général. On croit, par exemple, que l'*Anglois* pourroit être beaucoup plus riche qu'il n'est, s'il étoit aussi frugal que quelques-uns de ses Voisins. Je suis persuadé que c'est une erreur. Pour le prouver, je renverrai le Lecteur à ce que j'ai dit sur ce sujet, dans une des Remarques précédentes *. J'ajouterai cependant encore ici quelques réflexions.

L'ex-

---

* Voïez la *Remarque* (L.)

REMARQUE (Q.)

L'Experience nous aprend prémièrement, que les Hommes diffèrent autant dans leurs inclinations, qu'ils varient dans leurs vues, & dans la manière dont ils apperçoivent les choses. L'un est porté à l'amour des richesses, l'autre à la prodigalité, & un troisième au ménage. Je remarque en second lieu que les Hommes ne se corrigent jamais, ou du moins qu'ils se corrigent très-rarement de leurs passions favorites. Si quelque chose produit du changement dans leurs inclinations naturelles, ce n'est ni la Raison, ni les Préceptes ; mais c'est toujours quelque révolution dans leur état, ou dans leur fortune. Si nous réfléchissons sur ces observations, nous trouverons que pour rendre le général d'une Nation prodigue, il faut que le produit du Païs soit considérable à proportion de ses Habitans ; puisque les choses dont ils sont prodigues, doivent être à bon marché. Rien au contraire n'est plus propre à rendre le général d'une Nation frugal, que si le nécessaire de la vie étoit rare, & par conséquent cher. Que les habiles Politiques fassent donc ce qu'ils trouveront à propos, la prodigalité & la frugalité d'un Peuple en général dépendront, & seront toujours proportionnées, malgré leurs spéculations & leurs soins, à la fertilité & au produit du Païs, au nombre des Habitans, & aux taxes qu'ils doivent païer. Si quelqu'un vouloit réfuter ce que j'ai dit, ils n'a qu'à prouver par l'Histoire,

Tome I.   P   qu'il

qu'il y a eu dans le Monde quelque Nation frugale, qui n'étoit pas en même tems pauvre.

Examinons aussi qu'est-ce qui peut aggrandir & enrichir une Nation. Les prémiers biens que chaque Société désire, sont un Terroir fertile, un Climat heureux, un Gouvernement doux, & à proportion plus de terrain qu'il n'y a d'Habitans. Ces avantages sont propres à rendre les Citoïens sociables, bons, aimables, honnêtes & sincères. Dans cet état ils peuvent être aussi vertueux que leur nature le permet. Leurs vertus ne feront pas le moindre tort au Public; ils peuvent donc être aussi heureux qu'il leur plaît. Mais privés des Arts & des Sciences, ils ne peuvent être tranquiles qu'aussi long-tems que leurs Voisins les laisseront jouïr de leur innocent repos. Ils doivent nécessairement être pauvres, ignorans, & presqu'entièrement destitués de ce que nous apellons les douceurs de la vie. Un juste-au-corps simple, une nourriture passable, voilà tout ce que leurs Vertus Cardinales les engageront à se procurer. Des plaisirs indolens, une stupide innocence, voilà ce que vous trouverez parmi eux. Comme vous n'aurez pas à craindre des vices éclatans, aussi ne devez-vous pas y chercher des vertus brillantes. Jamais l'Homme ne s'anime avec tant de vigueur, que lorsqu'il est excité par des désirs. Tandis que ses désirs seront tranquiles, & qu'il n'y aura pas quelque

quelque objet considérable qui les excite, l'excellence de l'Homme, & sa capacité, demeureront cachées. Sans l'influence des passions cette lourde Machine est semblable à un vaste Moulin dans un moment de calme.

Voulez-vous rendre une Société considérable & puissante ? mettez en jeu les passions de ceux qui la composent. Partagez le terrain, quand même avec leur portion ils n'auroient pas assez pour faire des épargnes ; la possession de ces biens les rendra avides. Réveillez-les de leur oisiveté, seulement en les raillant, ou par des louanges ; leur vanité les fera bientôt travailler avec ardeur. Instruits dans le Commerce & dans les Arts, vous leur donnez en même tems de l'envie, de la jalousie, & de l'émulation. Pour augmenter le nombre des Habitans, érigez diverses Manufactures, & ne laissez aucun terrain en friche. Que tous les Peuples, tranquiles possesseurs de leurs biens, soient inviolablement défendus contre d'injustes Agresseurs, que les privilèges soient égaux pour tous les Particuliers. Ne souffrez pas que personne fasse que ce qui est légitime, mais surtout qu'il soit permis à chacun de penser comme il veut. Un Païs où ceux qui travaillent sont protégés, où toutes ces maximes sont observées, toujours suffisamment peuplé, ne peut manquer d'Habitans aussi long-tems qu'il y en aura sur la Terre.

Si vous voulez avoir des Peuples Guerriers

riers & courageux, tournez leur esprit & leurs exercices du côté de la Discipline Militaire; profitez avec adresse de leurs allarmes; flattez leur vanité avec art, & sans vous relâcher jamais.

Voudriez-vous de plus rendre la Nation opulente, savante, & polie? Aprenez-lui d'abord à commercer avec les Peuples Etrangers, & s'il est possible à aller sur Mer. Pour en venir à bout, n'épargnez ni travail, ni industrie; qu'aucune difficulté ne vous rebute. Avancer la Navigation, chérir le Marchand, encourager le Négoce dans toutes ses branches, voilà les moïens de rendre une Nation opulente. Là où les Richesses abondent, bientôt les Arts ingénieux & les Sciences y fleurissent. Par le secours de ces maximes emploïées avec adresse, un Politique habile rendra bientôt une Nation puissante, fameuse, & florissante.

Mais souhaitteriez-vous d'avoir une Société où les règles de la frugalité & de l'honnêteté fussent généralement observées? le meilleur moïen que la Politique puisse emploïer pour y réussir, est d'entretenir les Hommes dans leur simplicité naturelle. Ne faites aucun effort pour augmenter le nombre des Habitans. Resserrez-les dans leur Païs, ne souffrez pas qu'ils aïent quelque communication avec les Etrangers, crainte qu'ils ne connoissent le superflu qui y règne. Eloignez-les de tout ce qui pourroit exciter leurs désirs, empê-
chez-

REMARQUE (Q.)

chez-les de perfectionner leur entendement. L'avarice & le luxe ainsi bannis, les richesses étrangères & les tresors dédaigneront d'aborder dans une terre où l'on ne connoîtra pas leur prix, & d'où leurs fidèles adorateurs sont exclus. Là où le Commerce fleurit, la fraude s'y fourre avec ses perfides compagnes. Etre élevé avec art, & être sincère, sont deux choses incompatibles. A mesure que l'Homme avance en connoissances, & que ses manières se polissent, ses désirs augmentent à proportion, les vices se multiplient de même. Devenu plus ingénieux, l'on apprend le dangereux art de raffiner ses appétits.

Que le *Hollandois* attribue, tant qu'il voudra, son état présent à la frugalité de ses Ancêtres. La sage politique des prémiers Pères de cette puissante République les porta à négliger tout pour avancer le Commerce & faire fleurir la Navigation. Avec une application infatigable ils ont toujours emploïé les moïens les plus efficaces pour accroître le Négoce en général. Chez eux les Hommes jouïssent de la liberté de conscience, privilège le plus sacré que la Raison possède. Voilà les vraies causes de leur grandeur. Ce morceau de terre, jadis si méprisable, est devenu par cette habile politique une République considérée par les principales Puissances de l'Europe.

Ils n'avoient point été distingués par leur

leur frugalité, avant que *Philippe* II Roi d'*Espagne* commençat à exercer contr'eux les fureurs d'une tyrannie inouïe. Leurs loix furent foulées aux pieds. Les droits les plus autentiques, & les privilèges de la Nation lui furent enlevés. La constitution du Gouvernement fut renversée. D'illustres Victimes furent condamnées & sacrifiées, sans forme juridique de procès, à la haine d'un Prince vindicatif. Les plaintes légitimes & les remontrances respectueuses étoient punies aussi sévèrement qu'une injuste résistance. On massacroit ceux qui par une fuite prudente abandonnoient une Patrie désolée. Des Soldats avides de proie pilloient leurs biens. Un Peuple accoutumé pendant une longue suite de siècles à un Gouvernement fort doux, ne pouvoit long-tems supporter de telles violences. De tout tems ils avoient joui de privilèges plus considérables qu'aucune Nation voisine : comment auroient-ils pu porter un joug si peu accoutumé ? Ils préférèrent donc de périr plutôt les armes à la main, que par celles des cruels Exécuteurs d'un Conseil sanguinaire.

Considérons d'un côté les forces puissantes de l'*Espagne*, & de l'autre les circonstances fâcheuses dans lesquelles les Etats réduits à la misère se trouvoient. Spectacle étonnant ! Jamais on ne vit deux Puissances combattre à armes plus inégales. Cependant telle fut la résolution & le courage de ces généreux Ré-
publi-

publicains, que sept petites Provinces réunies se défendirent contre la Nation la plus grande & la mieux disciplinée de l'*Europe*. Plutôt que de devenir les innocentes victimes de la fureur *Espagnole*, ils soutinrent la guerre la plus longue & la plus sanglante dont il soit fait mention dans l'Histoire ancienne & moderne. Contens de vivre avec la plus petite partie de leur revenu, ils emploïèrent le reste à se défendre contre ces impitoïables Ennemis. Vivement touchés de ces malheurs, déterminés par les duretés d'une guerre qui déchiroit le sein de la Patrie, on les voit d'abord se retrancher, & vivre avec une frugalité extraordinaire. Quatre vingts ans s'écoulèrent avant qu'ils vîssent finir leurs allarmes; & pendant ce long intervalle ils ne purent que contracter l'habitude de la frugalité. Mais tout leur art d'économiser, & leurs manières frugales de vivre, ne les auroient jamais mis en état de tenir tête à un Ennemi si puissant, si en même tems ils n'avoient sçu par leur industrie faire fleurir la Navigation en général, & la Pêche en particulier. Par-là ils suppléèrent aux besoins & aux desavantages naturels qu'ils avoient à surmonter.

Le Païs est si petit & est si peuplé, que les terres ne peuvent pas nourrir la dixième partie des Habitans. A peine trouveriez-vous un pouce de terrain qui ne soit cultivé. La *Hollande* est remplie de grandes Rivières ; elle est plus basse que la Mer, qui l'inonderoit à chaque marée, ou la submergeroit durant l'hiver, si cet Elément furieux n'étoit retenu dans ses bornes par de vastes Dunes, ou par de puissantes Digues. L'entretien des Dunes, & la réparation des Digues, des Ecluses, des Quais, des Ponts, des Moulins, & des autres choses dont ils sont obligés de se servir pour garantir leur Païs d'une inondation générale, leur coute des sommes très-considérables. Si l'on mettoit un impôt général de quatre schellings par livre sur tous les biens de terre, cela ne suffiroit point pour subvenir à toutes ces dépenses.

Est-il étonnant qu'un Peuple dans de telles circonstances, chargé outre cela de plus grandes taxes qu'aucune autre Nation, fut obligé d'être économe ? Pourquoi donc serviroient-ils de modèle aux autres Peuples beaucoup plus riches en eux-mêmes, plus heureusement situés, & qui outre cela ont, proportion gardée au même nombre d'Habitans, un terrain dix fois plus étendu ? Nous achetons & nous vendons aux mêmes Lieux, mais on ne peut pas dire que les vues des *Hollandois* & de l'*Anglois* soient les mêmes. Aussi l'intérêt & les vues politiques des deux Nations par rapport à l'économie particulière sont fort différentes. Il est de leur intérêt d'être frugaux, & de dépenser peu; parce que tout leur vient du dehors, excepté le Beurre, le Fromage & le Poisson, dont

dont ils mangent, surtout du poisson, trois fois autant que le même nombre de personnes le fait en *Angleterre*. Il est de notre intérêt de manger beaucoup de Bœuf & de Mouton, afin de soutenir le Fermier, & d'améliorer davantage notre terrain, qui fournit assez pour notre entretien, & qui produiroit la moitié plus s'il étoit bien cultivé.

Le *Hollandois* a peut-être plus d'argent comptant, & d'embarquemens que nous; mais il faut considérer tout cela, comme les outils avec lesquels ils travaillent. C'est ainsi qu'un Voiturier peut avoir plus de Chevaux, qu'un Homme qui a dix fois plus de bien que lui. Un Banquier riche seulement de quinze à seize cens livres sterling, peut avoir en caisse à l'ordinaire plus d'argent, qu'un Gentilhomme qui a deux mille livres sterling de revenu annuel. Celui qui tient trois ou quatre Voitures de louage est à un Seigneur qui tient un Carosse, ce que le *Hollandois* est à l'*Anglois*. Les prémiers n'aïant rien chez eux que le Poisson, sont comme les Voituriers, ou ceux qui transportent les Marchandises sur mer pour le reste du Monde, tandis que la base du Commerce des *Anglois* dépend principalement de leur produit.

Ce qui rend surtout les *Hollandois* ménagers, c'est la force & la quantité des impôts qu'ils doivent païer, la rareté du terrain, & les autres circonstances qui occa-

occasionnent la cherté des vivres. Une comparaison établira cette remarque. Il y a dans la Province de *Hollande* des trésors immenses, le Commerce y fleurit. La terre y est presque d'un aussi grand prix que le fumier, & elle y est généralement très-cultivée. Dans la *Gueldre* & dans l'*Overyssel* il y a à peine quelque commerce, & l'argent y est rare. Le terroir y est médiocre, & de vastes bruïères demeurent incultes. Les Habitans de ces Provinces, quoique plus pauvres, sont cependant moins avares & plus hospitaliers que ceux de la *Hollande*. Quelle est la raison de ce phénomène singulier ? Elle est toute simple. Les taxes sur la plupart des choses sont moins exorbitantes, & il y a plus de terrain à proportion des Habitans. Les plus grands impôts étant en *Hollande* sur le Manger, le Boire & le Chauffage, c'est aussi sur la bouche que le *Hollandois* épargne. Mais les meubles dans cette même Province sont plus riches, les habits plus propres que dans les autres.

Ceux qui sont frugaux par principe, le sont également en tout : mais le *Hollandois* économise uniquement sur les choses qui étant d'un usage journalier se consument d'abord. Ils agissent tout autrement par rapport aux choses qui durent long-tems. Prodigues en Peintures & en Marbres, ils sont extravagans jusques à la folie en Bâtimens & en Jardins. Vous trouverez dans les autres Païs des Palais
vastes

vastes & superbes, qui appartiennent à des Princes : on ne doit pas les chercher dans une République, où l'égalité est aussi exactement observée que dans celle-ci. Mais dans toute l'*Europe* vous ne trouverez pas des maisons particulières aussi somptueuses ni aussi magnifiques que le sont une grande quantité des maisons des Marchands, & des autres Habitans d'*Amsterdam*, & de quelques autres grandes Villes de la Province de *Hollande*. Aucun Peuple de la Terre ne dépense pour se loger, une aussi grande partie de son bien que les *Hollandois*.

L'année 1671. & le commencement de 1672. furent des tems critiques pour cette Province. Jamais depuis que la République étoit établie, elle ne s'étoit vue dans une plus grande extrémité, ni ses affaires dans un état plus affreux. Les Observations du Chevalier *Guillaume Temple* sur les Mœurs & sur le Gouvernement de ces Peuples, ont été faites environ ce tems-là, comme il paroît par différens passages de ses Mémoires. C'est à cet Auteur qu'on doit ce qu'on sait avec quelque certitude de leur économie & de leur constitution dans ce tems-là. Alors le *Hollandois* étoit encore frugal : mais depuis ce tems de calamité il est arrivé de grands changemens, surtout parmi les Personnes de la prémière classe, dans leurs équipages, dans leurs repas, & dans toute leur manière de vivre. Le Peuple

ple sur qui le principal fardeau des impôts tombe, est peut-être encore aussi frugal qu'il ait jamais été.

Il y a des personnes qui prétendent que la frugalité de cette Nation ne vient point de la nécessité, mais d'une aversion générale pour le luxe & les vices. Pour prouver ce qu'ils avancent, ils nous représentent leur administration publique, la petitesse des apointemens qu'il donnent à ceux qui servent l'Etat, la prudence avec laquelle ils marchandent & achettent les provisions de bouche, & les autres choses nécessaires à la vie. Ils n'oublient pas de faire mention des grands soins qu'ils se donnent pour ne s'en pas laisser imposer par ceux qui les servent, & la sévérité dont ils usent envers ceux qui rompent un contract.

Ce qu'on attribue à la vertu & à la probité des Magistrats, est une suite des règlemens étroits concernant l'administration du Trésor Public, & dont la forme admirable de leur Gouvernement ne leur permet pas de s'écarter. La précaution est très-à-propos. Un Honnête Homme peut bien se fier à un autre, s'ils conviennent de quelque chose : mais une Nation entière ne doit jamais se reposer entièrement sur la probité de qui que ce soit ; elle ne doit se fier qu'à une obligation nécessaire. Malheureux est le Peuple dont la prospérité dépend de la vertu & de la conscience des Ministres & des Politiques !

ques! La sureté de leur constitution sera toujours précaire.

L'Etat en *Hollande* tâche de rendre ses Sujets frugaux, non parce que la frugalité est une vertu, mais parce qu'il est de leur intérêt, comme je l'ai fait voir. La vertu est immuable, mais l'intérêt varie. Aussi changent-ils de maximes suivant les occurrences, l'exemple suivant le prouvera clairement.

Dès-que les Vaisseaux de la Compagnie des *Indes Orientales* sont arrivés, elle paie ceux qui la servent. La plupart de ces gens reçoivent la plus grande partie de ce qu'ils ont gagné durant sept ou huit ans, & quelques-uns dans quinze ou seize années. Ces misérables se trouvent par-là encouragés à dépenser leur argent avec une profusion extraordinaire. La plupart étoient des garnemens quand ils se sont embarqués : sous la garde étroite d'une discipline sévère ils ont été occupés long-tems à un travail pénible, sans argent, & parmi des dangers éminens. Si nous considérons tout cela, nous apercevrons sans peine qu'il n'est pas difficile de les rendre prodigues, en les plaçant ainsi tout d'un coup dans l'abondance.

Ils dissipent en peu de tems en Vin, au milieu des Femmes & de la Musique, tous les fruits de leurs travaux, & cela avec autant de goût, que des gens aussi grossiers en sont capables. On tolère ces réjouissances & ces excès de débauche, on leur accorde plus de liberté qu'aux autres, pourvu seulement qu'ils s'abstiennent de faire du mal. Vous les verrez dans quelques Villes la plupart ivres, & accompagnés de trois ou quatre Nymphes courir les rues en plein jour, précédés d'un violon, dont le son aigre se fait entendre malgré les mugissemens de cette troupe effrenée. Si même l'argent ne se dépense pas assez vite par ce moïen, ils en trouveront d'autres : ils le jettent quelquefois par poignées à la Canaille. Toujours également extravagans, tandis qu'ils ont quelque chose de reste, leur folie cesse avec leur argent. C'est pour cela qu'on les appelle les *Seigneurs de six semaines*. Au bout de ce tems la Compagnie a de nouveaux Vaisseaux prêts à partir. Ces misérables insensés, réduits à la pauvreté, sont obligés de s'engager de nouveau ; & pendant un voïage de long cours, ils ont tout le tems de se repentir à loisir de leur folie.

Tous ces desordres naissent de ce qu'on donne à ces gens, peu accoutumés à avoir de l'argent, leur païe tout à la fois. Stratagême ingénieux, qu'on pratique pour deux raisons. Examinons cette double politique. Si ces Mariniers, déjà endurcis à la température des Climats Chauds, accoutumés à l'air & à une nourriture malsaine, étoient frugaux, ils demeureroient dans leur propre Païs. La Compagnie, toujours obligée d'emploïer des hommes

frais

frais peu propres à leurs affaires, perdroit beaucoup par la mort fréquente de ces nouveaux Matelots. A peine en échappe-t-il la moitié dans quelque place des *Indes Orientales* qu'ils abordent. Outre les grands frais que cela occasionneroit, ces pertes mettroient le desordre dans les affaires.

En second lieu, ces grandes sommes, si souvent distribuées à ces Mariniers, dépensées avec tant de promtitude dans le Païs, y font circuler l'argent. Par les impôts, & par les *excises*, la plus grande partie revient dans le Trésor Public.

J'AI dessein de convaincre les zèlés Défenseurs de la Frugalité Nationale. Je me propose de prouver par un autre argument, que ce qu'ils recommandent est impraticable. Supposons d'abord pour cet effet, que ce que j'ai avancé dans la *Remarque* (L), au sujet du Luxe & de sa nécessité pour soutenir le Négoce, soit peu fondé. Après cette supposition, examinons ce que produiroit une frugalité générale sur une Nation telle que l'*Angloise*, si le Peuple y étoit obligé, par art & par un ménagement habile, d'être frugal dans toutes les occasions. Accordons donc que toutes les Personnes de la *Grande-Bretagne* ne consumeront que quatre cinquièmes de ce qu'ils consument à présent, & qu'ils conserveront par cette économie un cinquième de leur revenu. Je ne parlerai point à présent de l'influence que

cette

cette épargne auroit sur le Fermier, sur celui qui trafique en Bétail, & sur les Propriétaires des Terres. Il est impossible que le même ouvrage se fasse, que le même nombre de métiers fleurissent comme à présent. Supposons-le cependant. Il faudra conclure que tous ceux qui travaillent, & que le plus pauvre des Artisans auroient au bout de cinq ans en argent comptant, tout ce qu'ils dépensent à présent dans un an ; à moins que la valeur de l'argent ne tombât prodigieusement, ou que les vivres ne devinssent fort chers. Remarquons en passant que cette épargne seroit plus considérable, que ce qu'il y a jamais eu d'argent dans le même tems dans la Nation.

Avant que de nous réjouir de cette augmentation considérable de richesses, considérons l'état où seroient toutes ces personnes qui travaillent. En raisonnant par l'expérience, & par ce que nous observons tous les jours, jugeons quelle seroit la conduite de ces gens dans un tel cas. Chacun sait qu'il y a un grand nombre de Garçons Tisserans, Tailleurs, Ouvriers en Draps, & vingt autres espèces d'Artisans, qui auroient bien de la peine à travailler le cinquième jour, s'ils pouvoient s'entretenir une semaine entière de ce qu'ils gagnent en quatre jours. Personne n'ignore qu'il y a des milliers d'Ouvriers qui s'exposeront à cinquante inconvéniens, desobligeront leurs Maîtres, épargnegneront sur leur bouche, s'endetteront pour avoir le plaisir de se dissiper les jours de Fêtes. Lors donc que les Hommes font voir un panchant si extraordinaire pour la paresse & pour le plaisir, pouvons-nous nous persuader qu'ils travailleront, lorsqu'ils n'y seront pas obligés par une nécessité absolue & pressante? Nous voïons un Artisan, qui refuse d'aller à l'ouvrage le *Lundi*, parce qu'il lui reste encore deux shellings de ses gages de la semaine dernière. N'est-il donc pas naturel de penser qu'il n'y iroit jamais, s'il avoit quinze ou vingt guinées dans sa poche?

Que deviendront à ce compte nos Manufactures? Si le Marchand a un envoi de Drap à faire, il doit le faire lui-même. Il ne pourroit pas seulement avoir pour lui aider un seul homme, de douze qui avoient accoutumé de travailler pour lui. Quand même l'inconvénient dont je parle n'auroit lieu que par rapport aux Garçons Cordonniers, je soutiens que dans moins d'un an la moitié des Habitans de *Londres* seroient obligés d'aller sans souliers. Si les Particuliers dépensent un cinquième moins que les années précédentes, il y aura un cinquième moins d'argent dans le Commerce ordinaire. Dèslors il sera plus difficile de païer le travail du Pauvre. Ceux qui ont une grande quantité d'Ouvriers à païer, s'appercevront bientôt de cette diminution d'argent. Le nombre des Pauvres diminuéra, dira-t-on ; mais qui fera l'ouvrage ? Ne sait-on pas que dans un Païs où l'on a introduit la propriété, il seroit aussi difficile de vivre sans Pauvres que sans Argent ? La quantité de monnoie qui circule dans un Païs, doit toujours être proportionnée au nombre des mains qui y sont emploïées, & les gages des Ouvriers doivent être proportionnés au prix des denrées. D'où l'on peut conclure que tout ce qui procure l'abondance rend les Ouvriers à bon marché, si du moins le Pauvre est bien ménagé. Comme on doit simplement les empêcher de mourir de faim, aussi l'on ne doit leur donner que ce qu'il faut pour leur entretien, ou au moins rien qui méritât d'être épargné. Si par une industrie extraordinaire, & en épargnant sur leur bouche, quelques-uns d'entre ceux de la plus basse classe s'élèvent eux-mêmes au-dessus de leur condition, personne ne doit les en empêcher. Que dis-je ? Il est même incontestable que la frugalité est la voie la plus sage que puisse suivre chaque Particulier & chaque Famille. Il seroit aussi de l'intérêt de toutes les riches Nations, que la plus grande partie des Pauvres fussent presque toujours actifs, & qu'ils dépensâssent encore continuellement ce qu'ils gagnent.

Tous les Hommes, comme le remarque fort bien le Chevalier *Guillaume Temple*, sont plus portés à l'aise & au plaisir, qu'au travail. Il faut pour leur donner de l'actil'activité, qu'ils soient mis en mouvement par la vanité, ou par l'avarice : vices qui pour l'ordinaire n'ont que très-peu d'influence sur ceux qui gagnent leur vie par leur travail journalier. Rien ne peut ainsi les éguillonner à travailler pour les autres, que leurs besoins. Il est donc de la prudence de les soulager ; mais ce seroit une folie que de les guérir. Faire en sorte que l'Ouvrier n'ait jamais qu'une médiocre quantité d'argent, c'est l'unique moïen de le rendre industrieux. Trop peu d'argent pourroit décourager certains tempérammens, & en desespérer d'autres; mais trop rendroit les Ouvriers paresseux & insolens.

L'ON se moqueroit d'une personne, qui soutiendroit que trop de richesses peuvent ruïner une Nation. Tel a cependant été le destin de l'*Espagne*. C'est à cette cause que le savant *Don Diégo Savédra* attribue la ruïne de sa Patrie. Dans les siècles précédens, les Fruits de la terre avoient rendu l'*Espagne* un Païs si riche, que *Louïs* XI. Roi de *France*, étonné de la splendeur qui règnoit à la Cour de *Tolède*, dit qu'il n'avoit jamais rien vu dans ses voïages, ni en *Europe*, ni en *Asie*, qui fût comparable à cette magnificence. Ce Prince avoit cependant parcouru toutes les Provinces de la *Terre Sainte*. Dans le Roïaume de *Castille*, si nous en croïons quelques Auteurs, on vit se rendre de toutes les parties du Monde cent mille

Fantassins, dix mille Cavaliers, & soixante mille Chariots de bagage, qui étoient destinés pour la *Guerre Sainte*. *Alphonse* III. entretenoit tout cela à ses propres frais, païant chaque jour les Soldats, les Officiers, & les Princes, chacun suivant son rang & sa dignité. Si nous descendons à des Siècles moins éloignés du nôtre, nous trouverons que sous le règne de *Ferdinand* & d'*Isabelle*, qui fournirent aux frais des voïages de *Colomb*, & même quelque tems après l'*Espagne* étoit encore un Païs fertile. Le Commerce & les Manufactures y fleurissoient. Ce Roïaume étoit célèbre par les Savans & par les Gens industrieux qu'il produisoit. Aussitôt que ces immenses trésors acquis par un bonheur & par une cruauté qui jusques-alors n'avoient point eu d'exemple, puisque par la propre confession des *Espagnols*, cette prospérité avoit couté la vie de vingt millions d'*Indiens*; aussi tôt, dis-je, que cet Océan de trésors vint à rouler sur ce Peuple, il renversa leur jugement, & dissipa leur industrie. Le Fermier abandonna sa charrue, l'Artisan ses outils, le Marchand son comptoir. Chacun méprisant le travail, ne pensoit qu'à se divertir, & à vivre en Gentilhomme. Persuadés qu'ils pouvoient avec raison s'estimer plus que tous leurs Voisins, rien ne pouvoit remplir leurs désirs que la conquête du Monde entier. De-là il est arrivé que d'autres Nations leur ont fourni

ce

ce que leur paresse & leur vanité ne leur permettoient pas de fabriquer. Dès-qu'on vit que malgré toutes les défenses que le Gouvernement faisoit contre le transport de l'Or & de l'Argent en lingots, l'*Espagnol* se défaisoit volontiers de son argent, & qu'il l'apportoit lui-même à bord des Navires au risque de la vie; dès-lors, dis-je, tout le monde à l'envi travailla pour l'*Espagne*. Chaque année l'argent fut divisé & dispersé dans les Païs de Commerce. Par-là tout devint plus cher, toutes les Nations se rendirent industrieuses. L'*Espagnol* seul, depuis ses puissantes acquisitions, attendoit mollement assis, & les bras croisés, avec une impatiente inquiétude l'arrivée des denrées & des marchandises étrangères, & de l'argent pour païer aux autres Peuples ce qu'il avoit déjà consommé. L'abondance d'argent, les Colonies fréquentes envoïées dehors, & d'autres pratiques tout aussi mauvaises, ont ainsi été la cause de la décadence de ce Royaume. L'*Espagne*, Païs fertile & bien peuplé, avec tous ses titres pompeux & ses riches possessions, est devenue un simple passage stérile & dépeuplé de l'or & de l'argent, qui venant d'*Amérique* va s'arrêter dans les autres parties du Monde. La Nation jadis riche, industrieuse, diligente & active, est devenue lâche, paresseuse, vaine & pauvre. Je n'en dirai pas davantage sur l'*Espagne*.

REMARQUE (Q.)

L'argent peut être appellé le produit du *Portugal*. Cependant la figure que fait ce Roïaume avec tout son or, n'est pas extrêmement digne d'envie. Le grand art donc de rendre une Nation heureuse & florissante, c'est de faire en sorte que tout le monde puisse être emploïé à quelque travail. Pour y réussir, le prémier soin du Gouvernement doit être d'avancer toutes sortes de Sciences, d'Arts, de Manufactures & de Métiers. Le second soin doit être d'avancer la Pêche & l'Agriculture dans toutes ses branches, en sorte que la Terre soit forcée à produire. Par la prémière maxime on attirera une grande multitude d'Habitans, par la seconde on trouvera moïen de les entretenir.

C'est de cette sage politique qu'on doit attendre la grandeur & la félicité d'une Nation, & non pas des règlemens contre la Prodigalité, ou contre l'Avarice: passions qui auront toujours lieu, suivant les circonstances où se trouveront les Hommes. Que la valeur de l'Or ou de l'Argent hausse ou baisse, toujours l'agrément, le bonheur de toutes les Sociétés dépendront de l'abondance des productions de la Terre, & du travail du Peuple. Ces deux choses jointes ensemble font un trésor plus assuré, plus réel & plus inépuisable, que tout l'Or du *Brésil*, ou l'Argent du *Potosi*.

REMAR-

REMARQUE (R.)

Il n'y avoit plus D'HONNEUR *à faire figure aux dépens de ses Créditeurs.*

Page 19. Lignes 11. 12.

L'HONNEUR dans son sens figuré est une chimère sans réalité, qui doit sa naissance aux Moralistes & aux Politiques. Il signifie un certain principe de Vertu indépendant de la Religion, qui retient certaines personnes, ou qui les lie dans leurs devoirs, & dans leurs engagemens. Un Sujet, par exemple, conspire avec d'autres de faire mourir le Roi. S'il est Homme d'honneur, il est obligé d'achever ce qu'il a commencé. Si ébranlé par ses remords, ou par son bon caractère, il tremble de l'énormité de son projet, & que découvrant le complot il accuse ses complices, alors il perd son honneur, au moins dans l'esprit de ceux du parti qu'il a quité.

L'excellence de ce principe consiste en ce que le Vulgaire en est peu susceptible, & qu'il se trouve uniquement dans les Personnes de la plus haute distinction. C'est à peu près comme l'on trouve quelques Oranges qui ont des pepins, & d'autres

tres qui en manquent, quoiqu'extérieurement ces fruits soient les mêmes. Dans les Familles de la première distinction, l'Honneur semblable à la Goute est généralement regardé comme héréditaire. Tous les Enfans des Grands Seigneurs naissent aussi avec ce principe. Certaines Personnes, qui n'ont jamais éprouvé ce sentiment, peuvent l'acquérir par la conversation du Beau Monde, & par la Lecture, surtout par celle des Romans. D'autres le sentent naître à l'idée d'un ancement. Mais rien n'est plus propre à le faire croître qu'une Épée. On a vu des personnes métamorphosées dans l'espace de vingt-quatre heures, pour avoir porté la première fois cette arme si honorable.

Tout Homme d'honneur ne doit rien négliger pour conserver & pour augmenter ce principe. Il y doit tout subordonner, ses emplois, ses biens. Que dis-je? Il ne doit même faire aucun cas de la vie, quand il s'agit de son honneur. Aussi quelque humilité que lui aura inspiré une bonne éducation, il peut s'estimer infiniment, comme possesseur de cet invisible ornement.

L'unique moïen de conserver ce principe, c'est de vivre conformément aux règles de l'Honneur : loix respectables, & qu'on doit suivre inviolablement. L'Homme d'honneur est toujours obligé d'être fidèle à sa parole, de préférer l'intérêt public

public au ſien propre. Il ne doit jamais ni mentir, ni frauder, ni tromper. Il ne lui eſt pas permis d'endurer aucun *Affront* : terme d'art, qui déſigne toute action faite à deſſein d'avilir celui qui en eſt l'objet.

Les Anciens Chevaliers, ſectateurs de ce ſacré principe, dont je compte que *Don Quichotte* a été le dernier dans l'Hiſtoire, obſervoient très-ſcrupuleuſement toutes ces loix, & un beaucoup plus grand nombre encore. Les Modernes paroiſſent être plus relâchés. Ils ont à la vérité une profonde vénération pour les articles dont je viens de parler, mais ils négligent les autres. Aujourd'hui, ſi l'on ſe conforme ſeulement au petit nombre de maximes d'Honneur que j'ai indiqué, il eſt certain qu'on paſſera par deſſus toutes les fautes qu'on pourroit faire ſur d'autres ſujets.

Un Homme d'honneur eſt toujours regardé comme une Perſonne diſtinguée par ſon impartialité, par ſon bon-ſens, & par ſa bonne conduite. Jamais on n'entendit dire d'un Homme d'honneur, qu'il fut un fou. C'eſt auſſi pour cette raiſon qu'il n'a que faire des loix qui le lient. Toujours on lui permet d'être juge dans ſa propre cauſe. Si on lui fait le moindre tort, ou à ſes Amis, à ſes Parens, à ſes Domeſtiques, à ſon Chien, ou à quelque autre choſe qu'il ait trouvé bon de prendre ſous ſon honorable protection, d'abord il doit demander ſatisfaction. Si le tort est mis au rang des *Affronts*, & que celui qui l'a fait, soit aussi un Homme d'honneur, il faut nécessairement se battre. Il est donc évident que l'Homme d'honneur doit être courageux, sans quoi son honneur seroit une épée sans pointe. Examinons donc en quoi le courage consiste. Voïons si c'est, comme bien des gens le prétendent, quelque qualité réelle & distincte de toute autre, que les personnes valeureuses ont dans leur nature; ou si ce n'est rien de semblable.

IL N'EST rien sur la Terre de si généralement sincère que l'Amour que toutes les Créatures qui sont capables de ce sentiment, se portent à elles-mêmes. Comme tout Amour renferme nécessairement de tendres soins pour la conservation de ce qui en est l'objet, ainsi rien n'est plus sincère dans toutes les Créatures que la volonté, le désir, & les efforts qu'elles font pour leur propre conservation. C'est une loi de la Nature, qui oblige les Créatures à n'avoir d'autres appétits, ou d'autres passions, que celles qui tendent, soit directement, soit indirectement, à la conservation d'elles-mêmes, ou de leur espèce.

Les moïens que la Nature emploie pour obliger les Créatures à agir vigoureusement pour leur propre conservation, sont entés sur elles-mêmes. Dans l'Homme on appelle ces moïens désirs. Ce sont eux qui le poussent à demander ce qu'il croit
qui

qui le conservera, ou qui lui fera plaisir. Ce sont ses désirs qui lui commandent d'éviter ce qu'il s'imagine pouvoir lui faire de la peine, ou du mal, ou le détruire. Ces désirs, ou ces passions, ont toutes des symptômes différens, par où elles se manifestent à ceux qu'elles troublent. Suivant la diversité des émotions que ces passions causent au dedans de nous, elles ont reçu différentes dénominations. J'ai eu occasion de faire sentir cette vérité à l'égard de la *Vanité* & de la *Honte*.

LA passion qui s'élève chez nous, lorsque nous appréhendons qu'il ne nous survienne quelque malheur, s'appelle CRAINTE. Le trouble que cette passion excite est plus ou moins violent, non pas toujours à proportion du danger que nous courons, mais à proportion de l'appréhension que nous avons, soit que le malheur soit réel, soit qu'il soit imaginaire. Notre crainte étant donc toujours proportionnée à l'appréhension que nous avons du danger, il s'ensuit qu'aussi long tems que cette appréhension dure, on ne peut non plus se défaire de sa crainte, que l'on ne pourroit s'arracher une jambe ou un bras. Nous sommes quelquefois saisis d'une fraïeur si subite & si grande, qu'elle nous prive de l'usage de la raison, & de tout sentiment. Le danger fini, il ne nous reste aucune idée de l'appréhension que nous avons ressentie. Le seul

seul évènement peut nous en convaincre : puisqu'il auroit été abſolument impoſſible que nous euſſions été épouvantés, ſi nous n'avions pas craint qu'il ne nous arrivât quelque mal.

On croit aſſez communément qu'on peut vaincre cette appréhenſion par le ſecours de la Raiſon. J'avoue que je ne ſuis point de ce ſentiment. Les perſonnes qui ont été épouvantées vous diront, qu'elles ſe ſont rendues maîtreſſes de leur appréhenſion, auſſi-tôt qu'elles ſont rentrées en elles-mêmes, c'eſt-à-dire dès-qu'elles ont fait uſage de leur raiſon. Mais ce n'eſt point-là une victoire : car dans l'épouvante qu'ils ont eu, le danger étoit ou entièrement imaginaire, ou il étoit paſſé dans le tems qu'ils ont pu faire uſage de leur raiſon. Si donc après l'examen & la réflexion, ils ont découvert qu'ils ne couroient aucun risque, il n'eſt pas étonnant qu'ils aïent quité leur première crainte. Mais quand le danger ſubſiſte, que l'on eſſaïe ſeulement de faire uſage de ſa raiſon, & l'on trouvera qu'elle peut ſervir tout au plus à examiner la grandeur & la réalité du péril. Si l'on trouve par la réflexion qu'il eſt moindre que l'on ne l'avoit d'abord cru, l'appréhenſion diminuéra à proportion : mais ſi le danger ſe trouvoit réel, & tel dans toutes ſes circonſtances qu'on l'a cru avant la réflexion, alors la Raiſon, bien loin

de

de diminuer cette appréhension, l'augmentera plutôt.

Pendant que cette crainte dure, aucune Créature n'est capable d'attaquer un Ennemi. Cependant nous voïons tous les jours les Brutes se battre avec obstination, & se déchirer l'une l'autre jusques à la mort. Il faut donc que quelqu'autre passion plus violente s'élève. Il n'y a que ce moïen qui soit capable de surmonter cette crainte. La COLE'RE opposée à la crainte est la plus propre à cet effet. Afin de remonter jusques à sa source, je demande permission au Lecteur pour une nouvelle digression.

NULLE Créature, je parle des Animaux les plus parfaits, ne peut subsister sans nourriture. Aucune de leur espèce ne peut se perpétuer pendant long-tems, si les jeunes ne viennent prendre la place des vieux, que la mort enlève. Aussi le prémier & le plus violent appétit que la Nature leur ait donné, est celui de la *faim*, le second est celui de la *concupiscence*. Celui-ci les porte à procréer, comme l'autre leur ordonne de manger.

Remarquons maintenant que la Colère est cette passion qui s'élève dans notre cœur, quand nos désirs sont troublés ou traversés. Cette passion anime le corps, & rassemble les forces des Créatures: ainsi elle leur a été donnée, afin qu'animées, & devenues plus vigoureuses par ce moïen, elles fassent de plus grands efforts

efforts pour éloigner, pour surmonter, ou pour détruire tout ce qui pourroit les empêcher de se conserver elles-mêmes. Rien ne met plus aisément en colère les Brutes, que la *faim* & la *concupiscence*; à moins qu'elles-mêmes, ou ce qu'elles aiment, ou leur liberté, ne soient menacés ou attaqués. C'est ce qui les rend encore plus féroces. Les Appétits des Animaux sont actuellement traversés, dès qu'ils n'ont pas ce qu'ils désirent, quoiqu'avec moins de violence que si on les empêchoit de jouïr de ce qu'ils voient. Une réflexion fort connue, mettra ce que j'ai dit dans un plus grand jour.

Toutes les Créatures qui habitent la Terre vivent de ses fruits, ou de son produit, ou de la chair des autres Animaux, qui sont ses camarades. Aussi la Nature a-t-elle armé les Animaux de Proie de griffes & de forces, pour vaincre & déchirer en pièces ceux qu'elle a destinés à leur nourriture. Elle leur a donné encore un appétit plus vif, qu'à ceux qui se nourrissent d'herbes, ou des autres productions de la Terre. Si la Vache aimoit la chair du Mouton autant qu'elle aime aujourdhui l'herbe, privée comme elle est de griffes & de serres, n'aïant qu'un rang de dents sur le devant d'une égale longueur, bientôt, quoiqu'au milieu d'un troupeau de Brebis, elle seroit morte de faim.

J'ai dit en second lieu que les Animaux de

de Proie avoient un appétit plus violent. Si l'expérience ne nous l'aprenoit pas, un raisonnement fort simple pourroit nous en convaincre. Il est très-probable en prémier lieu que la faim, qui engage une Créature à se fatiguer, à se harasser, & à courir de grands dangers pour chaque morceau qu'elle mange, doit être plus vive, que celle qui ordonne aux autres de manger ce qu'elles ont devant elles, & qu'elles peuvent se procurer en se baissant. On doit considérer en second lieu, que la même Nature, qui par un instinct admirable aprend à ces Animaux voraces à demander, à suivre à la piste, à découvrir les autres qui sont pour eux une bonne nourriture, a aussi donné à ces derniers un instinct qui les instruit à éviter, se cacher & à s'enfuir de celles qui vont à leur chasse. Par conséquent les Animaux de Proie, quoiqu'ils puissent manger pour long-tems à la fois, ont cependant plus souvent le ventre vuide, que ceux dont la nourriture ne s'envole jamais, & ne peut pas leur résister. C'est ainsi que l'appétit des prémiers se perpétue & s'augmente, & que comme un feu permanent il les entretient toujours en colère.

Les Taureaux, & les Coqs ne sont, ni des Animaux de Proie, ni extrêmement voraces. On me demandera donc qu'est-ce qui peut enflammer leur courroux, qui est assez violent pour les porter quelquefois à se battre jusqu'à la mort. La réponse

ponse est facile : ce sont les désirs de la *concupiscence*, qui produisent cette fureur. Ces Animaux, dont la rage procède de la faim, mâles ou femelles, attaquent tout ce dont ils peuvent se rendre maîtres, & se battent contre tout avec le même acharnement. Les Animaux, dont la fureur est provoquée par la Chaleur *Vénérienne*, étant généralement des mâles, ils s'animent principalement contre les mâles de leur espèce. Ces Animaux peuvent faire du mal aux autres par hazard, ou par quelqu'autre cause ; mais les principaux objets de leur haine sont leurs rivaux. C'est contr'eux seulement qu'ils exercent leurs forces, & qu'ils font remarquer leurs prouesses. Nous voïons encore dans toutes ces Créatures, dont le mâle est capable de satisfaire plusieurs femelles, une supériorité exprimée par la Nature, dans sa figure, dans ses traits, de même que dans sa férocité : marques que nous n'appercevons point dans d'autres espèces, où le mâle se contente d'une ou de deux femelles.

Les Chiens, quoique devenus Animaux Domestiques, sont naturellement rapaces ; & ceux qui se battent, carnassiers comme ils sont, deviendroient bientôt Animaux de Proie, s'ils n'étoient nourris auprès de nous. Les observations qu'on peut faire là-dessus, sont des preuves suffisantes de tout ce que j'ai avancé jusqu'ici. Si un Animal d'une espèce portée à se battre, & par conséquent vorace, tant

mâles

mâles que femelles, est attaché à quelque chose, il souffrira plutôt qu'on le tue que de lâcher prise. Comme la femelle est communément la plus chaude, aussi n'y a-t-il d'autre différence dans leur figure, que celle qui distingue les Sexes, & la femelle est plus féroce. Le Taureau, animal terrible lorsqu'on conserve ses forces, deviendra en peu aussi doux qu'une Vache, si on le laisse roder parmi un troupeau d'une vingtaine de femelles. Une douzaine de Poules gâteront bientôt le meilleur Coq de combat de toute l'*Angleterre*. Les Cerfs de cinq ans, & les Bêtes Fauves, sont regardés comme des créatures chastes & timides. Ils le sont en effet presque toute l'année, excepté dans le tems qu'ils sont en rut. Alors, devenus subitement hardis jusques à l'admiration, ils portent souvent des coups à ceux qui les gardent.

Par ce qui se passe en nous-mêmes, on peut presque démontrer que l'influence de ces deux principaux appétits, je veux dire la *faim* & la *concupiscence*, sur le tempéramment des Animaux, n'est pas si bifarre que quelques personnes peuvent se l'imaginer. Quoique notre *faim* soit infiniment moins violente que celle des Loups & des autres Animaux rapaces, nous voïons cependant que les Personnes en santé, & qui ont bon appétit, se mettent très-facilement en colère & de mauvaise humeur pour des bagatelles, lors seulement qu'on les fait attendre pour manger au-delà de l'heure ordinaire.

De même la *concupiscence* n'est pas à beaucoup près aussi véhémente dans l'Homme, que dans les Taureaux, & en d'autres Animaux plus robustes. Cependant rien ne provoque davantage la colère des Hommes & des Femmes, que ce qui traverse leur amour. Les plus timides, & les plus délicatement élevés de l'un & l'autre Sexe, ont souvent méprisé les plus grands dangers, & ont foulé aux pieds les plus puissantes considérations pour détruire un Rival.

Jusques-ici j'ai tâché de démontrer qu'aucun Animal ne peut, ni attaquer, ni se défendre, pendant que sa peur dure; que cette crainte ne peut être surmontée que par une autre passion, & qu'il n'y a point de passion plus contraire à la peur, & plus propre à la vaincre, que la colère. J'ai fait voir qu'en s'opposant à la *faim* & à la *concupiscence*, on doit exciter la colère. J'ai prouvé enfin que le panchant de toutes les Brutes à la colère & à se battre opiniâtrément, dépend en général de la violence de l'un ou l'autre de ces appétits, ou de tous les deux ensemble. D'où il suit que ce que nous appellons valeur ou courage naturel, n'est autre chose que l'effet de la colère; & que tous les Animaux féroces doivent être, ou fort rapaces, ou fort lascifs, s'ils ne sont pas tous les deux ensemble.

Appli-

REMARQUE (R.)

Appliquons préfentement cette règle à notre Efpèce. On peut conclure de la délicateffe de la peau de l'Homme, & du grand foin qu'il faut pendant plufieurs années pour l'élever, de la figure de fes machoires, de l'égalité de fes dents, de la largeur de fes ongles, & du peu d'épaiffeur de l'un & de l'autre, qu'il n'eft pas probable que la Nature l'ait deftiné pour vivre de rapine. Auffi voïons-nous que fa *faim* n'eft pas fi vorace que celle des Bêtes Féroces; & que les mouvemens de fa *concupifcence* ne font pas auffi violens, que ceux qu'on remarque dans les autres Animaux. Induftrieux comme il eft pour fuppléer à fes befoins, il ne peut avoir des appétits perpétuels qui foient capables de fomenter continuellement fa colère. D'où il fuit que l'Homme doit être un Animal timide.

Ce que je dis de cette timidité de l'Homme, doit être uniquement entendu dans le fimple état de Nature; car fi nous le confidérons comme Membre de la Société, & comme un Animal à qui on a donné de l'éducation, nous le trouverons une autre Créature. Alors la Vanité, l'Envie, l'Avarice & l'Ambition venant à fe développer, il eft comme réveillé de fon indolence & de fa ftupidité naturelle. A mefure qu'il avance en connoiffances, fes défirs augmentent, & par-là même fes befoins & fes appétits fe multiplient. D'où il fuit néceffairement qu'il fera fouvent traversé dans ses poursuites, & qu'il doit rencontrer un beaucoup plus grand nombre d'obstacles, qu'il n'en auroit trouvé sans cela ; obstacles qui doivent nécessairement exciter sa colère. Aussi l'Homme deviendroit-il en peu de tems, si on le laissoit faire, l'Animal le plus méchant & le plus malfaisant de toutes les Créatures. Dès-que se sentant le plus fort, il n'auroit rien à craindre de la part de son Adversaire qui l'auroit irrité, rien ne seroit capable de le retenir dans les règles de la modération.

C'est aussi pour cette raison que dans tous les Gouvernemens on s'est principalement appliqué à reprimer par différentes punitions la colère de l'Homme, lors du-moins que se manifestant au dehors, elle faisoit du mal au Prochain. C'est en augmentant ses craintes, que les habiles Politiques ont prévenu le mal que sa colère pourroit produire. On n'a donc qu'à exécuter ponctuellement les diverses loix qui ont été faites pour empêcher l'Homme de se servir de tout son pouvoir. La conservation de soi-même lui apprendra nécessairement à être paisible. Et comme chacun doit faire en sorte qu'il soit aussi peu troublé qu'il est possible, on aura soin d'augmenter & d'accroître continuellement ses craintes, à mesure qu'il avance en expérience, en connoissance & en pénétration. Concluons de ce que je viens de dire, que la colère ne pouvant être

être que très-ordinaire dans la Société, il est à propos de s'appliquer à en prévenir les mauvaises suites, en augmentant dans la même proportion les craintes des Hommes. C'est ainsi qu'on leur apprendra en peu de tems à détruire une passion moins dangereuse, & à faire servir à la conservation de soi-même, un principe opposé à la colère, qui lui avoit été donné dans ce même dessein, aussi bien que ses autres passions.

La crainte est de toutes les passions des Hommes, celle qui contribue le plus à la tranquilité de la Société. Plus vous augmenterez cette passion, plus ils seront aisés à gouverner. Quelque utile que puisse être la colère à l'Homme dans l'état de simple Nature, il n'en a cependant plus besoin dès-qu'il vit en Société. Mais la Nature, qui est uniforme dans la formation des Animaux, produit toutes les Créatures semblables à celles qui les engendrent & qui les portent, proportionnées à la place où elle les forme, & aux diverses influences du dehors. De-là vient que tous les Hommes sont susceptibles de colère, soit qu'ils soient nés à la Cour, ou dans les Forêts. Quand cette passion surmonte toute crainte, comme l'on en voit des exemples parmi les Personnes de tout ordre, c'est alors seulement que l'on a véritablement du courage, & que l'on se battra aussi hardiment qu'un Lion, ou qu'un Tigre. Je tâcherai donc de prouver, que tout ce qu'on appelle courage dans l'Homme lorsqu'il n'eſt pas en colère, eſt dû à l'art, & qu'il ne mérite pas le nom de courage.

Un bon Gouvernement peut toujours tenir l'intérieur de la Société tranquile, mais perſonne ne peut ſe promettre de maintenir au dehors une paix qui ne ſoit jamais interrompue. Les circonſtances peuvent ſe préſenter, qu'il ſera utile d'étendre plus loin ſes limites, & d'augmenter ſon territoire. Des Ennemis peuvent envahir nos poſſeſſions, lorsqu'on s'y attend le moins. Il peut arriver en un mot des choſes, qui engageront l'Etat à entreprendre une guerre. Quelque civiliſés que les Hommes puiſſent être, ils n'oublient jamais que la force doit l'emporter ſur le droit. Les Politiques doivent donc pour cette raiſon modérer les ſoins qu'ils doivent prendre pour détruire la colère, & pour diminuer la force de quelques-unes des craintes dont l'Homme eſt ſuſceptible. Ils ne doivent rien négliger pour lui perſuader que tout ce qu'on lui dit de la barbarie qu'il y a à tuer ſes Semblables, ceſſe dès-que ſes Semblables ſont Ennemis du Public, & que ſes Adverſaires ne ſont ni ſi bons, ni ſi puiſſans que lui. Toutes ces idées bien ménagées engageront le plus ſouvent au combat les plus hardis, les plus querelleux, & les plus méchans. Si cependant ces Perſonnes n'étoient pas ornées

de

de meilleures qualités, je ne voudrois pas répondre de la manière dont elles se conduiroient dans une bataille. Mais si une fois vous pouvez leur faire mépriser leurs Ennemis, & exciter leur colère, j'ôse bien promettre que pendant qu'elle durera, ils se battront avec plus d'opiniâtreté qu'aucunes Troupes disciplinées. Mais s'il arrivoit quelque chose d'imprévu, comme un grand bruit, une tempête, ou quelqu'accident étrange, qui parut les menacer, la peur les saisiroit, la colère les abandonneroit, & ils prendroient infailliblement la fuite.

Le Courage naturel, suite de la colère, doit donc perdre beaucoup son crédit auprès des gens qui ne s'en laissent pas imposer si aisément. En prémier lieu, ceux qui ont senti les prémiers efforts de l'Ennemi, ne veulent pas toujours croire ce qu'on leur dit pour le ravilir, & souvent on ne peut pas les mettre aisément en colère. En second lieu, la Colère, qui consiste dans une ébullition des esprits animaux, n'est pas une passion de longue durée, *Ira furor brevis est*. Si donc les Ennemis soutiennent le prémier choc de ces Soldats furieux, ils remportent ordinairement la victoire. En troisième lieu, aussi long-tems que les gens sont en colère, tout conseil & toute discipline leur deviennent inutiles. On ne peut jamais les engager à user d'art & de conduite dans la manière dont ils livrent le combat.

bat. La colère, sans laquelle nul Animal n'a de courage naturel, est donc absolument inutile dans la Guerre, où l'on doit emploïer les stratagèmes & les règles de l'art. Aussi les Politiques ont-ils été obligés de chercher quelque chose, qui à son défaut puisse porter les Hommes à se battre.

Quiconque a dessein de civiliser les Hommes, & d'en former un Corps Politique, doit parfaitement connoître toutes leurs passions & tous leurs désirs, aussi bien que la force & la foiblesse de leur constitution. Il doit aussi savoir, comment il s'y faut prendre pour tourner leurs plus grandes foiblesses à l'avantage du Public. Dans les *Recherches* que j'ai faites sur l'*Origine de la Vertu Morale* *, on verra avec quelle facilité les Hommes sont portés à croire ce qu'on dit à leur louange. Si donc un Législateur, ou un Politique, pour qui ils ont une grande vénération, leur disoit. "Les Hommes
,, ont pour l'ordinaire un principe inté-
,, rieur de valeur, distinct de la colère,
,, ou de quelque autre passion, qui leur
,, fait mépriser le péril & envisager la mort
,, même avec intrépidité. S'il ajoutoit
,, que ceux qui ont une plus forte dose de
,, valeur, sont considérés comme les plus
,, estimables de leur Espèce"; il est très-
pro-

* Ceci sera contenu dans le Second Tome.

probable, vu ce qui a été dit, que la plupart des Hommes le croiroient, quoiqu'ils ne fentiffent rien de ce principe. Les plus vains, fenfibles à cette flatterie, & peu accoutumés d'ailleurs à diftinguer les paffions, pourroient s'imaginer qu'ils fe fentent enflammés par ce principe, en confondant les mouvemens de leur vanité avec le vrai courage. Si feulement de dix Perfonnes il y en a une à qui l'on puiffe perfuader de déclarer ouvertement qu'elle eft ornée de ce principe, & de le défendre contre tous les Contredifans, bien-tôt on verra la moitié du Genre Humain affurer la même chofe. Quiconque a une fois fait cet aveu, eft comme lié. Le Politique n'a qu'à prendre tous les foins imaginables pour flatter la vanité de ces BRAVES, qui fe vantent de leur valeur, & qui offrent de la défendre contre tout venant. La même vanité qui les a porté à eftimer la réalité de ce principe, les obligera à l'avenir de défendre ce qu'ils ont avancé, jusques à ce que la crainte de découvrir ce qui fe paffe véritablement dans leur cœur, vienne enfin à être fi grande, qu'elle furpaffe même la crainte de la mort. Travaillez feulement à augmenter la vanité de l'Homme, & vous verrez conftamment la crainte de la honte croître à proportion. La raifon en eft évidente. Plus le cas que l'Homme fait de lui-même eft grand, plus auffi il prendra de peine, & se donnera de mouvement pour éviter la honte.

Le grand art donc pour rendre l'Homme courageux, c'est de le persuader qu'il possède ce principe d'intérieure valeur, & de lui inspirer ensuite autant d'horreur pour la honte, que la Nature lui en a donné pour la mort. Ce que je dis ici n'est point un paradoxe, puisque *l'Homicide de soi-même* démontre évidemment qu'il y a certaines choses pour lesquelles l'Homme a, ou peut avoir une aversion plus forte qu'il n'en ressent pour la mort. Car celui qui se donne volontairement la mort, doit l'envisager comme moins terrible que ce qu'il se propose d'éviter par-là. Il n'importe que le mal soit présent ou avenir, qu'il soit réel ou imaginaire. Toujours il est vrai de dire, que personne ne se fera mourir de propos délibéré, que pour éviter quelque malheur qu'il croit plus grand que la mort.

Lucrèce soutint vigoureusement toutes les attaques de son Ravisseur, lors même qu'il ôsoit menacer ses jours: preuve évidente qu'elle préféroit sa vertu à la vie. Mais lorsqu'il la menace de couvrir sa réputation d'une infamie éternelle, elle se rendit de bonne foi, & se fit ensuite mourir elle-même: marque certaine qu'elle estimoit sa vertu moins que sa gloire, & sa vie moins que l'un & l'autre. La crainte de la mort ne la fit point succomber, puisqu'elle avoit déjà pris auparavant la ré-

résolution de se faire mourir. On doit uniquement considérer sa condescendance, comme un présent qu'elle faisoit à *Tarquin* pour le gagner, & pour l'empêcher de la perdre de réputation. Concluons donc que la vie ne tenoit ni la prémière, ni la seconde place dans l'estime de *Lucrèce*. Le Courage donc, seul utile au Corps Politique, appellé généralement *véritable Valeur*, est artificiel, & consiste dans une horreur extraordinaire pour la honte, qu'on a inspiré aux Hommes extrêmement vains par le moïen de la flatterie.

Dès-que les notions d'*Honneur* & de *Honte* sont une fois reçues dans une Société, il n'est pas difficile d'engager les Hommes à se battre. Pour cela, vous n'avez prémièrement qu'à tâcher de les persuader de la justice de la cause commune ; puisque celui qui se croit dans le mauvais parti, ne se bat jamais avec ardeur. Faites-leur sentir ensuite que leurs Autels, leurs Biens, leurs Femmes, leurs Enfans, & que tout ce qu'ils ont de plus cher, est intéressé dans la présente Guerre, ou du-moins qu'elle peut influer dans la suite sur tout ce qui leur appartient. Mettez aussi des plumes à leur bonnet, distinguez-les des autres, ne parlez plus que du Bien Public, de l'amour pour la Patrie, de l'intrépidité avec laquelle il faut faire face à l'Ennemi, du mépris qu'il faut avoir pour la mort, du lit d'Honneur

neur où ils reposeront. Si vous vous servez continuellement de ces expressions ronflantes, & d'autres semblables, soïez alors sûr qu'il n'y aura aucun Homme vain qui ne prenne les armes, & qui ne se batte jusques à la mort, plutôt que de prendre la fuite, du-moins de jour. Car dans une Armée, l'un sert de bride à l'autre ; & tels qui, s'ils avoient été seuls & sans témoins, auroient été des Poltrons, se sont conduits en Hommes vaillans, lorsqu'ils ont été exposés aux yeux de leurs Camarades, tant ils craignent d'encourir le mépris les uns des autres. Pour entretenir & augmenter ce courage artificiel, il faut punir d'une manière flétrissante tous ceux qui prennent la fuite. Mais pour ceux qui ont donné des marques de valeur dans le combat, soit qu'ils aïent été victorieux, soit qu'ils aïent été vaincus, il faut les flatter & les louer d'une manière solemnelle. On doit récompenser les Personnes qui perdent quelques membres dans une bataille. Et sur-tout les tués doivent être l'objet de l'attention des Chefs : il faut les pleurer, & leur faire de beaux panégiriques. C'est en rendant de grands honneurs aux Morts, qu'on peut infailliblement duper les Vivans.

Lorsque j'assure que le courage dont on donne des preuves à la Guerre est dû à l'art, je ne prétends point dire qu'on puisse rendre par ce moïen tous les Hommes éga-

également courageux. Tous n'ont pas une égale portion de vanité, ils diffèrent les uns des autres dans la forme extérieure & intérieure. Il est donc impossible qu'ils soient tous également propres aux mêmes choses. Tel qui ne sera jamais capable d'apprendre la Musique, pourra quelquefois devenir un excellent *Mathématicien*. Un autre né avec des dispositions peu communes pour jouer du Violon, restera cependant un sot toute sa vie. Ce seroit en vain qu'il fréquenteroit des Gens d'esprit, il n'en sera pas moins stupide.

Montrons que ce n'est point ici une mauvaise défaite. Supposons que tout ce que j'ai dit du courage artificiel n'est pas fondé; & prouvons que ce qui constitue la différence qu'il y a entre les Héros du prémier ordre, & les plus grands Poltrons, est quelque chose qui est entièrement corporelle, & qui dépend de la structure intérieure de l'Homme.

Il donne le nom de *constitution* à la cause de cette différence. On entend par-là le mélange règlé ou déréglé des Fluides qui entrent dans la composition de notre Corps. Or la Constitution, qui est la plus favorable pour le courage, consiste dans les forces naturelles, dans l'élasticité des parties, & dans l'assemblage des esprits animaux les plus subtils. C'est de-là que dépend uniquement ce que nous appellons Constance, Résolution, &

Ob-

Obstination : Qualités qui étant communes à la bravoure naturelle, & à la bravoure artificielle, sont à l'une & à l'autre ce que la cole est aux murailles qu'on blanchit : elle empêche le plâtre de tomber, & le fait durer plus long-tems. Si l'on voit des Personnes extrêmement effraïées à la vue d'objets extraordinaires, qui leur apparoissent subitement, tandisque d'autres en sont peu émues, il faut aussi en chercher la cause dans la différence des esprits animaux. La vanité ne sauroit être d'usage pendant qu'on est effraïé, parce qu'alors nous sommes incapables de réflexion. Cette incapacité, qui nous paroît un malheur, ne peut que nous faire de la peine. C'est ce qui fait qu'aussi-tôt que la surprise est finie, nous nous mettons en colère contre ce qui nous avoit d'abord épouvanté. Lors donc que dans un jour de bataille les Victorieux ne donnent aucun quartier, c'est une preuve que leurs Ennemis se sont bien défendus, & qu'ils les ont mis dans de terribles allarmes.

Les effets que produisent les Boissons Fortes, confirment parfaitement ce que j'avance ; savoir que le plus ou le moins de fermeté dépend de l'état des esprits animaux. Les particules ignées dont les boissons fortes sont composées montent au cerveau, elles fortifient les esprits, & les mettent en mouvement. De-là résulte la colère, qui, comme je l'ai dit ci-devant,

n'est

n'est autre chose qu'une ébullition des esprits. C'est aussi pour cette raison que la plupart des personnes qui sont ivres, sont d'abord émues, & qu'on les voit beaucoup plus portées à se mettre en colère qu'en d'autres tems. Il s'en trouve même qui entrent en fureur, sans qu'on leur en donne aucun sujet. Chacun peut observer qu'un Homme qui s'est énivré d'Eau-de-vie est plus querelleux, que s'il s'étoit enivré au même point de Vin. D'où vient cette différence ? C'est que les esprits des eaux distillées renferment une grande quantité de particules ignées que le vin n'a pas.

Il se trouve cependant des Personnes dont les esprits animaux sont si tranquiles, que malgré toute la vanité qu'on pourroit leur inspirer, & tout l'art qu'on pourroit emploïer pour les porter au combat, seroient cependant incapables de surmonter leurs craintes. C'est-là un défaut qui naît de la nature des *Fluïdes* qui entrent dans la composition du Corps, comme les difformités extérieures viennent de la mauvaise constitution des *Solides*. Quoi qu'on fasse, on ne sauroit jamais provoquer à la colère ces Lâches, lors du-moins qu'il y a quelque danger. Une forte dose de liqueur forte les rend un peu plus hardis, qu'ils ne le sont naturellement. Mais il seroit bien difficile de les engager à attaquer d'autres Personnes que des Femmes, ou des Enfans, ou en gé-

général des Gens qui n'ôseront pas leur résister. La santé, ou la maladie, & en particulier des pertes de sang considérables, altèrent souvent la constitution ; mais on peut quelquefois la corriger par la diète. C'est ce que le Duc *de la Rochefoucault* entend, quand il dit : *La vanité, la honte, & sur-tout le tempéramment, font souvent la valeur des Hommes & la vertu des Femmes* *.

Rien ne perfectionne davantage le courage martial dont je parle, que la pratique : preuve certaine que cette qualité si utile est due à l'art. Dès-que les Hommes sont disciplinés, & qu'ils se sont vu quelque tems au milieu des instrumens mortels, & des machines destructives ; dès-que les acclamations, les cris, le feu & la fumée, les gémissemens des Blessés, les regards enflammés des Mourans, & toutes les différentes scènes qu'offrent à la vue les corps estropiés, les membres ensanglantés & mis en pièces ; dès-que tous ces objets affreux, dis-je, commencent à leur devenir familiers, on voit diminuer leur crainte. Ce n'est pas qu'ils aïent moins peur de mourir qu'auparavant : mais accoutumés à voir les mêmes dangers, ils appréhendent moins que ci-devant d'en être les objets. D'ailleurs l'estime & les louanges qu'ils ont acquis par les différens sièges & par les différen-

_____
l * Réflex. Moral. 264.

férentes batailles où ils se sont trouvés, & par les diverses actions où ils ont eu part, doivent nécessairement augmenter à l'excès leur vanité, & par conséquent leur inspirer toujours plus d'horreur pour la honte, qui, comme je l'ai montré ci-dessus, est toujours proportionnée à la vanité. Cette horreur pour la honte croissant ainsi à mesure que la crainte du danger diminue, il n'est pas étonnant qu'il se trouve tant de personnes qui apprennent à déguiser la frayeur dont ils sont remplis. C'est par-là qu'on peut expliquer la présence d'esprit, le sens froid que fait paroître un grand Général, au milieu de tout le fracas, de l'horreur & de la confusion qui accompagnent une bataille.

L'Homme est si ridicule qu'il peut, dès qu'une fois il est étourdi par les fumées de la Vanité, penser aux louanges que les siècles à venir donneront à sa mémoire avec de si vifs transports de joie, que cette idée l'engagera à négliger sa conservation. Que dis-je ! on le verra même, rempli de cette idée chimérique, affronter la mort & la rechercher, si seulement il se met dans l'esprit que sa mort contribuera à confirmer la gloire qu'il a déjà acquise. Non : il n'est point d'acte de renoncement à soi-même qu'on ne puisse attendre d'un Homme rempli de vanité, qui a outre cela une bonne constitution. Il peut toujours sacrifier une passion très-vio-

violente à une autre, pourvu cependant que celle-ci soit plus forte que la première. Aussi ne puis-je m'empêcher d'être étonné de la simplicité de quelques bonnes gens, qui s'imaginent que cette joie, cette allegresse, cette constance que les Saints Hommes ont fait paroître au milieu des plus rudes persécutions, soit au dessus de toutes les forces humaines; & qui de ce faux principe concluent, que les Saints Martyrs ont été soutenus par une puissance supérieure.

Il est des gens qui ne veulent pas reconnoître toutes les foiblesses de l'Homme, & qui cependant refusent de faire attention aux forces réelles dont notre Nature est revêtue. Ils s'imaginent que quelques Personnes douées d'une ferme constitution ne peuvent pas devenir Enthousiastes, par la force & par la violence de leurs passions. Vérité que l'expérience aprend; puisqu'il est certain qu'il y a eu des Hommes, qui uniquement soutenus par leur tempéramment ont souffert, pour défendre les plus mauvaises causes, la mort & les tourmens les plus affreux avec autant de courage & d'allegresse, que les Hommes les plus religieux en ont pu témoigner au milieu des persécutions qu'ils ont enduré pour la défense de la Vérité.

Je pourrois alléguer bien des exemples de ce que j'avance, mais je me borne à deux ou trois. On sait que *Jordanus Bruno*

REMARQUE (R.)

Bruno de *Nola*, Auteur d'un Ouvrage tout rempli de Blasphêmes, intitulé *Speccio della Bestia triumphante*, & l'infame *Vanini*, furent l'un & l'autre exécutés pour avoir professé & enseigné l'Athéisme. Le dernier put cependant obtenir son pardon, au moment même de son exécution. Il n'avoit pour cela qu'à se retracter de ce qu'il avoit avancé. Mais il aima mieux périr dans les flammes que de se dédire. Arrivé vers le poteau auquel il devoit être enchaîné, il étoit si peu ému, que tendant la main à un Médecin de sa connoissance qui se trouva là par hazard, il le pria de juger du calme qui règnoit dans son esprit, par la régularité de son poulx. Il prit même occasion de-là, de faire une comparaison qui est trop exécrable pour être rapportée.

Nous pouvons joindre à ces deux exemples celui de *Mahomet Effendi*, qui, comme *Paul Ricaut* le rapporte, fut condamné à *Constantinople*, pour avoir avancé quelques principes contraires à l'existence de Dieu. Il put aussi conserver sa vie, en avouant son erreur, & en y renonçant. Peu touché de cet avantage, il persista dans son Blasphême, & mourut, en assurant que *quoiqu'il n'y eût point de récompenses à attendre après la mort, cependant l'amour de la Vérité l'obligeoit de souffrir le martyre pour en défendre les droits.*

En faisant cette digression, j'ai eu principalement dessein de faire connoître les forces de la Nature Humaine, & les grandes choses que l'Homme dans l'état de Nature est capable d'exécuter, pourvu qu'il soit soutenu par la vanité & par le tempéramment. La colère n'excite pas le Lion avec plus de violence, que la vanité n'excite l'Homme. Que dis-je! L'avarice, la vengeance, l'ambition, & presque toutes les passions, sans en excepter même la pitié, peuvent, lorsqu'elles sont violentes, dissiper toute espèce de crainte, & imiter si bien la valeur, qu'on pourra aisément s'y tromper. C'est-là ce que l'expérience de tous les jours enseignera à tout Homme qui prendra la peine de réfléchir, & d'examiner les motifs qui font agir certaines personnes.

Considérons en particulier les Affaires Militaires, & nous serons obligés de convenir qu'il n'est aucune occasion où la vanité soit si ouvertement encouragée. Voïez les habits des plus bas Officiers de l'Armée, ils sont plus riches, ou du moins plus beaux & plus magnifiques que ne le sont pour l'ordinaire ceux des Officiers qui ont au moins quatre ou cinq fois plus de païe. Ceux qui ont famille seroient bien aises de faire moins de dépense de ce côté-là; mais on les force d'entretenir leur vanité, par une dépense dont ils se passeroient très-bien.

Mais de tous les moïens qu'on emploie pour

pour entretenir & pour augmenter la vanité des Hommes, il n'en est point de plus grossiers que ceux qu'on met en usage avec les simples Soldats, dont la vanité, à cause de leur grand nombre, doit être excitée au meilleur marché possible. Nous ne faisons point attention à tout cela, parce que nous y sommes accoutumés. Si cela n'étoit, comment pourroit-on s'empêcher d'éclater de rire, en voïant des gens ornés avec tant de pompe & de ridicule affectation ? On les habille des plus grossières étoffes de laine, qu'on a la précaution de teindre de couleur de tuile pilée, afin qu'elles ressemblent à des draps ou cramoisis, ou écarlates. On veut faire croire au Soldat qu'il ressemble à ses Officiers, sans cependant qu'il en coute beaucoup. Pour cet effet, au lieu d'un galon d'or ou d'argent, on borde son chapeau d'un galon de soie, ou blanc, ou jaune. Peut-on nier que dans toute autre occasion il n'en faudroit pas davantage pour condamner quelqu'un aux petites-maisons ? Cependant ces ridicules amorces, jointes au bruit qui se fait sur une peau de veau, ont séduit & ont été réellement cause de la perte de plus d'Hommes que jamais les jeux meurtriers, & les voix enchanteresses des Femmes n'en ont fait mourir, quand même tous les badinages qui se font là-dessus seroient fondés en raison. Aujourd'hui le Porcher du Village en-

endosse son juste-au-corps rouge. D'abord il croit bonnement qu'il est Homme de conséquence depuis qu'on l'appelle *Monsieur*, & deux jours après un Sergeant brutal lui sangle un grand coup de canne, pour rendre plus sensible l'avertissement qu'il lui donne de tenir son fusil un pouce plus haut qu'il ne faisoit. Pour ce qui est de l'estime que l'on a pour les Soldats, on en peut juger par la permission que l'on accorda aux Officiers dans les deux dernières Guerres, d'enrôler des Coquins convaincus de vol accompagné de fraction, ou d'autres crimes capitaux. Or n'est-ce point-là une preuve certaine qu'on regarde un Soldat comme allant de pair avec les plus grands Scélérats?

Les Cavaliers sont encore plus à plaindre que les Fantassins. Car lorsqu'ils n'ont rien à faire, ils ont la mortification d'être Palefreniers, & de panser des chevaux, qui leur coutent davantage d'entretenir qu'eux-mêmes. Si réfléchissant sur tout cela, on fait de plus attention au peu d'avantages qu'ils retirent pour l'ordinaire de leurs Officiers, à leur solde, aux soins qu'on a d'eux quand on n'en a plus besoin, pourroit-on s'empêcher d'être étonné comment il est possible qu'il se trouve encore des Misérables assez insensés pour être sensibles à la vanité ridicule d'être appellés *Messieurs les Soldats*? Mais cette passion est si forte, que sans elle il n'y a ni discipline,

pline, ni art, ni récompense, qui fussent capables de leur inspirer cette bravoure qui se trouve communément parmi eux.

Quelque utile cependant que soit le courage dans les Armées, quels pernicieux effets ne produiroit-il pas pendant la Paix, si l'on n'avoit pas trouvé moïen de l'adoucir ? Supposons en effet que l'Homme se fût rendu maître de toutes ses craintes, il est évident que l'on n'entendroit plus parler que de vols, de rapts, de meurtres & de violences. Les Gens vaillans joüéroient dans la Société Civile le rôle que les Géans jouent dans les Romans. Les Politiques ont rémédié à un inconvénient si considérable, en inspirant à leur Peuple un principe qu'ils appellèrent l'HONNEUR.

Le *Courage* prédominoit dans l'Honneur, mais il y entroit de la *Justice*, de *l'Honnêteté*, & quelque peu de toutes les autres vertus morales. Ceux qui étoient remplis de cette grande qualité, devenoient *Chevaliers Errans* de profession. Ces Personnages ont fait de grands biens par tout le Monde : ils ont domté les Monstres, délivré les Opprimés, & tué les Oppresseurs. Mais dès que, par la force invincible de ces valeureux Champions, les ailes de tous les Dragons ont été rognées, que les Géans ont été détruits, & que les jeunes Dames ont été par-tout mises en pleine liberté, excepté un petit nombre, qui en *Espagne* & en *Italie* sont encore tenues en captivité par leurs Monstres, cet Ordre de *Chevalerie*, qui autrefois étoit dépositaire de l'Honneur, a été négligé pendant quelque tems. Il est arrivé aux règles que cet Ordre prescrivoit sur l'Honneur, ce qui est arrivé aux armes massives & pesantes. Le grand nombre de qualités qu'il falloit posséder pour être reçus *Chevaliers*, rendirent l'Ordre si incommode & si embarrassant qu'on s'en dégouta. Dans la suite, je veux dire au commencement du siècle dernier, on tira sagement de la poussière les principes d'Honneur. On en fit fondre les règles, & on en forma de nouvelles, dont l'usage étoit plus facile. Ces règles de l'Honneur à la moderne, supposent la même doze de courage; mais elles ne demandent que la moitié de l'honnêteté, il y entre même fort peu de justice. Pour d'autres vertus, il n'en est nullement question. Aussi étoit-il très-commode, & portatif.

Malgré ces imperfections, l'Honneur qui règne aujourd'hui est si utile, que s'il étoit banni du milieu des Hommes, il n'y auroit plus de Nations nombreuses, ni même de Société, puisqu'il en est le lien. Ce Principe est fondé sur nos passions, & sur nos foiblesses; cependant il n'est aucune vertu, que je sache, qui ait autant contribué à civiliser les Hommes. Sans l'Honneur les Hommes ne seroient plus

REMARQUE (R.)

plus que des Scélérats, des Cruels, des Esclaves ou des Traîtres.

Pour ce qui est des Duels dont je dois parler ici, je plains véritablement ceux qui en sont les infortunés objets. Mais il est ridicule d'avancer que ceux qui donnent le défi, ou que ceux qui l'acceptent, suivent de fausses règles sur le Point d'Honneur, ou qu'ils se trompent dans les notions qu'ils ont de ce grand principe. Car ou l'Honneur n'est qu'une chimère, ou il doit apprendre à ressentir les injures, & à accepter le combat. Vous pourriez tout aussi bien nier que les ajustemens que vous voïez porter à tout le monde ne sont point à la mode, que de soutenir qu'il est contraire aux loix du véritable Honneur de demander & de donner satisfaction.

Ceux qui condamnent les Duels, ne font pas attention aux avantages considérables que la Société retire de la mode qui les autorise. Si une fois cette mode cessoit, il n'y auroit point de personne mal élevée qui ne pût se servir de quelque terme, & de quelque expression que son impolitesse pourroit lui suggérer. Il ne seroit plus retenu par l'idée qu'il y a des gens tout prêts à lui faire rendre raison des phrases incongrues qui pourroient lui échapper. Les conversations polies seront absolument gâtées par les discours de gens si grossiers.

REMARQUE (R.)

Il se trouve des Personnes graves, qui nous disent que les *Grecs* & les *Romains*, peuples distingués par leur valeur, ignoroient entièrement l'art d'appeler en duel, pour tirer vengeance de quelque injure particulière. Ils ne se servoient de ces combats, que pour terminer quelque différend qui s'étoit élevé entre deux Nations. Aussi est-il certain que les Rois & les Princes dans *Homère* se disent des injures si grossières, que nos Crocheteurs & nos Fiacres ne seroient pas capables de les endurer. Je crois cependant qu'il est à propos d'empêcher les Duels, de les défendre, & de punir sévèrement & sans remission tous ceux qui enfraindront ces loix : mais il faut bien se garder de faire cesser tout-à-fait cet usage. Par cette méthode on préviendra la trop grande fréquence des Duels, & en même tems on polira, on civilisera, & on adoucira les Membres de la Société, en obligeant les plus courageux & les plus puissans de se conduire toujours avec toute la prudence & toute la circonspection possible. Rien en effet ne civilise davantage les Hommes, & n'adoucit plus leur caractère que la crainte : &, comme *Mylord* Comte de *Rochester* le dit, *tous les Hommes, ou du moins la plus grande partie, seroient des lâches, s'ils ôsoient.* Cependant, d'une autre côté, la crainte qu'on ne leur demande raison de quelque discours, ou de quelque démarche, rend plusieurs personnes attentives. Sans cette crainte

crainte mille Gentilshommes, qui aujourd'hui font civils & honnêtes, auroient été des *Fats* infolens & infupportables. Enfin, fuppofé que la mode n'autorifât pas les perfonnes qui ont reçu un affront, à en demander fatisfaction, il fe feroit dans la Société vingt fois plus de mal qu'il ne s'en fait actuellement; parce que les Loix ne fauroient prendre connoiffance de ces injures; ou fi elles vouloient entreprendre d'y rémédier, il faudroit pour maintenir la tranquilité vingt fois plus de *Commiffaires de quartiers*, & d'autres Officiers, qu'il n'y en a aujourd'hui.

J'avoue que quelque rares que foient les Duels, c'eft toujours un malheur réel pour ceux qui y font expofés, & pour leur famille; mais il n'y a point de parfait bonheur dans ce Monde. Telle eft la nature des affaires humaines. Le mal eft toujours à côté du bien.

L'acte que renferment les Duels n'eft rien moins que charitable, j'en conviens. Mais je demande fi l'on doit aimer fon prochain plus que l'on ne s'aime foi-même, & fi l'on pèche contre la charité en faifant aux autres ce qu'on fe fait à foi-même? Or qui ignore que trente perfonnes au moins fe tuent eux-mêmes par année, & que cependant il n'y en a pas la moitié tant qui foient tués en duel? D'ailleurs ne feroit-il pas étrange qu'une Société fe plaignît de la perte d'une demi-douzaine d'Hommes, lorsque leur mort procure à

fes

ses Membres des biens d'un aussi grand prix, que le sont la politesse, les douceurs de la Conversation, & le bonheur des Assemblées en général; tandis que l'on verroit cette même Société exposer si volontiers, & quelquefois sacrifier plusieurs milliers d'Hommes, sans savoir bien surement si un sacrifice si considérable lui sera avantageux?

Il seroit à souhaiter qu'aucun de ceux qui réfléchissent sur le frivole principe de l'Honneur, ne se plaignît d'être la dupe & le jouet des rusés Politiques; mais je voudrois que tout le monde fût satisfait de voir que les Chefs des Sociétés, & que les prémiers Magistrats sont encore plus dupes de la Vanité que tous les autres. Si en effet ces Grands Hommes n'avoient pas une vanité extraordinaire, comment pourroient-ils se résoudre à sacrifier toutes les douceurs de la vie, en acceptant l'Emploi de Grand Chancelier d'*Angleterre*, de Prémier Ministre-d'Etat en *France*, ou celui de Grand-Pensionnaire de *Hollande*, Emploi qui, accompagné de plus de peines que les deux prémiers, ne donne pas la sixième partie du revenu. Les services réciproques que les Hommes se rendent, sont le fondement de la Société. Ce n'est pas pour rien que l'on flatte les Grands, & qu'on célèbre leur haute naissance. Si nous louons leur noble extraction, c'est pour réveiller leur vanité, qui doit les porter aux actions les plus glorieuses rieufes. Souvent les éloges que l'on donne à la famille de quelqu'un, & à ſes ancêtres, ſont ſi peu fondés, que peut-être dans toute cette famille, & parmi tous ces ancêtres, il n'y a pas deux perſonnes qui n'aïent été, ou de lâches complaiſans pour les folles imaginations des Femmes, ou des ignorans ſuperſtitieux, ou d'inſignes poltrons, ou d'infames débauchés. Mais qu'importe! pourvu que la vanité naturelle à ceux qui poſſèdent de grands tîtres, ſoit encore augmentée par ces éloges, & qu'on les engage ainſi à faire tous leurs efforts pour ne pas paroître indignes des tîtres & des louanges qu'on leur prodigue. Ceux qui n'ont pas de tîtres par leur naiſſance, ſenſibles à ces honneurs, ambitionnent de mériter ces tîtres, & ne négligent rien pour cela. Lorſqu'un ſimple Gentilhomme eſt créé Comte, ou Baron, ce nouveau tître eſt pour lui un auſſi grand frein, que la Soutane & la Robe peuvent l'être à un jeune Etudiant qui vient de recevoir les Ordres.

La ſeule objection importante qu'on puiſſe faire contre l'Honneur moderne, c'eſt qu'il eſt directement oppoſé à la Religion. Celle-ci ordonne de ſupporter les injures avec patience, & celui-là dit que l'on eſt indigne de vivre ſi on les endure. La Religion veut que vous laiſſiez la vengeance à Dieu, l'Honneur au contraire vous défend de confier votre vengeance

geance à personne qu'à vous-mêmes, & de ne recourir jamais aux Loix. La Religion vous défend absolument le meurtre, l'Honneur le justifie pleinement. La Religion vous défend de répandre jamais le sang de vos Frères, l'Honneur vous ordonne de vous battre pour la moindre bagatelle. Le Principe fondamental que la Religion recommande, c'est l'Humilité; au lieu que l'Honneur est uniquement fondé sur la Vanité. Comment concilierons-nous ces deux choses? Cela est au-dessus de mes forces. J'en abandonne le soin à des gens plus habiles que je ne le suis.

On est surpris de voir si peu de Vertu réelle sur la Terre, tandis qu'il y a partout tant d'Honneur réel. La cause en est toute naturelle. C'est que le plaisir de faire une action vertueuse est tout ce que l'on en retire, & que cette récompense est très-chetive au gré de bien des gens. Mais toutes les fois que l'Homme d'Honneur renonce à soi-même en imposant silence à un appétit, il est immédiatement récompensé par le plaisir qu'il reçoit d'une autre passion qu'il satisfait. Le plaisir qu'il perd en sacrifiant son avarice, ou quelqu'autre appétit, est doublement repaïé à sa vanité. D'ailleurs l'Honneur qui n'examine pas tout à la dernière rigueur, se permet plusieurs choses que la Vertu se refuse scrupuleusement.

Ainsi un Homme d'Honneur, qui ne doit
jamais

jamais ni tromper, ni mentir, ni renvoïer de païer un dette de Jeu, quoique son Créditeur ne pût faire valoir aucun droit contre lui, peut très-bien s'enivrer, jurer, & retenir l'argent des Marchands qu'il ne païe pas, sans s'embarrasser de leurs sollicitations. Un Homme d'Honneur doit être fidèle à son Prince, & à sa Patrie, pendant qu'il est à leur service : mais se croit-il lèzé de leur part, il peut les abandonner, & leur faire tout le mal qui dépendra de lui. S'il ne lui est pas permis de changer de Religion par intérêt, il peut sans scrupule être aussi libertin qu'il le voudra, & ne jamais en pratiquer aucune. Il pourroit bien se faire quelque peine de séduire la Femme, la Fille, ou la Sœur d'un de ses Amis, ou une Personne qui lui a été confiée : hors delà il peut coucher avec tout le monde.

REMARQUE (S.)

Les Peintres ne se rendoient plus célèbres par leur pinceau. Le Sculpteur, le Graveur, le Cizeleur, & le Statuaire n'étoient plus nommés dans la Ruche.

Page 21. Lignes 2-6.

IL EST incontestable que dans une Nation qui seroit également vertueuse & frugale, on ne rebâtiroit plus que les vieilles maisons, qu'on reserreroit ses appartemens, & que l'on n'emploîroit jamais de matériaux neufs, tandis que les vieux pourroient servir. Dès-lors les trois quarts des *Maçons*, des *Charpentiers*, des *Menuisiers*, &c. manqueroient d'occupation. Mais surtout que deviendroit l'Art de peindre en détrempe, ou en mignature, aussi bien que celui de cizeler, de graver, ou de découper? Resteroit-il quelqu'un de ces Métiers, qui ont été soigneusement défendus par les Législateurs qui préfèrent la justice & l'honnêteté aux richesses & à l'opulence, & qui ont plutôt cherché à rendre leurs Sujets vertueux que riches. C'est ainsi que *Lycurgue* statua que les planchers des maisons de *Lacédémone* seroient faits avec la
ha-

hache seule, & que l'on ne poliroit les portes grandes & petites qu'avec la simple scie. Ces règlemens, comme dit *Plutarque*, n'étoient pas destitués de fondement. Puisque si *Epaminondas* pouvoit dire à quelques amis qu'il invitoit à diner, *Venez, Messieurs ; soyez surs que la trahison ne sera point tentée, de vouloir partager un aussi chetif repas que celui que je vous offre*. Pourquoi ce grand Législateur n'auroit-il pas pensé, que des maisons bâties avec tant de simplicité, devoient nécessairement exclure le luxe & le superflu ?

On disoit, comme le même *Plutarque* nous l'apprend, que le Roi *Léotichidas*, prémier de ce nom, étoit si peu accoutumé de voir des ouvrages de Sculpture, qu'introduit à *Corinthe* dans une sale magnifique, il demanda à son Hôte, si les arbres des forêts de son païs étoient tels que ceux qu'il montroit au plancher.

Mais ce ne seroient pas-là les seuls Artisans qui manqueroient d'occupation. Il y en auroit un nombre infini d'autres, qui auroient tout lieu de gémir du changement, & entr'autres *tous les Ouvriers*, comme dit la FABLE, Page 22. Lignes 8. ---- 11. *qui travailloient les riches étoffes de soie & d'argent, & tous les Artisans qui en dépendoient, seroient obligés de se retirer*. Puisque d'un côté, après la grande quantité d'Habitans qui ont déjà abandonné la *Ruche*, il ne se peut que les Terres & les Maisons n'aïent extraordinairement baissé : & de l'autre, toutes ces Abeilles aïant en horreur toute espèce de gain illégitime, aussi bien que la vanité & la prodigalité, il est naturel de conclure qu'il n'y aura plus personne dans la *Ruche*, qui porte des draps d'or, ou d'argent, ou riches brocards. Que feront alors tous les Ouvriers subalternes, les Fileurs d'or & d'argent, les Tireurs, les Affineurs &c ? Ne souffriront-ils pas cruellement de la frugalité qui s'y est introduite ?

REMARQUE (T.)

La fière CLOÉ, *dont les grands airs avoient autrefois obligé son trop facile Mari à piller l'Etat.*

Page 21. Lignes 25--27.

ON remarque que les Criminels qu'on conduit au suplice, se reprochent ordinairement, comme la cause de leur malheureuse fin, la négligence du Jour du Repos, & le commerce qu'ils ont eu avec des Femmes de mauvaise vie. Je crois aussi qu'effectivement il se peut trouver, même parmi les personnes qui n'ont pas renoncé à toute vertu, bien des gens qui

qui risquent leur vie pour satisfaire & assouvir leurs sales amours. Les deux lignes de la Fable que j'ai citées au commencement de cette Remarque, peuvent même nous rappeller qu'il y a dans le Monde des Femmes, qui ont engagé de Grands Hommes dans des projets aussi dangereux, & dans des mesures aussi pernicieuses que jamais les plus subtiles Maîtresses leur aïent pu inspirer.

J'ai déjà eu occasion de montrer que les Femmes les plus abandonnées contribuant à la consommation du superflu & du nécessaire de la vie, sont très-utiles dans la Société. Elles aident par leur luxe à entretenir le laborieux Ouvrier, qui chargé d'une famille nombreuse cherche à lui procurer le nécessaire par des moïens honnêtes. ,, Il ,, faut malgré cette utilité bannir tou- ,, tes les Débauchées, *dit cependant un* ,, *Grand Homme*; & lorsque les Prosti- ,, tuées ne souilleront plus cette Terre, ,, le Tout-puissant versera sur nous des ,, bienfaits infiniment plus considérables, ,, que les avantages que nous retirons au- ,, jourd'hui de ces indignes Créatu- ,, res.

Je ne nie point le fait, peut-être cet Auteur a-t-il raison; mais je puis démontrer que, soit qu'il y ait des Débauchées, soit qu'il n'y en ait point, il seroit impossible de rémédier à la perte que le Commerce souffriroit, si toutes les

Femmes qui vivent dans l'heureux état du mariage, se conduisoient comme les Gens sages le souhaiteroient.

La variété des Ouvrages qu'on fait, & le nombre de Mains qu'on emploie aujourd'hui pour satisfaire l'inconstance & le luxe des Femmes est prodigieux. Mais tout cela seroit assurément diminué au moins d'une quatrième partie, si écoutant seulement les justes remontrances de leurs Maris, elles n'insistoient pas après qu'elles ont été une fois refusées, & qu'elles ne dépensâssent que les sommes que leurs Maris leur accordent sans peine. Examinons toutes les maisons, considérons l'intérieur des familles du rang médiocre ; les honnêtes Marchands, par exemple, qui ont deux ou trois cens *Pièces* à dépenser par an, & nous verrons que leurs Femmes se croiront en droit de demander de nouveaux habits, quand même elles en auroient déjà une douzaine qui seroient très-portables, si seulement elles peuvent dire qu'elles n'ont aucune robe, ni aucune jupe qui n'ait paru très-souvent, & surtout à l'Eglise. Remarquez encore, s'il vous plaît, que je ne parle point ici de Femmes qui donnent dans une profusion extravagante. Il ne s'agit que des Femmes qui mises dans le rang des modestes, sont regardées comme très-modérées dans leurs désirs.

Si par cet exemple nous jugeons des Fem-

REMARQUE (T.)

Femmes d'un rang plus élevé, dont les habillemens les plus riches ne font rien au prix de leurs autres dépenfes, de quelle conféquence ne fera pas pour le Commerce la quatrième partie dont je parle. Quelle diminution la réforme ne produira-t-elle pas par rapport aux ameublemens de toutes les fortes, aux joïaux, & aux bâtimens des Perfonnes de qualité ? Peut-on concevoir un malheur plus grand pour une Nation comme la nôtre ? Non, il eft plus terrible que la pefte même. La mort d'un demi-million d'Habitans ne cauferoit pas la dixième partie des maux dans le Roïaume, que le même nombre de Pauvres desœuvrés en produiroit. Une trifte expérience nous apprend de quel fardeau ils font à la Société. Mais que feroit-ce, fi outre les Pauvres que nous avons déjà, il y en avoit cinq cens mille autres ?

Il y a des Maris qui aiment véritablement leurs Femmes, & qui même en font paffionnés. On en voit d'autres qui n'aïant pour elles que de l'indifférence, ont à leur égard de la complaifance, & qui les aiment par vanité. Ils trouvent le même plaifir à pofféder une belle Femme, qu'un Sot en trouve à avoir un beau Cheval. Ce n'eft pas qu'il s'en ferve, mais il a la douce fatisfaction de pouvoir dire qu'il eft fien. L'idée qu'on ne fauroit lui difputer la paffion de cet objet, & qu'on le croit très-heureux, fait tout fon bon-

bonheur. Ces deux espèces de Maris peuvent être fort prodigues pour les Femmes, & leur donner de nouveaux habits, & quantité d'ornemens précieux, avant même qu'elles aïent paru les souhaiter. Il faut cependant convenir que la plupart des Maris sont des gens plus sensés, qui bien loin de prévenir les désirs de leurs Femmes, se gardent bien de leur accorder incontinent toutes les extravagances qu'il leur plaît d'aimer. Nos Marchands seroient fort à plaindre, si toutes les Femmes étoient entre des mains si économes.

Il est incroïable quelle quantité de colifichets & d'ajustemens sont achetés & emploïés par des Femmes, qui n'auroient jamais pu se les procurer, si elles n'eussent fait de honteux trafics, ou qu'elles n'eussent trompé leurs Maris par d'autres moïens. D'autres ne cessent de harseler leurs Maris pour en arracher de l'argent, afin de satisfaire le goût qu'elles ont pour les babioles & pour la parure. Il arrive même souvent que par leur persévérance, par leur assiduité à demander, & par leur complaisance, elles gagnent les Avares les plus obstinés. Une troisième sorte de Femmes entrent en fureur à l'ouïe d'un refus. Et par un vacarme affreux, & par leurs criailleries, ces Fourbes font condescendre leurs Benets de Maris à toutes leurs fantaisies. Enfin il y en a une infinité, qui déploïant tout ce que

REMARQUE (T.)

que l'art a pu inventer de plus propre à parvenir à leurs fins, surmontent les raisons les plus légitimes, & les refus les plus positifs. Celles en particulier qui ont de la beauté & de la jeunesse, se moquent de toutes les remontrances & de tous les refus. On en voit même très-peu d'entre ces dernières, qui se fassent scrupule d'emploïer les plus tendres momens du mariage pour avancer un intérêt bas & sordide.

Si le tems me le permettoit, je déclamerois ici avec chaleur contre ces indignes Femmes, qui emploient leur adresse & leurs charmes trompeurs pour séduire notre prudence, & pour vaincre nos justes refus ; & qui ont assez peu d'honneur pour se conduire avec leurs Maris, comme d'infames Débauchées agissent avec ceux qui les fréquentent. Que dis-je ! Ne sont-elles pas pires que ces Impudiques, puisqu'elles profanent & prostituent honteusement les sacrées cérémonies de l'Amour aux fins les plus indignes. D'abord elles nous excitent à la passion, & nous invitent au plaisir avec une ardeur apparente ; mais ensuite ces insignes Séductrices se refusent à des désirs qu'elles ont fait naître, afin qu'au milieu des doux transports qui nous mettent hors d'état de rien refuser, elles nous extorquent des présens qui les mettent en état de satisfaire à leurs folles dépenses.

Je prie le Lecteur de me pardonner cette petite digression, de bien peser ce que j'ai dit jusques-ici sur le sujet principal que je m'étois proposé. Qu'on réfléchisse aussi avec attention aux biens temporels qu'on entend tous les jours souhaiter. Mais ce ne sont pas seulement des Personnes du commun qui forment ces terrestres désirs : les Ecclésiastiques de tout ordre & de tout rang, en font le grave sujet des prières solemnelles qu'ils adressent à Dieu dans les Eglises, & dans les autres Assemblées Religieuses. Qu'on rassemble toutes ces idées, qu'on tire sans préjugé les conséquences qui découlent naturellement de ce qui se voit dans les affaires ordinaires de la vie ; & j'ôse me flatter que l'on conviendra qu'une des principales causes de la prospérité du Commerce de *Londres*, doit être cherchée dans les fourberies & dans les vils stratagèmes des Femmes. D'où l'on devra certainement conclure que si le Beau Sexe possédoit l'humilité, la modestie, le contentement, la douceur, l'obéissance à un Mari raisonnable, en un mot toutes les vertus, il ne contribuéroit pas la millième partie autant à rendre un Roïaume opulent, puissant & florissant, qu'il y contribue aujourd'hui par les haïssables qualités qui le deshonorent.

J E N E D O U T E pas qu'il ne se trouve bien des personnes, qui scandalisées des conséquences qu'on peut tirer de ce paradoxe,

radoxe, ne me demandent, fi des Peuples riches ne peuvent pas être auſſi bien vertueux dans un Roïaume vaſte & étendu, que les Habitans pauvres d'un Etat petit & indigent. On me demandera même, ſi en ſuppoſant la vérité de cette étrange opinion, il n'eſt pas du devoir de chaque Souverain de diminuer le nombre de leurs Sujets, & de les appauvrir. Si je réponds affirmativement ſur le prémier article, on croira que je me contredis; & ſi je nie le ſecond, on regardera ma doctrine comme impie, ou tout au moins comme très-dangereuſe pour toutes les grandes Sociétés. Tout cela mérite d'être éclairci. Ce n'eſt pas le ſeul endroit de mon Livre qui puiſſe produire de tels ſcrupules dans l'eſprit des Perſonnes les mieux intentionnées. Il eſt donc à propos que m'expliquant ici, je réſolve des difficultés ſi graves, & que je démontre l'accord parfait qu'il y a entre mes ſentimens, & les déciſions de la Raiſon & de la Morale la plus rigide.

Dans ce but je poſe pour prémier principe, qu'il eſt du devoir de tous les Individus des Sociétés, grandes ou petites, d'être gens de bien. La vertu doit y être conſtamment encouragée, & le vice défendu. Il eſt à propos que les Loix ſoient exécutées dans toute leur rigueur, & que tous les Tranſgreſſeurs ſoient punis.

Je ſoutiens en ſecond lieu, que ſi nous conſultons l'Hiſtoire ancienne & moderne, ne, nous trouverons que depuis la chute d'Adam jusques à notre siècle la Nature Humaine a toujours été la même. Indépendemment des tems, des climats & de la Religion, les forces & les foiblesses de l'Homme se sont toujours fait voir dans toutes les parties du Monde terrestre habité.

En troisième lieu, je n'ai jamais ni avancé ni cru que l'on ne pût tout aussi bien être vertueux dans un Roïaume riche & puissant, que dans la plus pauvre de toutes les Républiques. Je crois simplement qu'il est impossible qu'aucune Société s'enrichisse, & se conserve pendant un tems considérable dans cet état florissant, sans les vices des Hommes. C'est-là ce que j'ai suffisamment prouvé dans plusieurs endroits de ce Livre. La Nature Humaine est toujours ce qu'elle a été pendant plusieurs milliers d'années, & par conséquent il seroit ridicule d'attendre quelque changement à l'avenir, tant que le Monde subsistera.

Après ces éclaircissemens, je ne m'apperçois pas quelle immoralité il peut y avoir à développer l'origine & le pouvoir tyrannique des passions qui offusquent la Raison, sans même que l'Homme s'en apperçoive. Quelle impiété y auroit-il à le mettre en garde contre son propre cœur, & contre les rusés stratagèmes de son amour-propre? Puis-je être blâmé de ce que je lui apprends la différence
qu'il

qu'il y a entre les actions qui découlent de la victoire que la Raison a remportée sur ses passions, & celles qui partent de la conquête qu'une passion a obtenu sur une autre ? Quel est mon crime en un mot, si je montre la grande différence qu'il y a entre une Vertu réelle, & une Vertu qui est contrefaite ? Un Grand Homme a dit avec beaucoup de raison, que *quelque découverte que l'on ait faite dans le païs de l'amour-propre il y reste encore bien des terres inconnues* *. Quel mal fais-je donc à l'Homme, si je lui donne de soi-même une connoissance plus étendue qu'il n'en avoit auparavant ? Assurément je n'en fais aucun. Tout mon crime est d'avoir avancé une vérité que l'amour que l'on a pour la flatterie rend mortifiante. Ce goût pour les doctrines qui donnent une grande idée de nous a tant de force, que l'*Immortalité de l'Ame*, qui a été généralement reçue avant la prédication de l'Evangile, n'auroit assurément pas trouvé une créance si universelle, si elle n'eût flatté agréablement les Hommes. Une vérité qui donnoit des plus vils & des plus abjets de l'Espèce Humaine une idée si sublime, ne pouvoit que leur faire plaisir, & les déterminer en sa faveur.

On aime à entendre louer les choses
où

---

* L'Original cite un digne Théologien comme auteur de cette *réflexion*, qui se trouve dans les Maximes de la Rochefoucault. Réfl. III.

où l'on a quelque part. Il n'y a pas jusques aux Sergeans, aux Guichetiers & aux Bourreaux, qui ne souhaitâssent que vous eûssiez de grandes idées de leurs fonctions. Que dis-je! Les Filoux & les Voleurs même, qui percent les maisons, ont plus de considération pour un membre de la confrairie que pour les honnêtes gens. Aussi je ne doute point que ce ne soit l'amour-propre qui a engagé tant de personnes à se soulever contre ce petit Traité, avant la dernière édition. On a regardé ce Livre, qui faisoit naître des doutes sur les idées brillantes que l'on avoit conçu de la Nature Humaine, comme rempli d'injures contre chacun des Individus de l'Espèce. De-là les fâcheuses conséquences que l'on a tiré de mes principes. Mais j'en appelle à toute personne raisonnable. Quand je dis que les Sociétés ne peuvent pas être tout-à-la fois exemtes de vices & riches, ordonnai-je aux Hommes d'être vicieux? Non sans-doute. Tout comme je n'ordonne pas qu'on soit avare & querelleux, lorsque je soutiens que les Gens de Loix ne seroient pas si à leur aise, s'il n'y avoit pas beaucoup de personnes trop intéressées, & portées à la chicane.

Mais je ne m'embarrasse point, si je trouve des contredisans. Je suis même dans l'idée que rien ne seroit plus propre à démontrer la fausseté de mes principes, que de les voir reçus par le plus grand nombre;

bre: malheur qui ne sauroit m'arriver. Je n'écris point pour la multitude, je ne me ménage point de Protecteurs parmi les Chefs. Je m'adresse uniquement à ce petit nombre de Gens choisis qui savent réfléchir & s'élever au-dessus du Vulgaire. Quoique j'aïe indiqué la route qui conduisoit à la Grandeur Mondaine, j'ai toujours donné sans hésiter la préférence à la route qui mène à la Vertu.

Voulez-vous bannir la Fraude & le Luxe, prévenir l'Impiété & l'Irreligion ? Vous proposez-vous de rendre les Hommes généralement charitables, bons & vertueux ? Renversez les presses; fondez les caractères; abolissez les imprimeries; brûlez tous les Livres qui ont inondé notre Ile, n'épargnez que ceux qui sont dans nos Universités, & ne permettez aux Particuliers la lecture d'aucun autre Livre que celle de la *Bible*. Défendez tout commerce étranger ; ne permettez pas qu'aucun Citoïen ait aucune fréquentation avec les autres Nations; qu'il n'y ait sur nos mers aucun Vaisseau qui soit plus grand que les Barques de Pêcheurs ; rendez au Clergé, au Roi & aux Barons leurs anciens privilèges, prérogatives & fonctions; construisez de nouvelles Eglises; convertissez en vases & en utensiles sacrés tout l'argent que vous pourrez vous procurer; fondez des Monastères & des Maisons de Charité dans toutes les Paroisses ; faites des Loix Somptuaires; endurdurciffez votre Jeuneffe à la fatigue; inspirez-lui les idées les plus rafinées de l'Honneur & de la Honte, de l'Amitié & de l'Héroïsme; introduifez dans la Nation une grande variété de récompenfes imaginaires. Que le Clergé prêche l'abftinence, & le renoncement à foi-même, tandis qu'il fe donne toutes les libertés qu'il voudra; qu'il ait la plus grande part dans l'adminiftration des Affaires d'Etat, & qu'on ftatue que la Charge de *Grand-Tréforier* foit toujours entre les mains d'un *Evêque.*

Bientôt de fi pieux efforts, & de fi fains règlemens changeront la fcène. La plus grande partie des Avares, des Mécontens, des Efprits remuans, des Ambitieux cruels, quiteront la Ville pour fe retirer à la Campagne; les Artifans aprendront à tenir les cornes de la charrue; les Marchands deviendront Fermiers; & ainfi la *Jérufalem*, qui dans fon état florifant étoit corrompue, fera dépeuplée, fans qu'il y ait eu ni famine, ni guerre, ni pefte, fans même qu'on y ait emploïé la violence. Après une fi grande réforme, cette Capitale ne fauroit plus être redoutable à fes Souverains. Aucun Membre du Roïaume ne fera plus affiégé de maux. Tout ce qui eft néceffaire pour la fubfiftance de l'Homme, fera à bon marché & abondant. L'argent au-contraire, cette racine de tous les maux y fera fort rare; auffi n'en aura-t-on pas befoin dans un Païs où chacun jouïra du fruit de fes mains. Le
Sei-

Seigneur & le Païsan ne porteront plus que les étoffes les plus simples de nos Manufactures.

Une si grande révolution apporteroit de grands changemens dans nos mœurs. La génération présente devenant tempérante, honnête & sincère, nous pourrions espérer de voir nos descendans plus robustes, plus sains, plus simples, plus fidèles, plus vertueux, que nous ne le sommes actuellement. Jamais à l'avenir on ne contesteroit plus la doctrine de l'Obéïssance Passive, ni d'autres principes orthodoxes. On seroit soumis à ses Supérieurs, & unanimes dans le Culte.

Je crains d'être ici arrêté par un *Epicurien*, qui pour ne jamais manquer de mêts succulens, a toujours des Ortolans dans la volière. Peut-être cet homme me dira-t-il, que l'on peut acquérir la vertu & la probité à meilleur marché que par la ruïne de la Nation & la privation de tous les Plaisirs de la vie. Suivant lui, il n'est point besoin de la fraude, ni de l'impiété, pour maintenir la liberté & la propriété. On peut être de bons & de fidèles Sujets, sans être des Esclaves; on peut avoir de la probité, sans cependant vouloir se laisser gouverner par des Prêtres. Il avouera que la frugalité & l'économie sont des devoirs, mais qu'ils regardent uniquement ceux qui y sont obligés par les circonstances où ils se rencontrent. Pour un Homme riche, il rend service à

sa

sa patrie en dépensant ses revenus. Il assurera que pour ce qui le regarde en particulier, il est si bien maître de ses appétits, qu'il peut dans l'occasion se passer de tout. Lorsqu'il ne peut pas avoir du véritable *Hermitage*, il se contente fort bien du simple Vin de *Bourdeaux*, pourvu qu'il ait du corps. Il ajoutera qu'au lieu du Vin de *St. Laurent* dont il prend tous les matins un grand verre, il a très-souvent usé de celui de *Frontignac* ; qu'après dîner il a présenté du Vin de *Cypre*, & même de celui de *Madère*, lorsque la Compagnie étoit trop nombreuse ; & enfin qu'il regarde comme des extravagans, ceux qui lorsqu'ils donnent à manger n'offrent que du *Tockay*. Mais pour toutes les mortifications volontaires, elles sont à son avis des pratiques superstitieuses, qui ne sont bonnes que pour des Enthousiastes, dont le zèle est aveugle & sans connoissance.

Consultez, me dira cet Epicurien, *Mylord Shaftsbury*, & vous aprendrez que l'on peut être vertueux, & bon Membre de la Société, sans renoncer à soi-même; & que c'est faire injure à la vertu, que de la supposer inaccessible, & que d'en faire un fantôme capable d'épouvanter les plus résolus. On peut servir Dieu, & en même tems jouïr sans scrupule de ses Créatures. Là-dessus il rappellera tout ce que j'ai dit dans la *Remarque* M *. Il
me

* Page 131.

me demandera encore si nos Magistrats, lorsqu'ils font des établissemens propres à abolir l'irreligion, à ramener la vertu, & à avancer la gloire de Dieu, ne professent pas ouvertement qu'ils n'ont rien tant à cœur que la prospérité de l'Etat, l'honneur, les forces, les richesses, &, pour dire tout en un mot, le véritable intérêt de la Patrie ? Il formera à peu près la même question sur nos Ecclésiastiques, en me demandant si les plus pieux & les plus savans d'entre nos Prélats, dans le tems que paroissant tout occupés de la conversion du Troupeau, ils prient Dieu de détacher les cœurs de tous les Chrétiens du Monde, & de tous les Plaisirs terrestres; si, dis-je, ces Prélats n'implorent pas la protection céleste sur les biens & les félicités terrestres du Roïaume dont ils font partie. Preuve certaine que la vertu n'est point incompatible avec les commodités de la vie. Ce sont-là les apologies, les excuses & les prétextes que font & qu'allèguent communément, je ne dis pas les Gens perdus d'honneur, mais les Hommes en général, dès-que vous ôsez toucher à leurs inclinations, & à quoi que ce soit qui en dépende. Mais s'agit-il d'examiner le cas réel qu'ils font des choses spirituelles, ils parlent comme si leurs esprits, absolumens passifs, n'avoient aucune pente. Confus de tant de fragilités que les Hommes apperçoivent chez eux, ils cherchent à se cacher l'un à l'autre leur nudité; & enveloppant les véritables motifs de leur cœur sous le spécieux manteau d'amour pour la Société, & d'intérêt pour le Bien Public, ils espèrent de dérober aux yeux des autres leurs appétits abominables, & leurs vices grossiers. Cependant, n'en doutons point, ils sont convaincus de l'inclination violente qu'ils ont pour leurs convoitises, & de l'incapacité où ils se trouvent de suivre le sentier rabotteux & difficile de la vertu.

Pour ce qui est des deux questions que me fait mon *Epicurien* sur la fin de son objection, j'avoue ingénûment qu'elles sont embarrassantes. Je suis obligé d'y répondre affirmativement, & d'avouer que c'est la conduite & les discours que tiennent nos Supérieurs tant Civils qu'Ecclésiastiques. Je reconnois même que l'objection est insoluble, à moins que je ne revoquâsse en doute, (ce qu'à Dieu ne plaise!) la sincérité des Rois, des Evêques, & de tous ceux qui ont part au Gouvernement.

Je me contenterai donc de répondre pour affoiblir la force de l'objection, qu'il y a dans tous ces faits un mystère qui surpasse l'Entendement Humain. Qu'on ne dise point que cette réflexion est un vain subterfuge. Je vai éclaircir cette incompréhensibilité dans la Parabole suivante.

„ Il y avoit autrefois, dit-on, parmi
„ les Païens, un Peuple qui parloit beau-
„ coup

REMARQUE (T)

„ coup de Religion, & qui même pour
„ la plupart paroiſſoient extérieurement
„ Dévots.

„ Le principal mal moral qu'il y avoit
„ parmi eux, étoit la ſoif; & c'étoit un
„ péché damnable, que de chercher à l'é-
„ tancher. On convenoit unanimement,
„ qu'ils étoient tous nés plus ou moins
„ altérés; mais,& ce déſir, & la ſatisfac-
„ tion entière de ce déſir, étoient les
„ plus grands crimes.

„ Ils avoient de la petite Bière dont il
„ étoit permis à chacun de boire, pour-
„ vu que ce fût avec modération. Ceux
„ qui prétendoient qu'on pouvoit vivre
„ ſans uſer abſolument de cette boiſſon,
„ paſſoient pour des Hypocrites, des Cy-
„ niques & des Inſenſés: mais tout le
„ monde convenoit que ceux qui aimant
„ cette Bière en bûvoient à l'excès, é-
„ toient des Impies.

„ Cependant la petite Bière étoit con-
„ ſidérée comme un bienfait du Ciel, &
„ l'on en faiſoit uſage ſans ſcrupule: tout
„ le crime conſiſtoit dans l'abus, & dans
„ les principes avec lesquels on bûvoit
„ de cette liqueur. Ce dernier point é-
„ toit ſurtout ſi eſſentiel, que celui qui
„ auroit pris la moindre goûte de cette
„ liqueur pour appaiſer ſa ſoif, auroit
„ commis un crime atroce, pendant
„ qu'une autre perſonne en pouvoit boire
„ ſans crime une très-grande quantité,
„ pourvu qu'ils uſâſſent de cette boiſſon
„ avec

,, avec indifférence, & seulement pour
,, corriger leur tempéramment.
,, Ce Peuple braſſoit pour les Païs E-
,, trangers, auſſi bien que pour l'uſage
,, de leur Nation : & en échange de la
,, Bière qu'ils envoïoient hors du Roïau-
,, me, ils recevoient de grandes provi-
,, ſions de Jambons de *Weſtphalie*, des
,, Langues de Bœuf, du Bœuf Salé, des
,, Sauciſſons de *Bologne*, des Harangs
,, Sorets, de l'Eturgeon Mariné, du Ca-
,, viaire, des Enchois, & pluſieurs autres
,, Denrées qui ſont propres à exciter la
,, ſoif, & à faire trouver meilleure la
,, Bière.
,, Ceux qui tenoient dans leurs celiers,
,, & dans leurs caves, une grande quantité
,, de petite Bière ſans en faire uſage, étoient
,, généralement enviés, & en même tems
,, haïs du Public. Il n'y avoit perſonne
,, qui fût tant ſoit peu à ſon aiſe, qui n'en
,, eût proviſion pour ſon uſage.
,, Le plus grand malheur qui pût arri-
,, ver aux Particuliers, c'étoit de ſe voir
,, chargés de Houblon & d'Orge; & plus
,, ils en conſommoient annuellement, plus
,, le Païs étoit floriſſant.
,, Le Gouvernement avoit fait pluſieurs
,, excellens règlemens ſur les Denrées qui
,, étoient données en retour par les E-
,, trangers. Il encourageoit de tout ſon
,, pouvoir l'entrée du Poivre & du Sel, en
,, même tems qu'il mettoit des impôts
,, très-conſidérables ſur tout ce qui n'é-
,, tant

… tant pas de haut goût, pouvoit en quelque manière empêcher la consommation de leur Orge & de leur Houblon.

„ Ceux qui étoient à la tête des Affaires, faisoient tout leur possible pour paroître à tous égards exempts de soif. Ils publioient différentes Loix pour prévenir l'accroissement de ce désir, & punissoient comme des Impies, ceux qui ôsoient le satisfaire ouvertement. Cependant, on appercevoit bientôt par leurs discours, & par la conduite qu'ils tenoient dans le particulier, qu'ils étoient plus passionnés que les autres ; au moins ils bûvoient de plus grands coups de petite Bière que les Gens du commun : & pour couvrir leurs criminels excès, ils disoient que leur tempéramment demandoit une plus grande quantité de cette liqueur que celui de leurs Sujets ; & ils protestoient que sans aucune considération pour eux-mêmes, leur principal but étoit de rendre la petite Bière abondante dans l'Etat, & de débiter l'Orge & le Houblon des Particuliers.

„ La petite Bière n'étoit défendue à qui que ce soit, les Ecclésiastiques en faisoient usage comme les Laïques. Il y en avoit même plusieurs parmi eux qui en bûvoient fort copieusement. Cependant ils s'accordoient tous à passer pour moins altérés que les autres, & soutenoi-

,, tenoient qu'ils n'en bûvoient jamais que
,, pour corriger leur tempéramment. Les
,, discours qu'ils tenoient dans les assem-
,, blées religieuses étoient plus sincères.
,, Là ils confessoient publiquement que
,, le Clergé aussi-bien que le Séculier, de-
,, puis le plus grand jusques au plus pe-
,, tit, étoient altérés ; qu'il n'y avoit rien
,, qu'on corrigeât moins que son tempé-
,, ramment ; que tous leurs cœurs étoient
,, attachés à la petite Bière ; que l'on ne
,, pensoit qu'à étancher sa soif, quelque
,, belles protestations qu'on fît d'ail-
,, leurs.

,, Ce qu'il y a surtout à remarquer sur
,, ces solemnelles protestations, c'est qu'on
,, auroit regardé comme un grossier im-
,, pertinent, toute Personne qui auroit
,, voulu s'en servir au préjudice de quel-
,, qu'un, & qu'on auroit pris pour un af-
,, front très-sanglant d'être appellé hors
,, du TEMPLE ALTE'RE', quand même on
,, vous auroit vu avaler quatre pintes de
,, petite Bière à la fois.

,, Le lieu commun des Prédicateurs é-
,, toit le grand mal qu'il y avoit dans la
,, soif, & la folie extrême qu'il y avoit à
,, l'éteindre. Ils exhortoient vivement
,, leurs Auditeurs à résister à la tentation :
,, & déclamant contre la petite Bière,
,, ils soutenoient que c'étoit un poison
,, si on en bûvoit avec plaisir, & qu'on en
,, usât dans un autre but que pour corri-
,, ger son tempéramment.

,, Dans

REMARQUE (T.) 311

„ Dans les actions de graces qu'ils ren-
„ doient aux Dieux, ils faisoient toujours
„ mention de l'abondance de petite Bière
„ qu'ils avoient reçue de leur main bien-
„ faisante, malgré leur indignité, & l'abus
„ continuel qu'ils en avoient fait, en s'en
„ servant à étancher leur soif, dans le tems
„ même que leur conscience les assuroit
„ que cette liqueur leur avoit été accor-
„ dée à un meilleur but. Après avoir
„ demandé pardon de ces crimes, ils pri-
„ oient les Dieux de diminuer l'ardeur
„ de leur soif, & de leur donner des for-
„ ces pour résister à la tentation. Au
„ milieu de leur acte de repentance &
„ leurs humbles supplications, ils n'ou-
„ blioient pas la petite Bière, ils prioient
„ qu'elle leur fût accordée en grande a-
„ bondance, avec promesse solemnelle que
„ quelque négligens qu'ils eussent été jus-
„ ques alors sur le point de la petite Biè-
„ re, il ne leur arriveroit jamais plus à
„ l'avenir d'en boire une goûte, que dans
„ l'unique dessein de corriger leur tem-
„ péramment.
„ Telles étoient les demandes & les
„ prières qu'on faisoit toujours sans y rien
„ changer. Pendant plusieurs milliers
„ d'années on en continua l'usage. Quel-
„ ques-uns ont cru que les Dieux qui
„ connoissent l'avenir, & qui savoient
„ que la même promesse qui se faisoit au
„ mois de *Juin*, seroit réitérée au mois
„ de *Janvier* suivant, ne se fioient pas plus
„ sur

„ fur ces vœux & fur ces promeſſes ſolem-
„ nelles, que nous ne faiſons fond ſur les
„ offres de ſervices qu'on nous fait : au-
„ jourd'hui ils diſent blanc, & demain
„ noir. Après avoir débuté par des idées
„ fort myſtiques, & dit pluſieurs choſes
„ dans un ſens ſpirituel, ils finiſſoient
„ toujours leurs prières, en ſuppliant les
„ Dieux de bénir & de faire proſpérer le
„ métier de Braſſeur, & d'augmenter de
„ plus en plus la conſommation du Hou-
„ blon & de l'Orge.

REMARQUE (U.)

Le CONTENTEMENT, *cette peſte de l'Induſtrie*, &c.

Page 23. Ligne 2 &c.

J'AI ouï dire à bien des gens que ce n'étoit pas le *Contentement* qui étoit la peſte de l'Induſtrie, mais que c'étoit la *Pareſſe* qui produiſoit ce mauvais effet. Il eſt donc à propos que je m'arrête à établir le paradoxe que j'avance dans la *Fable des Abeilles*, & que je rapporte au commencement de cette *Remarque*. Dans ce but, je parlerai ſéparément de la PARESSE, du CONTENTEMENT, & de L'INDUSTRIE, afin que le Lecteur puiſſe juger, ſi

c'eſt

c'eſt la *Pareſſe*, ou ſi c'eſt le *Contentement* qui anéantit le plus naturellement l'*Induſtrie*.

La Paresse eſt un éloignement, & une averſion pour le travail. D'ordinaire même cette averſion pour les affaires eſt ſuivie du déſir déraiſonnable de reſter oiſif. On donne le nom de *Pareſſeux* à toute perſonne qui, ſans être empêchée par aucune occupation tant ſoit peu conſidérable, refuſe de faire quelque choſe, ou qui traîne en longueur quelques affaires qu'il doit exécuter, ou pour lui-même, ou pour les autres.

Remarquez cependant que l'on appelle rarement pareſſeux ſes Egaux, ou ſes Supérieurs. On réſerve pour l'ordinaire cette épithète pour ceux que nous regardons comme nos Inférieurs, & de qui nous attendons quelque ſervice. Les Enfans ne croient pas que leurs Parens ſoient pareſſeux. Les Domeſtiques n'ont jamais cette idée de leurs Maîtres. Si un Homme qui vit de ſes rentes ſe dodine, & qu'il pouſſe la pareſſe juſques à ne vouloir pas ſe chauſſer, quoiqu'il ſoit jeune & peu embarraſſé de graiſſe, il n'y a perſonne qui penſera à l'appeller pareſſeux, ſi ſeulement il peut tenir un Valet, ou quelqu'autre Domeſtique pour faire cet ouvrage.

Mr. *Dryden* nous a donné, dans la Perſonne d'un Roi d'*Egypte*, un exemple d'une fainéantiſe bien extraordinaire. Sa Majeſté voulant faire des préſens conſidéradérables à plusieurs de ses Favoris, se fait suivre par ses principaux Ministres, qui portent un parchemin que le Monarque doit signer pour confirmer ces dons. D'abord il fait quelques tours, comme un Homme qui est inquiet & mal à son aise. Bientôt il se jette sur un sopha, comme un Homme extrêmement fatigué. Enfin prenant une plume avec une répugnance sans égale, il commence à se plaindre fort sérieusement de la longueur du nom *Ptolomée* qu'il devoit écrire ; & témoigne beaucoup de chagrin de ce qu'il n'a pas pour nom quelque court monosyllabe, qui lui épargneroit une peine considérable.

Nous accusons souvent les autres d'être paresseux, parce que nous le sommes nous-mêmes. Il y a quelques jours que deux jeunes Filles faisoient des nœuds ensemble. Elles étoient Sœurs. L'aînée, incommodée d'un vent coulis qui venoit d'une porte entr'ouverte, pria sa Sœur cadette, qui à son avis étoit la plus à portée, de vouloir fermer cette porte. Celle-ci daigna effectivement jetter les yeux de ce côté, mais elle ne se remua point, & ne répondit quoi que ce soit. Sa Sœur réitéra sa demande encore deux ou trois fois; mais enfin, indignée & du silence & du peu de complaisance de sa cadette, elle se leva brusquement pour aller fermer la porte. En revenant prendre sa place, elle jetta sur cette jeune Fille un regard foudroïant,
qu'elle

REMARQUE (U.)

qu'elle accompagna de cette phrase, *Seigneur, Babeau, que vous êtes paresseuse ! je ne voudrois pas l'être autant que vous pour tout au monde.* Phrase qui fut prononcée avec tant de vivacité, qu'une rougeur enflammée lui couvrit le visage.

La plus jeune devoit s'être levée, j'en conviens : cependant si l'aînée n'avoit pas trop voulu ménager sa peine, elle se seroit assurément levée sans rien dire, dès-que ce vent l'incommodoit. Elle étoit tout aussi près de la porte que sa Sœur. Il n'y avoit pas onze mois de différence dans leur âge, & elles étoient toutes deux au-dessous de vingt ans. Je crois qu'il est difficile de déterminer quelle étoit la plus paresseuse de ces deux Filles.

Il y a des milliers de Misérables, qui suent sang & eau pour la plus légère récompense. Ces gens-là ne réfléchissent pas, ou peut-être même ignorent tout ce que vaut la peine qu'ils se donnent. Tous les Ouvriers ne sont pas si modestes. On en voit souvent de rusés, qui refuseront d'être emploïés, lorsqu'on ne leur donnera pas un prix proportionné à leur peine. Ils sont naturellement actifs ; mais ils aimeront mieux ne rien faire, que de permettre qu'on apprécie trop bas leur travail.

Un Gentilhomme de Campagne rencontra derrière la *Bourse* un Crocheteur, qui alloit & venoit les mains dans ses poches, comme un Homme qui attend de l'ocl'occupation: s'approchant de lui, il lui demanda s'il vouloit lui faire le plaisir de porter une Lettre à *Bow-Church*, qu'il lui donneroit un sou pour sa peine. Le Crocheteur exigea deux soux pour faire ce message, assurant qu'il aimoit mieux rester les bras croisés pour rien, que de travailler pour rien. Le Campagnard, qui ne voulut pas lui donner deux soux, le quita, pleinement persuadé que ce Crocheteur étoit extrèmement paresseux; puisqu'il aimoit mieux battre inutilement le pavé, que de gagner un sou avec si peu de peine.

Quelques heures après ce même Gentilhomme se trouvant avec quelques Amis, dans une Taverne située dans *Thread-Needlestreet*, un d'eux se rappella qu'il avoit oublié d'envoïer à la poste une Lettre de change, qui devoit absolument partir cette même nuit. Inquiet sur cet oubli, il dit qu'il lui falloit incessamment un Homme qui allât en toute diligence à *Hackney*. Dix heures étoit déjà sonnées, on étoit au milieu de l'hiver, il pleuvoit à verse, & tous les Crocheteurs devoient naturellement être au lit. Il lui en falloit cependant un, quoiqu'il coutât. Le Sommelier le voïant si fort en peine, l'assura qu'il connoissoit un Homme qui feroit infailliblement son affaire, & qui sortiroit même du lit, *si la récompense étoit digne de son tems*. Comment digne de son tems, répondit le Gentilhomme! *n'en doutez point,*
mon

mon Ami : si vous connoissez quelque Homme expéditif, allez lui dire qu'il se depéche, & qu'il y a un écu pour lui, s'il est de retour avant minuit.

Le Garçon sorti, il va réveiller son Homme, qu'il instruisit de ce qu'on exigeoit de lui ; & il revint au bout d'un quart-d'heure, avec l'agréable nouvelle que la commission seroit exécutée dans le tems marqué. Cependant ces Amis se divertissoient, & lorsqu'ils s'aperçurent que minuit approchoit, ils sortirent leurs montres, & ne parlèrent plus que du retour du Messager. Les uns assuroient qu'il pouvoit encore être de retour au tems marqué, les autres croïoient la chose impossible. Enfin ceux-ci triomphoient, il ne s'en falloit plus que de trois minutes qu'il ne fût minuit, lorsque le diligent Messager entra. Ses habits étoient tout mouillés, & lui-même étoit tout fumant de chaleur, & tout en sueur. Il n'avoit rien de sec sur lui excepté son porte-feuille, d'où il tira la réponse au Billet qui lui avoit été remis par le Garçon sommelier. Le Gentilhomme, charmé du promt retour du Messager, lui donne l'écu qu'il lui avoit promis ; un de la Compagnie lui verse rasade ; tous ensemble le louent de sa diligence. Mais quelle ne fut pas la surprise du Gentilhomme Campagnard dont nous avons parlé au commencement de cette Histoire, lorsque ce Crocheteur s'approchant de la lumière pour recevoir le verre qu'on qu'on lui tendoit, il le reconnut pous être le même Homme qu'il avoit jugé être le plus pareſſeux de tous les Mortels, parce qu'il avoit refuſé de gagner un ſou.

Tirons de cette Hiſtoire cette conſéquence ; & apprenons à ne pas confondre des Gens qui demeurent oiſifs, parce qu'ils ne trouvent pas des occaſions d'être ſuffiſamment dédommagés de leurs peines, avec ces Stupides qui s'applaudiſſent dans leur inaction, & qui mourroient plutôt de *faim*, que de ſe remuer pour ſe procurer de la nourriture. Si nous ne diſtinguons pas ces deux eſpèces de Gens, nous ferons obligés de convenir que tous les Hommes ſont plus ou moins pareſſeux, & que même ceux qui mettent à plus haut prix leur travail, je veux dire les plus Induſtrieux, ſont les plus entichés de ce défaut.

JE PASSE à l'article du Contentement. Je donne ce nom à cette calme ſérénité d'eſprit dont jouït un Homme qui ſe croit heureux, & qui eſt ſatisfait de la ſituation où il ſe trouve. Un Homme qui poſſede ce contentement, ſentant le bonheur de ſon état preſent, eſt dans une tranquilité que ne connut jamais un Homme qui penſe à améliorer ſa fortune. Les applaudiſſemens que l'on donne à cette vertu, ſont peu durables. Suivant les circonſtances où ſe trouvent les Hommes,

mes, on les loue, ou on les blâme de la posséder.

Un Artisan pauvre qui travailloit sans relâche pour vivre, hérite un revenu de cent livres sterling d'un Parent qui vient de mourir. D'abord il quite le métier pénible qu'il avoit. Cependant n'aïant pas assez de talens pour se pousser dans les Affaires, il se résout à vivre tranquillement de ses revenus. Cet Homme ne fait de mal à personne, il païe exactement ce qu'il doit, on l'appellera un Honnête Homme qui n'aime pas le bruit. Son Boucher, son Boulanger, son Hôtesse, son Tailleur, & toutes les Personnes qui partagent entr'eux ses revenus, la Société même, en profitent. Personne ne souffre de son oisiveté; & s'il eût continué de travailler de son métier, tout ce qu'il y auroit gagné, auroit été tout autant de retranché sur le gain de ses confrères. Il est vrai qu'il est l'Homme le plus paresseux qu'on puisse imaginer. Il passe au lit quinze heures des vingt-quatre, son unique occupation est d'user le pavé. Cependant personne ne le blâme. Que dis-je! son esprit inactif est même honoré du nom de Contentement.

Supposons à présent que ce même Homme s'étant marié continue à vivre du même train, après qu'il a trois ou quatre Enfans; & qu'ainsi parfaitement satisfait de ce qu'il possède, il ne cherche pas à gagner la moindre chose. D'abord ses Parens

rens, & ensuite toutes ses Connoissances, alarmés de cet excès de paresse, réfléchiront que ces Enfans ne pouvant recevoir de bonne éducation, leur feront honte un jour, & que peut-être même ils en seront chargés, si leur Père n'abandonne sa honteuse indolence.

On se dira tout cela à l'oreille ; mais bientôt *Harpagon* son Oncle venant le trouver, lui tiendra le discours suivant. *Quoi, Neveu, vous ne faites encore rien ? Fi, n'avez-vous point de honte ? Comment peut-on vivre si desœuvré ? Si vous ne voulez pas reprendre votre ancien métier, il y a cinquante autres moïens de gagner quelques sous. Je sai que vous avez un revenu de cent Pièces ; mais ne vous apercevez-vous pas que vos dépenses augmentent chaque jour ? & que ferez-vous quand vos Enfans seront grands ? J'ai bien plus de bien que vous, & je suis seul ; cependant je ne suis pas assez fou pour abandonner mes affaires. Que dis-je ! Je proteste que quand même j'aurois les richesses de Crésus, je ne voudrois pas mener la vie fainéante que vous menez. Ce ne sont pas-là mes affaires, je l'avoue ; mais chacun crie, qu'il est honteux à un Jeune Homme qui est en bonne santé & vigoureux, de ne pas s'occuper à quelque chose.* Si, insensible à tous ces avertissemens, il reste encore six mois dans cette indolence, tout le Voisinage le blâme. C'est ainsi que les mêmes qualités qui lui ont autrefois attiré le nom d'Homme content & paisible,

lui

lui font donner le nom du plus méchant des Maris, & du plus paresseux des Mortels. De tout cela il résulte évidemment qu'en jugeant de la bonté ou de la malice des actions, on fait uniquement attention au bien ou au mal que la Société en ressent, sans faire aucune réflexion sur l'effet que ces mêmes actions produisent sur celui qui en est l'auteur. C'est-là une pensée que je developperai dans mes Recherches sur l'origine de la Vertu Morale.

Les termes de *Diligence* & d'*Industrie* se confondent très-souvent. Cependant il y a une grande différence entre les choses qu'ils désignent. Un Pauvre misérable peut ne manquer ni de diligence, ni d'adresse, être un Homme économe & laborieux, & cependant être si bien content de sa situation, qu'il ne se donnera aucun mouvement pour l'améliorer. Un tel Homme n'est pas industrieux : l'Industrie, entr'autres qualités, renferme une soif pour le gain, & un désir ardent de rendre son état meilleur.

Lorsqu'un Homme croit que les profits qu'il retire de sa vocation sont trop petits, ou que la part qui lui revient de quelque occupation est trop chetive, il peut mériter le nom d'industrieux en deux manières. Prémièrement on lui donnera ce titre, s'il découvre des moïens extraordinaires, & praticables, pour augmenter ses affaires & ses profits. Il l'obtiendra aussi, s'il étend davantage ses occupations,

& son commerce. Si un Marchand a soin de bien assortir sa boutique, & qu'il serve comme il faut ceux qui achettent chez lui, on dira que cet Homme est diligent. Mais si outre cela il se met à même par ses soins de vendre au même prix des Marchandises meilleures que celles qu'on trouve chez ses Voisins ; si par sa complaisance, ou par quelque autre bonne qualité, il fait des Connoissances, & qu'il augmente ses Pratiques, il mérite dès-lors le nom d'*Industrieux*. Un Savetier qui ne seroit occupé que la moitié de son tems pourroit être appellé diligent, s'il ne négligeoit pas ses affaires, & qu'il les expédiât quand il en a. Mais si outre cela il faisoit des messages lorsqu'il n'a point d'ouvrage, ou que seulement il fît des chevilles, ou enfin qu'il fît le guet pendant la nuit, on devroit le nommer *Industrieux*.

Qu'on pèse exactement ce que j'ai avancé dans cette *Remarque*, & l'on sera obligé de convenir ; ou que la Paresse & le Contentement sont fort proches parens ; ou que s'il y a quelque différence entre ces deux choses, la dernière est plus contraire à l'industrie que la première.

REMARQUE (X.)

En vain vous cherchez à associer la grandeur d'une Nation avec la Probité.

Page 25. Lignes 2-4.

J'AVOUE que peut-être on pourroit voir une Nation vertueuse ; mais il faudroit nécessairement que les Individus se contentassent d'être pauvres, & endurcis au travail : Car s'ils vouloient vivre à leur aise, jouïr des plaisirs de la Vie, & former une Nation opulente, puissante, florissante, & guerrière, la chose est absolument impossible.

J'ai bien ouï parler de la grande figure que les *Lacédémoniens* vertueux ont fait autrefois par dessus toutes les Républiques de la *Grèce*. Mais on doit convenir qu'il n'y eut jamais de Nation dont la Grandeur fut plus creuse. Leur Grandeur étoit au-dessus de celle du Théatre ; & l'unique chose dont ils pouvoient se glorifier, c'est qu'ils ne jouissoient de rien. Ils étoient à la vérité craints & estimés au dehors. Leur valeur & leur habileté dans la Guerre étoit si célèbre, que leurs Voisins ne rechercholent pas seulement leur amitié ; mais qu'ils se croioient surs de la victoire, s'ils avoient à la tête de leur

Armée un Général *Lacédémonien.* Mais qu'eſt-ce qui les rendoit tels ? N'étoit-ce pas une diſcipline ſi ſévère , une vie ſi auſtère , & ſi deſtituée des agrémens de la Vie, que l'Homme le plus tempérant parmi nous ne pourroit ſe réſoudre à s'y ſoumettre. Il y avoit une parfaite égalité entr'eux. L'or & l'argent monnoïés étoient décriés. Leur monnoie courante étoit de fer, on vouloit qu'elle fût peſante , & de peu de prix. Pour ſerrer la valeur de vingt ou trente livres ſterling , il falloit une chambre d'une grandeur conſidérable ; & pour tranſporter cette ſomme, on auroit eu beſoin d'une bonne paire de Bœufs. Ce n'eſt pas le ſeul moïen qu'ils euſſent pour prévenir le luxe. Ils obligeoient encore tous les Citoïens à manger en commun de la même viande, ſans qu'ils en diſpenſaſſent qui que ce fût. L'Hiſtoire nous apprend même qu'*Agis*, un de leurs Rois, revenant victorieux des *Athéniens*, demanda à manger en particulier avec la Reine , mais que les *Polémarques* lui refuſèrent cette grace. *Leur principal ſoin en élevant la Jeuneſſe,* dit *Plutarque* dans la Vie de Lycurgue, *étoit de les rendre bons Citoïens , de les mettre en état de ſouffrir les fatigues de la guerre , & les longues marches, & par conſéquent de ne jamais revenir ſans être victorieux.* Dès-qu'ils avoient atteint l'âge de douze ans, on les faiſoit coucher par bandes ſur des lits faits de joncs, qui croiſſoient ſur la Rivière d'Eurotas. Mais comme ces

joncs

joncs avoient des pointes aigues, ils devoient les rompre avec quelque instrument. Pendant les froids de l'Hiver ils mêloient parmi ces joncs du coton de Chardon pour se tenir au chaud.

Par toutes ces circonstances on voit évidemment qu'il ne fut jamais sur la Terre de Peuple moins efféminé. Ils ne jouïssoient d'aucun des plaisirs de la Vie, & n'avoient pour prix de leur vertu, que la gloire d'être un Peuple belliqueux & endurci au travail; avantage dont peu de personnes voudroient à ce prix. Lors même qu'ils ont été les Maîtres du Monde, cependant ils ont refusé de s'en servir. Je doute que les *Anglois* leur envient jamais cette Grandeur. J'ai suffisamment détaillé dans la *Remarque* (O), en parlant des *Plaisirs réels*, les objets dont les Hommes ont besoin aujourd'hui.

REMARQUE (Y.)

Jouïr des Agrémens & des Convenances *de la Terre.*

Page 25. Lignes 6, 7.

J'AI déjà eu occasion de remarquer *, que les termes de decence, de convenance, sont si ambigus & si équivoques, qu'on ne sauroit les comprendre, si l'on ne connoit la qualité & les circonstances où se trouvent les personnes qui s'en servent. Il convient que l'Orfèvre, & le Marchand détailleur qui a trois ou quatre mille livres sterling de fond, ait sur sa table deux services à l'ordinaire, & un petit *extra* les *Dimanches*. Sa Femme doit avoir un lit de damas, lorsque ses couches approchent, & deux ou trois chambres proprement meublées. Le Printems suivant il convient qu'elle ait une Campagne, ou tout au moins un Appartement commode hors de la Ville. Dès qu'un Marchand a une Campagne, il doit avoir un Cheval pour lui, & un pour son Valet. Si son Commerce est un peu en train, il compte

---

* *Voïez Remarque* (L.)

te de pouvoir tenir dans huit ou dix ans un Carosse; cependant il appelle tout cela esclavage, & il espère qu'après avoir été esclave vingt-deux ou vingt trois ans, il possédera un revenu de mille livres sterling qu'il laissera à son Aîné, outre deux ou trois mille livres sterling qu'il donnera à ses autres Enfans pour leur établissement. Lors même que des Personnes qui sont dans cette passe, en priant pour leur pain quotidien, se bornent à ces articles, elles sont réputées très-modestes.

Appellez cela Vanité, Luxe, Dépenses superflues, ou donnez-lui tel nom injurieux qu'il vous plaîra, cela est inséparable de l'état florissant d'une Nation. Ceux d'une condition inférieure devront à la vérité se contenter de *Convenances* moins chères; mais aussi il est certain que ceux d'un rang plus élevé voudront jouïr de *Convenances* plus dispendieuses. On en voit qui donnent le simple nom de décence à la Vaisselle d'or & d'argent dont ils se servent, & qui comptent un Carosse à six Chevaux au rang des plaisirs nécessaires de la Vie. Si un Pair du Roïaume n'a pas au-delà de trois ou quatre mille livres sterling de revenu, il est compté pour un Seigneur pauvre.

Depuis la prémière Edition de cet Ouvrage, plusieurs Personnes se sont élevées contre moi, & se sont efforcées de démontrer que le Luxe porté à l'excès est la

ruïne

ruine infaillible d'un Peuple. On se seroit aisément épargné cette peine, si l'on avoit daigné faire attention aux bornes dans lesquelles j'ai renfermé mon opinion. Afin donc qu'à l'avenir il soit impossible à un Lecteur dépréoccupé de donner un mauvais sens à mon Livre, je vai rassembler ici les limitations que j'avois marquées dès le commencement, & les nouvelles précautions que j'ai prises dans cette Edition. J'espère que si on veut bien prendre la peine de lire cet article, on sentira que je préviens toutes les objections que l'on pourroit faire contre mon Systême.

J'ai posé comme des Principes dont il n'est jamais permis de s'écarter, que le Pauvre doit être occupé, qu'il est de la prudence de les secourir dans leurs besoins, mais que l'on risqueroit de faire cesser tous leurs besoins *.

La Pêche, suivant moi, doit être cultivée & encouragée à tous égards. Par-là on rendra les Denrées, & par conséquent les Ouvriers à bon marché **.

Deplus j'ai assuré que l'ignorance étoit un ingrédient nécessaire dans la Société †. De tout cela il paroît manifestement que
mon

---

* P. 175. & 176. de la première Edit. Angl. & p. 240. &c. de cette Traduction.
** P. 178. de la première Edit. Angl. & p. 246. de la Trad.
† P. 77. de la première Edit. Angl. & p. 107. de la Trad.

REMARQUE (Y.)

mon Systême ne suppose point que le Luxe soit général dans tous les rangs.

On doit avoir un soin particulier pour conserver & mettre en sureté la propriété, pour administrer impartialement la justice, & pour faire tout servir au bonheur & à l'intérêt de la Nation *. J'ai surtout extrêmement insisté sur l'attention que les Chefs du Roïaume doivent avoir pour maintenir la balance du Commerce, de manière que les entrées annuelles n'excedent jamais les sorties †. J'ai soutenu, & je soutiens encore que les païs où l'on observe, & cette précaution, & les autres dont j'ai parlé, ne sauroient être ruïnés par les marchandises qu'on tire du dehors pour satisfaire le Luxe. Ce n'est que dans les païs extrêmement peuplés que se voit tout l'excès du Luxe : Mais il est principalement le partage de ceux qui sont dans le rang le plus élevé. Comme donc la base doit être proportionnée au sommet, il est évident que plus grand est le nombre de ceux qui placés au sommet donnent dans le Luxe, plus aussi doit être considérable le nombre de ceux qui sont placés au bas, je veux parler du Pauvre qui travaille.

Ceux qui sont assez foux pour vouloir imi-

---

* P. 87. de la prémière Edit. Angl. & p. 118, 119. de la Trad.

† P. 86. 87. de la prémière Edit. Angl. & Ibid. de la Trad.

imiter ceux qui font plus riches qu'eux, ne doivent s'en prendre qu'à eux-mêmes s'ils fe ruïnent. Je foutiens même que c'eſt les traiter trop doucement, que de dire qu'ils donnent dans le Luxe ; puiſque quiconque peut ſe réſoudre à dépenſer au-delà de ſon revenu, eſt un vrai inſenſé. Quelques Perſonnes de qualité peuvent avoir trois ou quatre Caroſſes à ſix Chevaux, & être encore en état malgré cette dépenſe de donner à leurs Enfans une éducation convenable ; tandis qu'un Jeune Marchand ſe ruïneroit de fond en comble, s'il tenoit ſeulement un miſérable Cheval. La prémière de ces perſonnes donne dans le Luxe, mais la ſeconde donne dans la Prodigalité. J'avoue qu'il n'eſt pas poſſible qu'une Nation riche ne renferme point de Prodigues, mais il n'y en eut jamais qui n'eut aſſez d'Avares pour contrebalancer les Prodigues. Si un Vieux Marchand fait faillite, pour avoir fait des dépenſes exceſſives, ou pour avoir été négligent dans ſes Affaires pendant bien des années : D'un autre côté on voit s'élever un Jeune Commerçant, qui plus aſſidu, ou plus économe que le prémier, ſe trouve riche avant qu'il ait atteint l'âge de quarante ans. N'a-t-on pas ſouvent éprouvé que les foibleſſes des Hommes produiſent des effets qui leur paroiſſent contraires ? Ainſi il y a des Ames ſi baſſes, qui ne peuvent amaſſer

des

des richesses, parce qu'elles sont trop intéressées ; pendant que des Personnes d'un génie plus relevé amassent de grands biens en faisant belle dépense, & en paroissant mépriser l'argent. D'ailleurs les vicissitudes de la Fortune sont nécessaires dans la Société. Les chutes les plus terribles ne font pas plus de mal à un Roïaume, qu'il n'en reçoit de la mort d'un de ses Individus. Les Batêmes contrebalancent exactement les Enterremens. Ceux qui se trouvent enveloppés à quelques égards dans la chute d'un Autre sont tristes, pestent, & enragent de leur infortune : mais ceux qui y gagnent, & il y en a toujours quelques-uns, se taisent ; parce qu'il seroit odieux d'entendre quelqu'un dire qu'il tire parti des pertes & des malheurs de son Voisin. Les hauts & les bas de la Fortune ressemblent à une roue, qui en tournant met en mouvement toute la machine. Les Philosophes qui savent pénétrer dans la nature des choses, considèrent les vicissitudes qu'on remarque dans la Société Civile, du même œil qu'ils envisagent l'élèvement & l'abaissement des Poûmons. Ils remarquent que ce dernier état fait tout aussi-bien partie de la respiration que le prémier, & qu'ainsi le souffle inconstant de la Fortune qu'on ne sauroit fixer, est au Corps politique, ce que l'Air si facile à être mis en mouvement est à une Créature vivante.

L'Ava-

REMARQUE (Y.)

L'Avarice & la Prodigalité sont donc également nécessaires à la Société. Il est des païs où l'on est en général plus prodigue que dans d'autres. Cette différence naît des diverses circonstances qui disposent au vice, de la constitution de l'Etat, & du tempéramment des Particuliers.

Je prie le Lecteur attentif de vouloir me pardonner, si je répète ici plusieurs choses que j'ai exposées dans la Remarque (Q). Il y a des Personnes dont la mémoire est courte, que je dois tâcher de soulager. Plusieurs choses disposent à l'avarice. L'abondance d'argent, & la rareté des terres ; les impôts considérables ; la rareté des denrées ; l'industrie ; l'amour pour le travail ; un esprit actif & intrigant ; un mauvais naturel qui manque d'humanité & de compassion ; la vieillesse ; la prudence ; le commerce ; les richesses, lors surtout qu'on les a acquises par son travail ; la liberté ; le soin de maintenir la propriété. L'indolence, au contraire ; le contentement d'esprit ; la jeunesse ; l'imprudence ; le pouvoir arbitraire ; les richesses acquises avec facilité ; l'abondance de provisions ; & l'instabilité des possessions sont des circonstances qui font pancher les Hommes du côté de la prodigalité. Dans tous les païs où les premières circonstances prédominent, le vice ce dominant sera l'Avarice. Dans ceux où les secondes prévalent, la Prodigalité sera le vice national. Mais soïez sûr que jamais il n'y eut de frugalité nationale, sans une nécessité nationale. Les Loix Somptuaires peuvent être de quelque usage dans un païs indigent, lorsqu'épuisé par la guerre, par la peste, ou par la famine, l'ouvrage a été interrompu, & le Pauvre n'a pas eu d'occupation. Mais ce seroit la plus mauvaise de toutes les Politiques, si l'on faisoit des Loix contre le Luxe dans un Roïaume opulent.

Je finis mes Remarques sur la RUCHE MURMURANTE, en assurant ceux qui prêchent avec tant de chaleur la Frugalité nationale, qu'il seroit impossible que les *Persans*, & les autres Peuples de l'*Orient*, tirâssent la même quantité de draps fins d'*Angleterre* qu'ils en consument aujourd'hui, si nos Femmes faisant moins usage d'étoffes de soie, nous diminuyions la quantité de cette marchandise que nous apportons d'*Asie*.

Fin du Tome I.

www.ingramcontent.com/pod-product-compliance
Lightning Source LLC
Chambersburg PA
CBHW050749170426
43202CB00013B/2351